JN112365

江戸・東京古道を歩く

古地図と地形図で発見！

荻窪 圭

山川出版社

はじめに

本書は「古地図を使った東京の史跡散歩本」である。たぶんそうだ、というか本人はそのつもりでいるのだが、どうも書いてみるとかなり内容がマニアックなのである。

たとえば「根津神社」。大きな神社だが、由緒を見ると宝永《ほうえい》3年（1706）に現在地に遷座したとある。でも旧地の詳しい場所は書かれてない。気になるよね。わたしは神社が好きなのだが最初にチェックするのは御利益や祭神よりも、立地や由緒なのだ。

根津神社の旧地を調べるには1706年より前の地図を探せばいい。まだ根津神社が旧地にあった時代の地図である。それが見つかったのだ……詳細は本書をお読みいただけると幸いです。

そういう意味で本書は「さまざまな古地図を駆使して東京の歴史を掘って楽しむ本」であり、実際に都内の史跡を訪れ、古地図にある道を歩きながら、気になったことや不審に思ったことを解読していく過程を一緒に楽しもうという本でもある。

東京には史跡がたくさんあり、それらを紹介するガイドブックは無数にあり、現地を訪れると自治体が立てた解説板がある。でもそれでは名所旧跡を点で訪れるにすぎない。さまざまな時代の古地図と一緒に昔の人と同じ道筋を辿《たど》ることで、点が線になり、時の流れを感じることで線が面になり、より深く楽しめるのだ。

そんな古地図を使った江戸の変遷の深掘りに欠かせなかったのが、自治体や研究機関によってデジタル化して公開された絵図や文献といった資料たちだ。特に国立国会図書館デジタルコレクションは江戸の古地図や江戸時代の紀行文や地誌が豊富で、ここがなければ執筆に苦労したろう。

第2章の江戸西郊編では国立公文書館デジタルアーカイブの「目黒筋《めぐろすじ》御《ご》場《じょう》絵図《えず》」、第3章の府中編ではさすがに江戸時代の広範囲な古地図がなかったので明治前期の「フランス式彩色迅速測図」（いわゆる迅速図）をメインに使用した。

パソコンやタブレットで古地図や江戸期の資料にあたり、スマホを持って地図を見ながら現地を歩く。今やそういう時代である。おかげでわたしのようなデジタル畑の人間でも自在に資料にあたれる。現代地図はＤＡＮ杉本氏が作成した「カシミール３Ｄ スーパー地形セット」とｉＯＳ用の「スーパー地形」の２つを駆使して作成している。スーパー地形はフィールドワーク時のＧＰＳログ作成やその管理でも活躍しており、これがなければ地図の作成もできなかったろう。感謝してもしきれない。

さらに、わたしが個人的興味で都内の古道を自転車で走りながら調べてブログを書いているのを見つけて『東京古道散歩』（２０１０年）の執筆を提案してくれた編集者の細田繁さま、また地図や写真がやたら多い面倒な本をデザインしてくださったデザイナーの黒岩二三さま、今回もお世話になりました。

本書で昔の道筋の話が多く出てくるのは、もともと古道への興味からはじまっているからである。そこに地形という要素を気づかせてくれたのが東京スリバチ学会の皆川典久会長である。皆川会長つながりで知り合った街歩き仲間はそれぞれ異なった視点で街を見ており、大変刺激になりました。各自治体の学芸員の方もあれこれ突拍子もない質問に答えようとしてくれて大変感謝している次第。そしてこんなクセのある本（今回は、かなり好き放題書かせていただきました）を刊行してくださった山川出版社にも感謝しております。

個人的に東京の面白さは絶えず変化し続けることで重層化した歴史の痕跡がところどころに見え隠れしている点にあると思っている。調べてみると意外に古い道筋や川筋、野仏などの歴史の痕跡があり、そういう歴史の残滓《ざんし》を見つけるだけで楽しい。みなさまもぜひ街に出て楽しんでいただきたい。

２０２０年９月吉日

荻窪 圭

本書で歩く東京のエリア

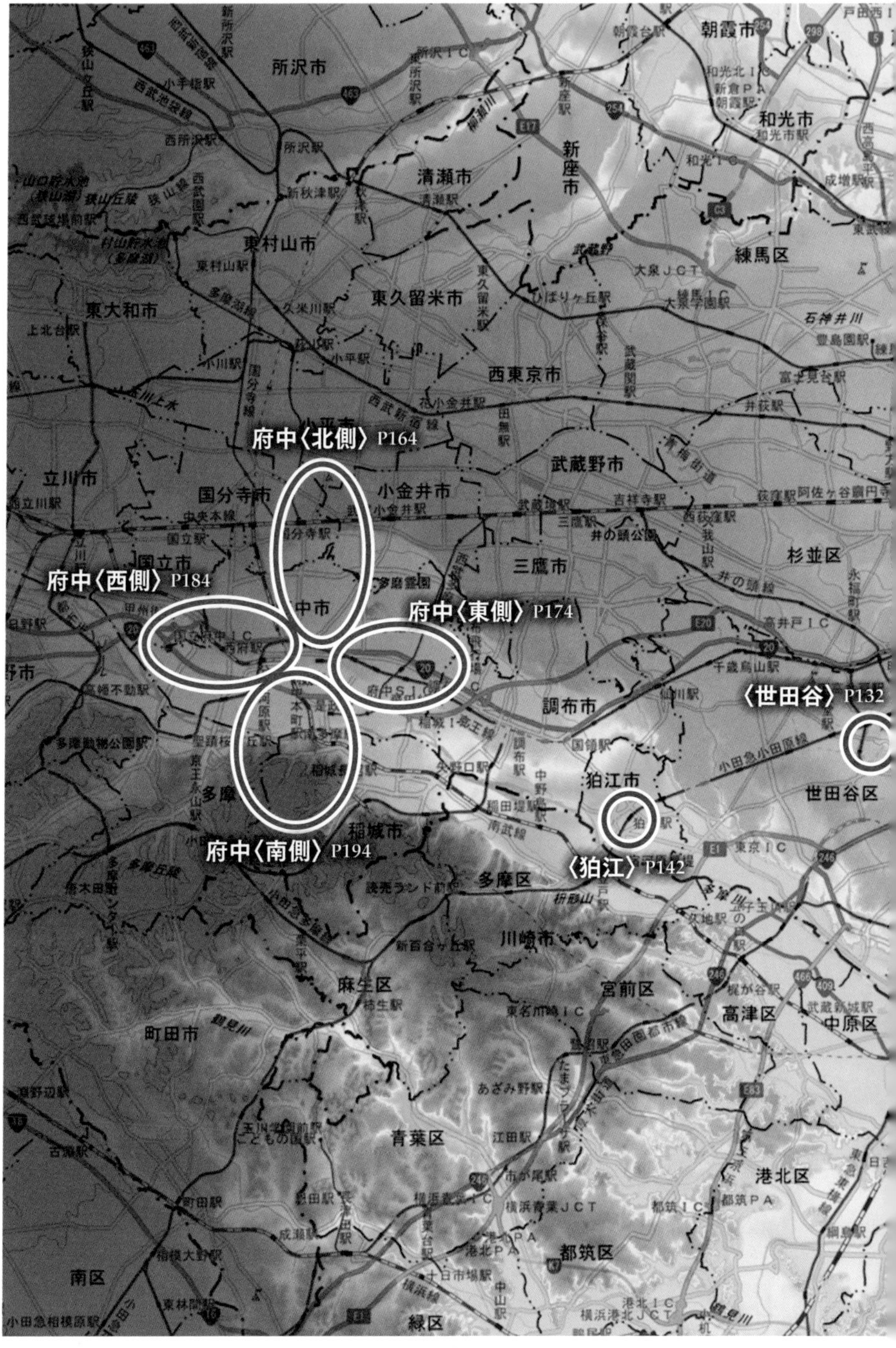

東京都23区と狛江市、府中市のエリア（スーパー地形より）

目次

第3章

江戸以前の武蔵国の中心地・府中周辺を歩く

第1章

「寛文江戸大絵図」で江戸の名残を歩く

日枝神社

根津神社

神田明神

本章で扱う　遠近道印の江戸絵図とは

350年前の江戸の古地図を頼りに
東京の7スポットを謎解き散歩

今の東京を江戸時代の地図（江戸絵図）を手に歩いてみよう、という古地図散歩が本章のテーマだ。

江戸絵図といえば有名なのが、**江戸切絵図**。一般的には江戸の古地図といえば「江戸切絵図」といって過言ではないほどよく知られているし、江戸の古地図散歩本や雑誌の特集で使われる江戸の古地図もほとんどがこれだ。

切絵図が出現するまで江戸の地図といえば「大絵図」だった。広い範囲を1枚の巨大な地図にしたもので、詳細を描けば描くほどデカくなり、1辺が1～2mに及ぶのが普通だ。とても持ち歩くことはできず、扱いも大変。そこで江戸時代中期（18世紀半ば）から狭いエリア単位に区切った地図が登場し、切絵図と呼ばれた。折り畳んで持ち歩けることで人気を博し、幕末の嘉永《かえい》期（ペリーが来航した頃）には多色刷りの尾張屋《おわりや》版が登場。今、「江戸絵図」といえば最初に登場するのがこれだ。何しろカラフルで派手なのである。

ほぼ観光地図のようなものなので、縮尺もいい加減だし東西南北も歪《ゆが》んでいたり道が斜めになっていたり、著名な場所は実際より大きく描かれていたりするのだが、それを手

江戸切絵図　嘉永３年（1850）（国立国会図書館蔵）
幕末近くに登場した尾張屋の江戸切絵図はエリアごとにカラフルな絵図を作り、今は江戸時代を代表する絵図となっている。

に目的地へ辿《たど》り着くには問題なかったのだろう。今でも観光地図はそんなようなものだ。ただわたしはそれでは満足できなかった。

江戸時代は慶長《けいちょう》8年（1603）から慶応《けいおう》4年（1868）まで265年続いたのである。現在もっとも出回っている尾張屋版はわたしも持っているし（もちろん複製）、国立国会図書館デジタルコレクションに収録されている（一部欠はあるが）くらいだが、嘉永期といえばもう江戸時代も終わり。それで江戸時代を代表させていいのか。265年も続いたのだから当初とかなり変わっているはずだ。それに、現代との変化を見るならもうちょっと正確な地図が欲しい。

そこで、国立国会図書館デジタルコレクションを探し回って（江戸絵図が多くデジタル化されて収録されているのでありがたいのである）見つけたのが**遠近道印**の地図だ。

遠近道印（おちこちどういん、と読む）は名前を見るとわかるように本名じゃない。いかにも地図を作成するために作ったような名前で、誰であるかは諸説あるとか。

発端は江戸時代初期の明暦《めいれき》3年（1657）、明

寛文江戸大絵図 寛文10年（1670）（国立国会図書館蔵）
江戸城を中心とした絵図。さらに東西南北1枚ずつあり、江戸を広く網羅している。当時の技術とはいえ、測量して製作しているため非常に正確。本章ではこの地図を中心に扱う。

暦の大火といわれる大火事でかなり広い範囲が焼けてしまったこと。そこで、防火を目的とし、道路を広くして火除け地を作り、寺社や武家屋敷を江戸城から遠くへ移転させて家屋の密度を落とし、防火を考えた新しい街づくりがはじまったのだ。江戸城天守が焼失して再建されなかったのもこのときである。

幕府は江戸再建の際、街づくりのため実測による正確な地図が必要ということで、江戸の地図を作らせた。

それが遠近道印作という**寛文《かんぶん》江戸絵図**となる。この地図が素晴らしいのである。

全部で5枚。中心になるのが**寛文江戸大絵図**と名づけられた江戸城中心のほぼ外堀の内側を描いた地図。寛文10年と書かれているので、1670年だ。幕府が開かれてから67年後という江戸時代初期である。

東洋文庫ミュージアムに飾られた原寸大レプリカ

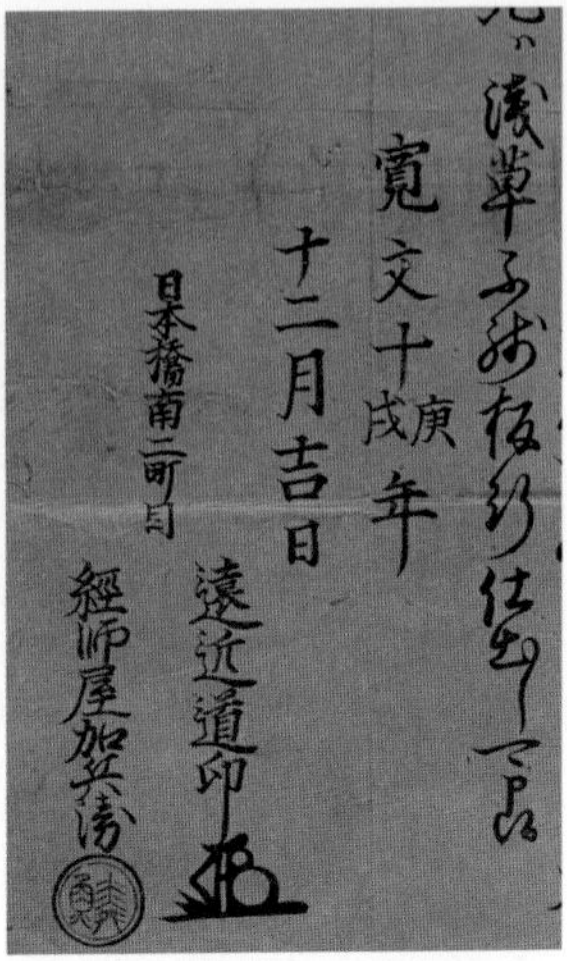

寛文江戸大絵図に描かれた発行年（寛文10年12月）と遠近道印の花押がある。

さらにその東西南北それぞれが、**寛文江戸外絵図**として用意されており、17世紀の江戸絵図としては非常に広い範囲が収められているのである。北は**日暮里**、南は**高輪**（品川までは入ってない）、東は**深川**、西は**四ッ谷**（今でいう新宿駅東くらい）まで。

地形は描かれてないし、川や水路の扱いも小さいが、道路や寺社がすごく正確で、現代の東京をこの地図を見ながら歩くことが可能なレベルだ。見た目は非常に地味だけど、江戸の地図としては最高に使えるのである。

この遠近道印の地図はのちの江戸絵図のベースとなった。東洋文庫が所蔵する元禄《げんろく》14年（1701）刊の**改選 江戸大絵図**も署名がないため作者は不明だが、個人的には遠近道印か、彼の図をベースにしたものと思う。267・7㎝×320・0㎝の巨大な絵図で、東洋文庫ミュージアムのホールでは原寸大レプリカが飾られている。これで4枚組の1枚というのだからその大きさを味わってもらいたい。

本章では国立国会図書館デジタルコレクションにある「寛文江戸大絵図」と「寛文江戸外絵図」を中心にさまざまな江戸絵図にも登場してもらいつつ、街の変遷を楽しめるように配置した。

では、1670年代の江戸の地図を見ながら歩いて楽しいエリアをいくつかピックアップし、**350年前の地図で歩く東京**の楽しさを味わっていただければと思う。

350年前の表参道を歩いて日枝神社を参拝する

古地図を見ながら国会議事堂の裏から江戸時代の日枝神社の参道を探る

謎解きルート

❶最高裁判所➡❷国立国会図書館➡❸丁字路➡❹衆議院議員会館前➡❺山王坂➡❻クランク➡❼男坂（階段）➡❽神門➡❾山王稲荷神社

❖エスカレーターのある大神社

東京メトロ千代田線赤坂駅の真上を東西に通る道を通称赤坂通りという。TBS本社前の通りだ。赤坂通りから外堀通りを見ると、山王下交差点の向こうに白くて巨大な鳥居が出現する。鳥居の上に三角の屋根が乗った山王鳥居だ。鳥居には大きく**山王日枝神社**と書かれた扁額《へんがく》がかけられている。

最初の散歩の舞台はここだ。

鳥居の奥には幅が広くて長い階段があり、階段の横にはエスカレーターまで装備。さすが大都会の大神社、と最初は感心したもの。そのエスカレーターを乗り継いだ山頂が神社の境内なのだ。山頂の標高は約28m、対して鳥居がある山王下は約8m。標高差は20mの急斜面（というかほぼ崖）なので、大都心の山頂に神様が鎮座という素晴らしい立地である。エスカレーターで行けてしまうとか、低地に立ち並ぶ高層ビルの方が高く

赤坂通りから見た日枝神社（山王日枝神社）の鳥居
奥に広い階段とエスカレーターが見える。

赤坂駅前の高層ビルから日枝神社方面を眺める
ビルの中にこんもりと見える森が日枝神社。

なって、山頂の神社を見下ろせてしまうとかそんなところもまた東京らしい。

その山王日枝神社……最初にそう覚えてしまったので普段はそう呼んでいる。扁額には**山王日枝神社**とあるし、『江戸名所図会』には日吉山王神社と書いてあるし、お祭りは**山王祭**なので「山王」の文字を外すのはピンとこないのだが、明治以降の正式名称は「山王」がつかない**日枝神社**なので、本項でもそれで記すことにする。

日枝神社への参拝だが、真新しい立派な鳥居とエスカレーターができたのは2000年のこと。

山王下交差点を通る**外堀通り**は文字どおり江戸城の外堀でそれを埋めた跡。このあたりいったいは「溜池《ためいけ》」で神田上水や玉川上水がひかれる前は江戸の水道源だった。広い溜池の向こうに山があり、山頂に神様が鎮座するという光景だったのだ。

外堀兼溜池という防衛上も水源としても重要だったエリアに橋はない。だから外堀から神社への参道はもともとなかったのである。外堀側から神社への参道が作られたのは明治時代のことで、それまではこちらからは山頂の社殿を見上げるしかなかったのだ。

では本来の参道はどこなのか。本項では平成の大鳥居もエスカレーターも無視して、古地図を見ながら江戸時代の参道に挑戦するのである。

❖日枝神社が現在地へ遷座するまで

江戸時代は**山王坂**と呼ばれる坂道を下りていったん谷底に下り、そこから男坂の階段を上って参拝するのが表参道だった。江戸絵図を見ると、山王坂に鳥居が描かれている。すでに山王坂から参道がはじまっていたのだ。
山王坂は（鳥居はさすがにないけれども）現存する。その場所は**国会議事堂**の真裏だ。

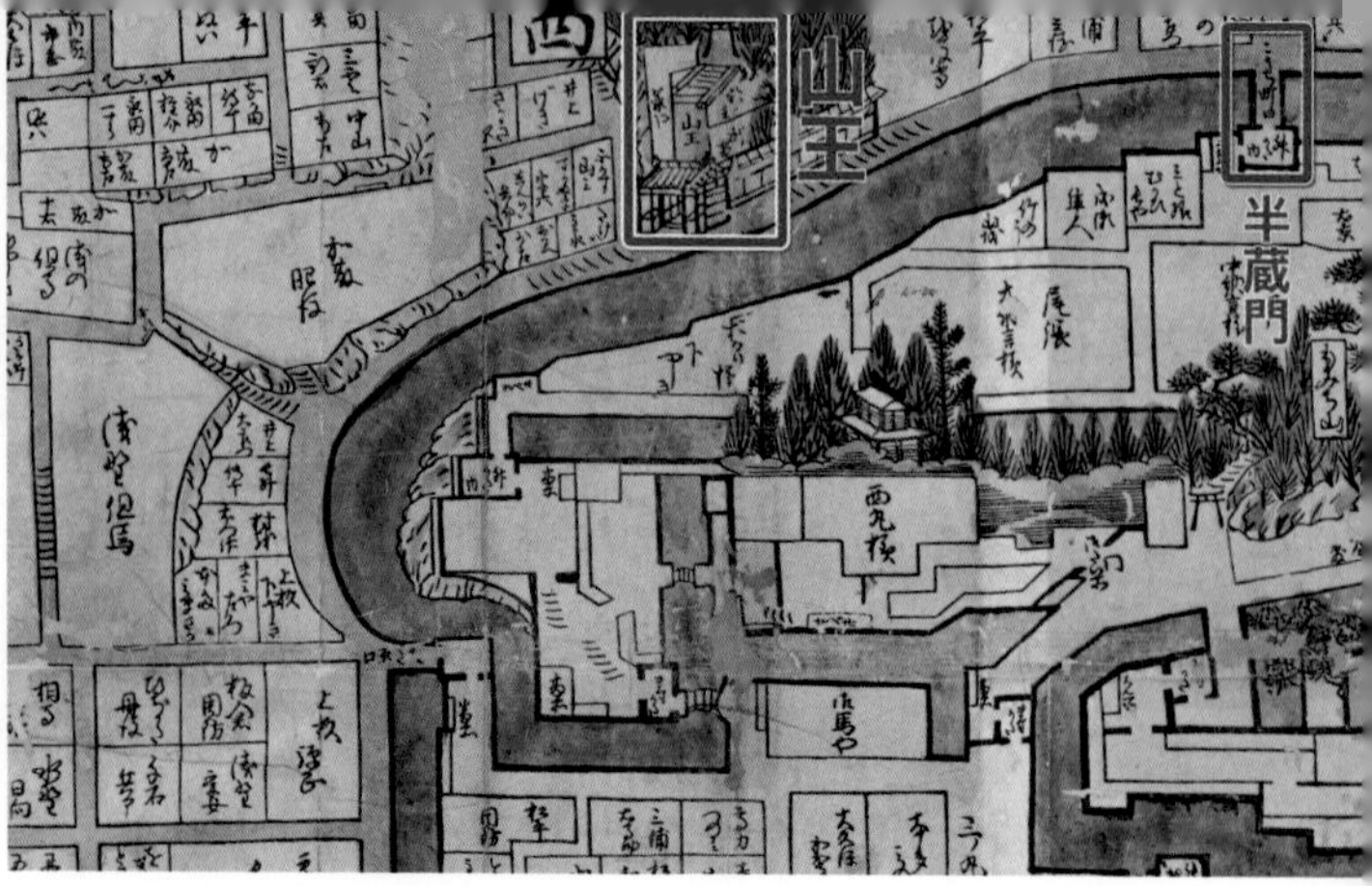

寛永江戸絵図
寛永9年（1632）
（国立国会図書館蔵）
右が北なので注意。半蔵門から内堀に沿って坂を下ったところに山王がある。今の最高裁判所のあたりだ。武州豊島郡江戸庄図。

大通りからエスカレーターで参拝できるのにわざわざ国会議事堂裏から参拝するなんて酔狂なんだが、酔狂だから面白いのである。

このあたり、江戸時代は大名の武家屋敷が並んでいたところ。武家屋敷は広い敷地を持っていたので、明治になり、その広さを活かして官庁街や軍隊の敷地として使われることが多かった。国会議事堂周辺もそうだ。

場所が場所だけにどの駅からもアプローチできるが、**日枝神社の旧地**から辿るルートを推奨したい。

最初に日枝神社の変遷の話からだ。

日枝神社が現在地に遷座したのは万治《まんじ》2年（1659）のこと。2年前の明暦の大火による焼失を期に、もともと深溝《ふこうず》松平藩の屋敷があった場所に遷《うつ》ったのである。そこは江戸城の南西、つまり裏鬼門にあたり、表鬼門にある**神田明神**のちょうど反対側という風水的に良い場所で、なおかつ目立つ高台。旧地が拡張していく江戸城に近すぎたことも考慮したのだろう。日枝神社は江戸時代以前からの神社で氏子も多かったので城に近すぎるのは治安的によくないのだ。

かつて日枝神社があった場所は、江戸城内堀のすぐ外側で、江戸時代末期には**元山王**という地名で残っていた。今の**国立劇場**あたりといわれているが、本当にそこにあったのか。古地図好きとしては当時の地図に当たらねば気が済まない。

寛永《かんえい》9年（1632）刊行という江戸絵図を開いてみると、確かに「山王」という文字とともに門と階段と鳥居が描かれている。場所は国立劇場というよりは**最高裁判所（最高裁）**のあたりだ。

さらに調べてみると、そこも元々の場所ではなかった。

白い石のいかめしさが目立つ最高裁判所
江戸時代初期はここに山王社（今の日枝神社）があった。

日枝神社は室町時代に太田道灌《おおたどうかん》が江戸城を築城した際（長禄《ちょうろく》元年〈１４５７〉）、川越の山王社を勧請《かんじょう》したのだが、実は南北朝期の文書に「豊島郡江戸郷 山王宮」という文字があり、創建は秩父系平氏の江戸氏が江戸を領していた頃（平安時代末期から室町時代中期？）と考えられている。

最初に鎮座した場所は推測になるが、江戸時代の文献によると、家康が江戸に入部した際、江戸城の梅林坂付近にあった山王社を紅葉山（今の皇居内）に遷座、２代将軍徳川秀忠の時代（江戸時代初期）に江戸城拡張にともなって今の最高裁判所の場所に遷したのだという。江戸という街が城とともに拡張し、都市ができていく過程で神社もまた江戸城の外へ外へと動いていたのだ。そんなことが実感できる。

そんな遷座の歴史を念頭に入れ、最高裁判所あたりから当時の道を辿りつつ日枝神社を目指そう。

❖最高裁から山王坂へ

白くていかめしい石の城といった風情の①**最高裁判所（次ページ地図のA）**は昭和49年（１９７４）竣工。その前を首都高速を空に見上げる国道２４６号がどんと走っているので江戸時代の風情は皆無だが、よく見ると、隼町《はやぶさちょう》の交差点へ北からやってくる最高裁西側の道がカーブして国道２４６号につながる様は江戸時代の道筋そのままだ。

最高裁の向かいには②**国立国会図書館**があるが、**国会図書館東側の細い道**もまた江戸時代の道筋だ。寛文江戸大絵図と現代地図を見比べると道路が追加されたり道筋が変わったりしているので、わかりやすい**A～D**のポイントをつけておいた。それぞれが対応しているのである。けっこう残っているのがわかるはず。

日枝神社周辺の古地図と現代地図

この国会図書館前の道を南に歩くと左手に国会参観バスの駐車場があるのだが、この駐車場とその向こう（お堀側）にある**憲政記念館**や**憲政記念公園**あたりは寛文江戸大絵図には「井伊《いい》掃部《かもん》」（伊井カモンとあるが、これは明らかに井伊の間違いだろう）とある。

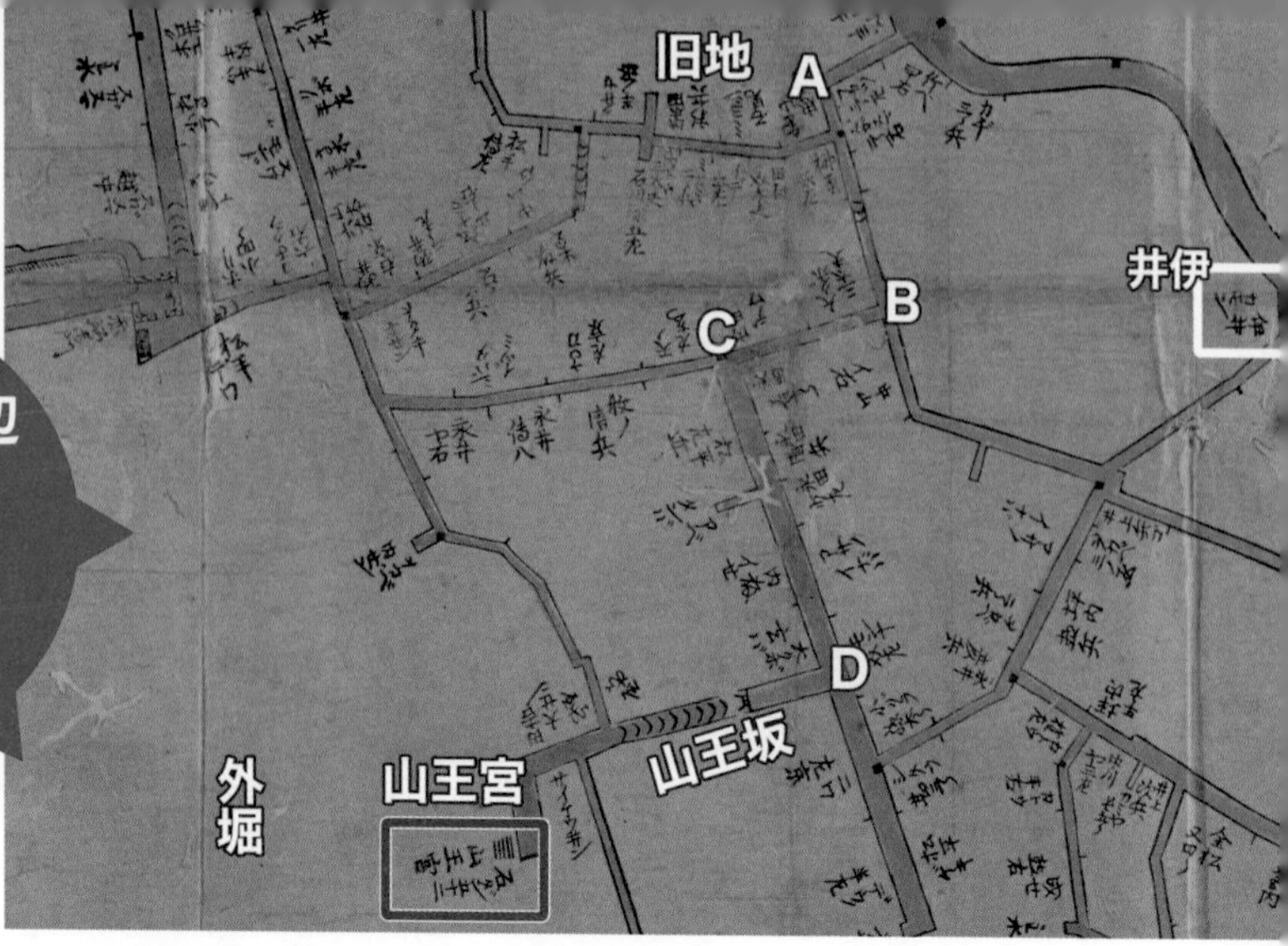

寛文江戸大絵図 寛文10年（1670）（国立国会図書館蔵）
永田町界隈の地図。左下の山王宮が今の日枝神社だ。山王坂に鳥居が描かれている。江戸城脇の高台という立地のせいか武家屋敷が並んでいる。井伊家の屋敷はさすがに広い。

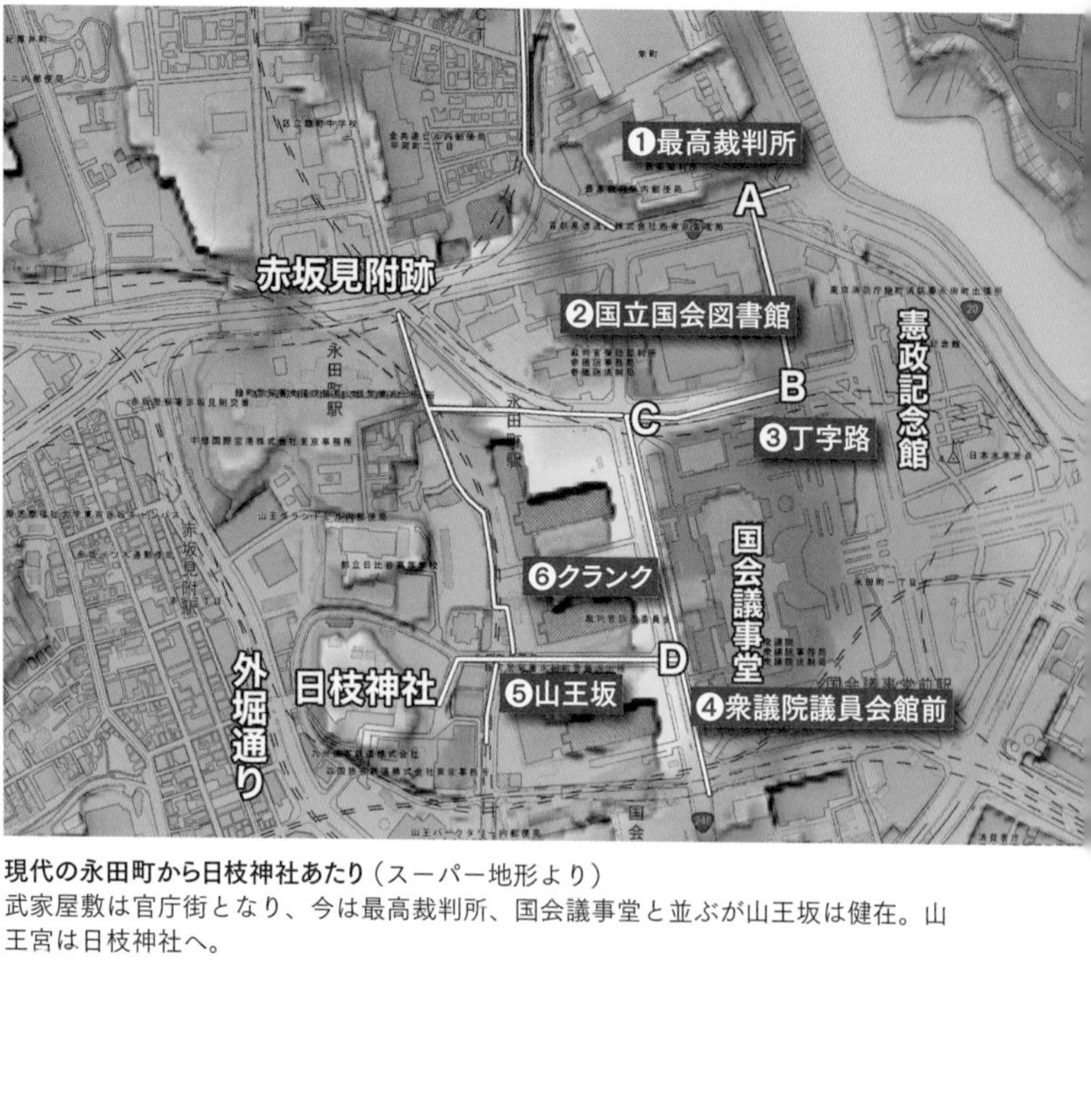

現代の永田町から日枝神社あたり（スーパー地形より）
武家屋敷は官庁街となり、今は最高裁判所、国会議事堂と並ぶが山王坂は健在。山王宮は日枝神社へ。

山王坂の途中から国会議事堂を裏から見る
このあたりに鳥居があったか。

彦根藩主井伊家の上屋敷があったのだ。上屋敷の表門を出るとすぐ**桜田門**がある。桜田門外の変の場所である。

さて国会図書館前の道を歩くと国会議事堂前で**③丁字路（B）**に当たる。ここを右に曲がる道は当時のままだ。

そして国会議事堂の裏を南下する。この道も実は国会議事堂が建てられたとき、少し変えられている（C）が、ほぼ当時のままと思っていいだろう。江戸時代の武家屋敷エリアが国会議事堂や衆議院と参議院の議員会館になったのだ。まあ当時も今も庶民にはいかめしさを感じるエリアであり、特に土日は歩く人も少なく警察官の方が目立つのでちょっと緊張する。

でもそんな、日常では訪れない道を歩くのが楽しいのである。やがて**④衆議院議員会館前（D）**の丁字路に到達するので、右手を見ると、まっすぐな坂道がひゅーと下っている。これが**⑤山王坂**だ。山王社（日枝神社）へ向かう坂なので山王坂。寛文期の地図を見ても幕末の地図を見ても、この坂に鳥居が描かれている。

今は味気ない坂だが、坂上からちょろっと日枝神社の森が見えるはずだ。少し下ったところに山王坂の解説柱がある。そのあたりで振り返ると、坂の向こうに国会議事堂の背中が見えてなかなかフォトジェニックだ。

坂を下った谷底に、寛文江戸大絵図を見ると右手に「ちゃ屋」とある。江戸時代初期から門前の茶屋があったのだ。

注目は、坂の下を右手（つまり北）に向かう細い道。寛文江戸大絵図を見ると少しクランクしてから北に向かう。これは赤坂見附の上につながる谷筋の道なのだが、今でもほぼそのままなのである。こんな大都心にありながら、小さな**⑥クランク**がそのまま残

江戸切絵図　嘉永3年（1850）
（国立国会図書館蔵）
江戸切絵図がカラフルで見やすい。山王坂の途中に鳥居。坂の下にも鳥居がある。「星ノ山 日吉山王大権現社」と書かれている。

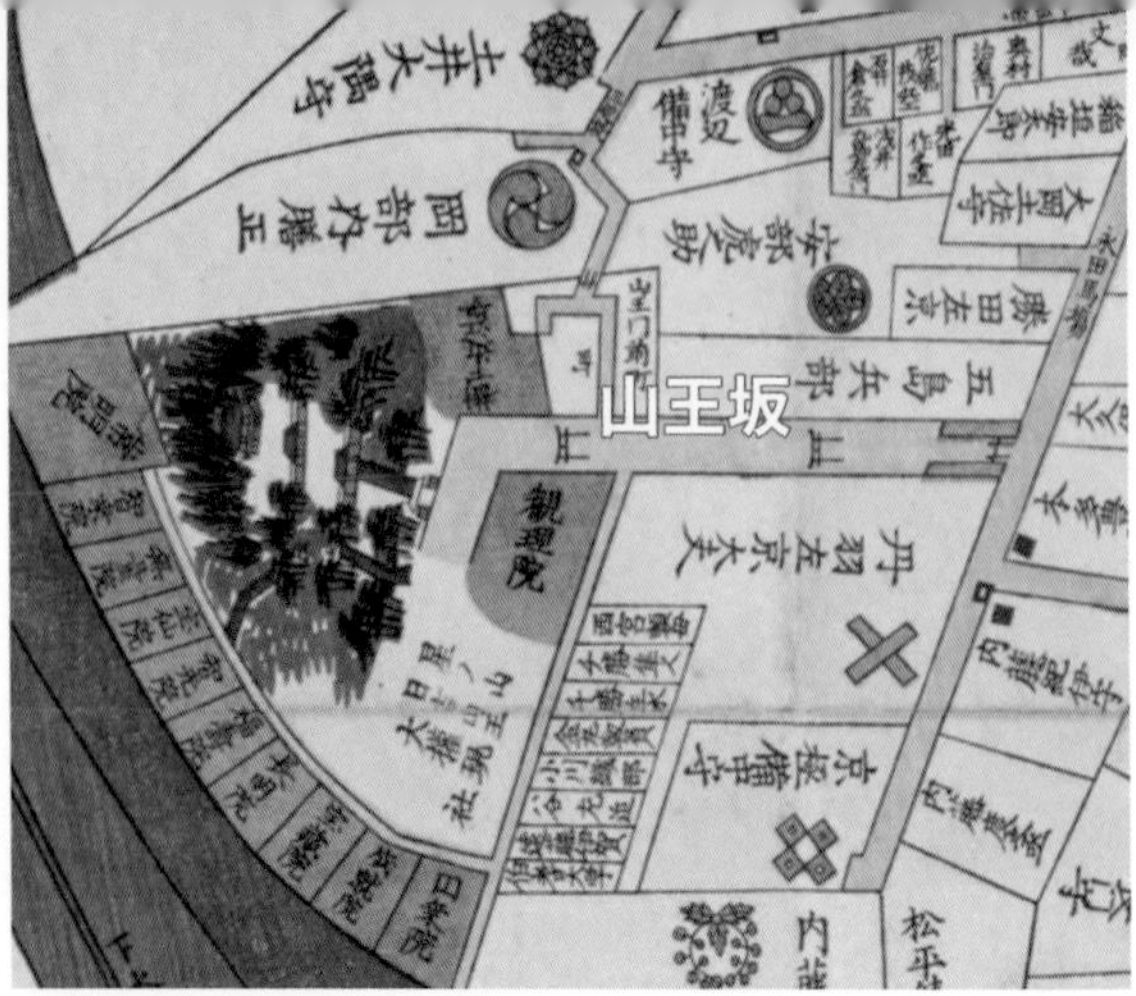

寛文江戸大絵図
寛文10年（1670）（国立国会図書館蔵）
山王宮あたりの拡大図。坂は「)))」で記されている。「石ダン五十二」と段数も。北へ向かう道のクランクはなんと現存。

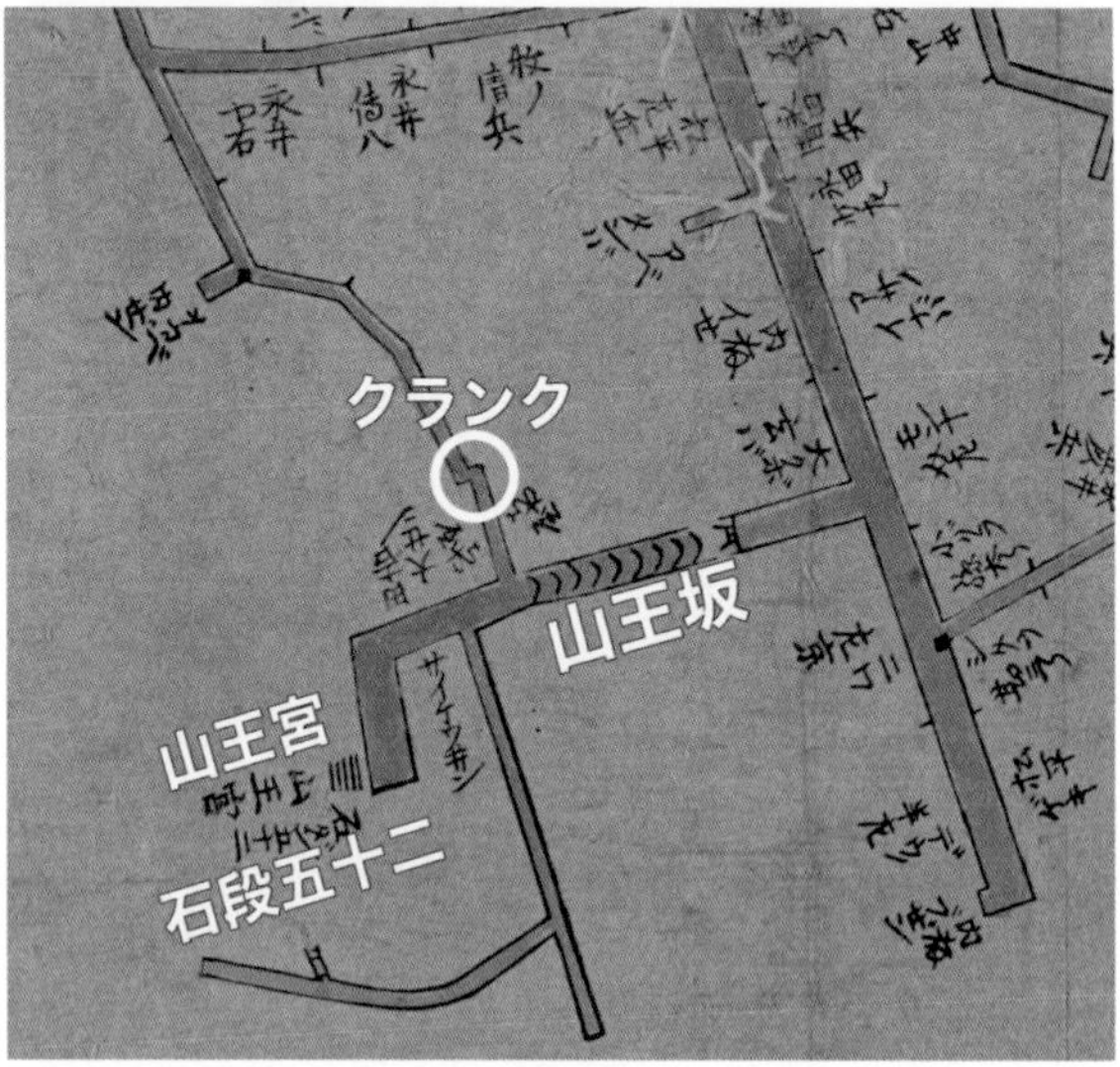

日枝神社あたりの拡大図
（スーパー地形より）
クランクが現存していることに注目。外堀通りからの参道ができたのは明治。エスカレーターが作られたのは平成。

山王鳥居と男坂
ここを上るのが本来の参道だ。上に神門（随神門）がちらりと見えている。

っている。歴史の忘れ物は意外なところに残っているのである。そんなディテールが楽しい。

ではここから日枝神社だ。今、谷底の警備派出所（交番の一種）がある一帯には別当寺（観理院）があった。それは明治期の神仏分離とともに廃寺となっている。寛文江戸大絵図には「サイケウイン」とあるが江戸切絵図では「観理院」なので、途中で名前が変わったのかもしれない。

谷地をそのまま奥に入り、左手に曲がると、右に立派な山王鳥居をくぐって拝殿に上る⑦**男坂（階段）**がある。

寛文江戸大絵図を見ると、「山王宮 石ダン五十二」とある。妙に細かいのがこの地図の面白いところ。

現地へ行くと「男坂」の解説柱があり「石段は五十三段」と書いてある。「1段増えたのか？」と思って数えながら上ってみると、52段なのだ。どこで増えたのかちょっと謎で面白い。興味ある方は数えてみてください。

❖日枝神社の拝殿と山王稲荷神社

上りきると立派な⑧**神門**があり、外側の左右に**随神像**、内側の左右には**神猿像**。江戸名所図会を見ると、男坂の下には鳥居ではなく仁王門があり、境内のレイアウトも今とはちょっと違う。明治期に神仏分離令で神社から仏教色が一掃されたことや、戦災で焼失したこともあるだろう。

今は回廊に囲まれたきれいな境内、拝殿の前には狛犬《こまいぬ》ならぬペアの神猿像がある。

日枝神社にはいくつもの摂社が祀《まつ》られているが、注目すべきは⑨**山王稲荷神社**。

日枝神社の拝殿
鮮やかな拝殿の奥に高層ビルが見えるのが都心らしさだ。場所柄参拝客が絶えない。

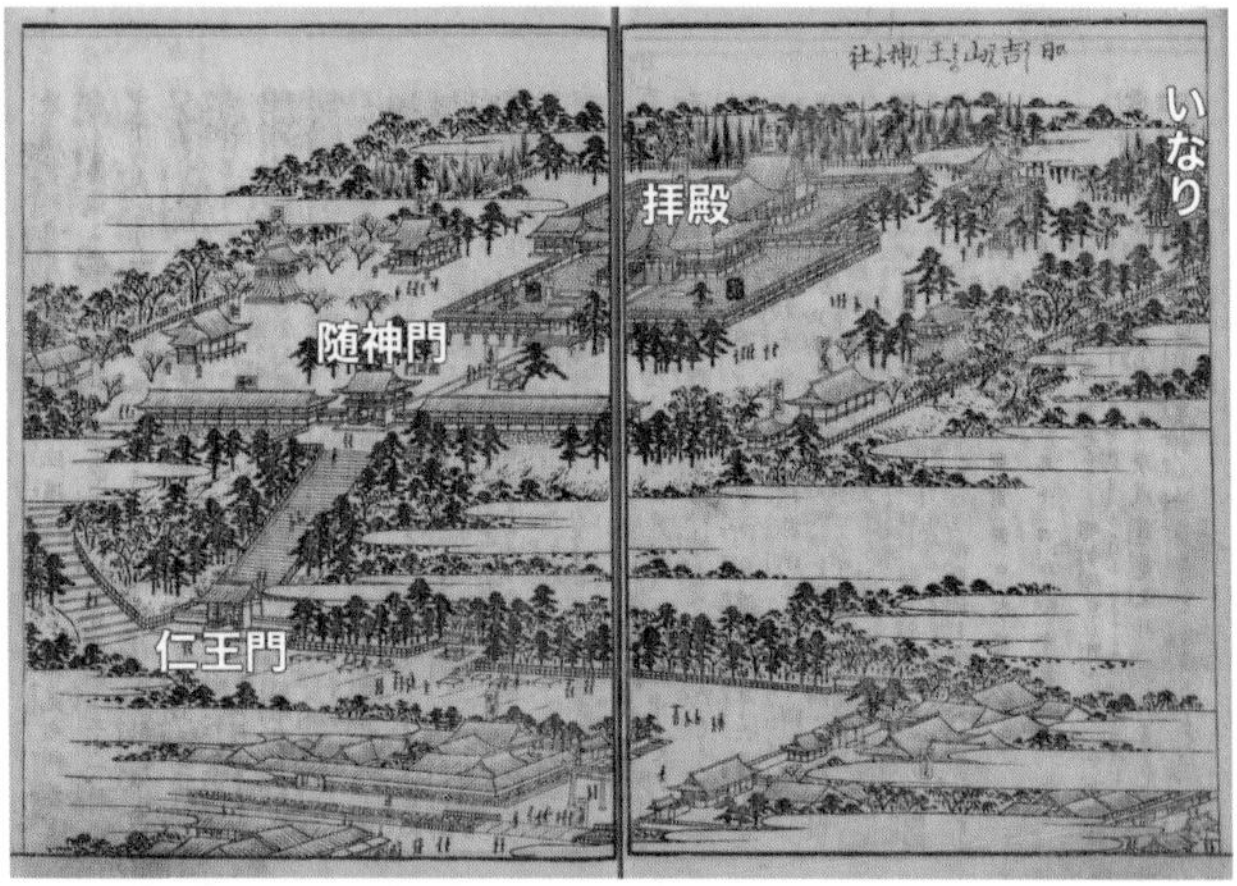

『江戸名所図会』（国立国会図書館蔵）
日吉山王神社と書かれている江戸時代の日枝神社。男坂下には鳥居ではなく仁王門が。画像下の端に鳥居がある。今は神門の両側にある回廊がぐるりと拝殿全体を囲んでいる。右端には山王稲荷も。

かつてここにあった深溝松平藩の屋敷神だったともいわれており、外堀通り側から稲荷へ直接上る**稲荷参道**にはミニ千本鳥居といってていいくらい赤い鳥居がずらりと並んでおり、観光客のフォトスポットにもなっている。

参拝を終え、山の上の豪華な社殿の奥に高層ビルが見えるという東京ならではの光景を楽しんだらどちらの方向から下りてもよい。エスカレーターと同時に作られた参道の大階段を下りても、千本鳥居をくぐりながら稲荷参道を下りてもよいが（今はこちらが人気）、再び男坂を下り、江戸時代からの古道を通って赤坂見附跡へ抜けるのもおすすめ。特に何があるわけではないけれども、古い谷筋の道を楽しみつつ**赤坂見附**の石垣跡も辿れる。

山王稲荷から外堀通りへ下りる階段には千本鳥居があり、観光客に人気。

—日枝神社のこと—

日枝神社の総本社は滋賀県にある**日吉大社**である。主祭神は大山咋神《おおやまくいのかみ》。そもそも、日枝神社の「ひえ」は比叡山《ひえいざん》の「ひえ」。日吉大社は比叡山の守護神で「日枝」を好字2文字で表して「日吉」となり、いつしか読みも「ひよしたいしゃ」となったそうである。

日吉大社の歴史は『古事記』の大国主神《おおくにぬしのかみ》の章……つまり天孫降臨より前に、大山咋神は近《ちか》つ淡海国《あうみのくに》（近江《おうみ》国）の日枝山（比叡山）に鎮座していると書かれているほど古く、もともとは山全体がご神体だったのだろう。

その比叡山に最澄《さいちょう》が延暦寺《えんりゃくじ》を開き、日吉大社は比叡山を守護する神社とされたので「山王権現」と呼ばれるようになった。

つまり、日枝神社も日吉神社も山王神社もすべて同じなのだ。

猿は日吉山王大神の使いとして「神猿」（まさる）と呼ばれており、赤坂の日枝神社でも拝殿の両脇は神門に神猿像が安置されている。

拝殿前に鎮座する神猿
向かって左側の猿は子猿を抱いている。

目白不動は目白ではなく江戸川橋にあった！

古地図頼りに目白不動旧地から現地の目白不動へと歩き、目白駅の命名の謎に辿り着く

謎解きルート

❶江戸川橋駅➡❷目白坂➡❸大泉寺➡❹正八幡神社➡❺幸神社➡❻椿山荘➡❼関口芭蕉庵➡❽富士見坂➡❾金乗院➡❿目白駅

目白不動旧地から目白駅への現代地図

❖目白不動旧地はどこにある？

ＪＲ山手線目白駅の所在地は東京都豊島区目白三丁目である。

ああ、目白にあるから目白駅なのだな……とずっと思っていた。普通はそう思うだろう。しかし、話は逆だったのである。まず目白駅ができ、そのあとで周辺の地名が「豊島区目白」になったのだ。近世まで**目白**という地名は特になかったのである。

ではなぜ目白駅なのか。目黒駅の近くに**目黒不動**があるように、目白駅の近くに「目白不動」があったからに違いあるまい。地図を見ると、確かに**目白不動**がある。目白駅の東に「学習院大学」があり、その南東に**金乗院**《こんじょういん》というお寺がある。そこが**目白不動**なのである。

そうか、目白駅の語源は目白不動だったのだな……で一件落着かと思いきや、そうではないのだった。調べてはみるものである。目白不動が金乗院にやってきたのは昭和24

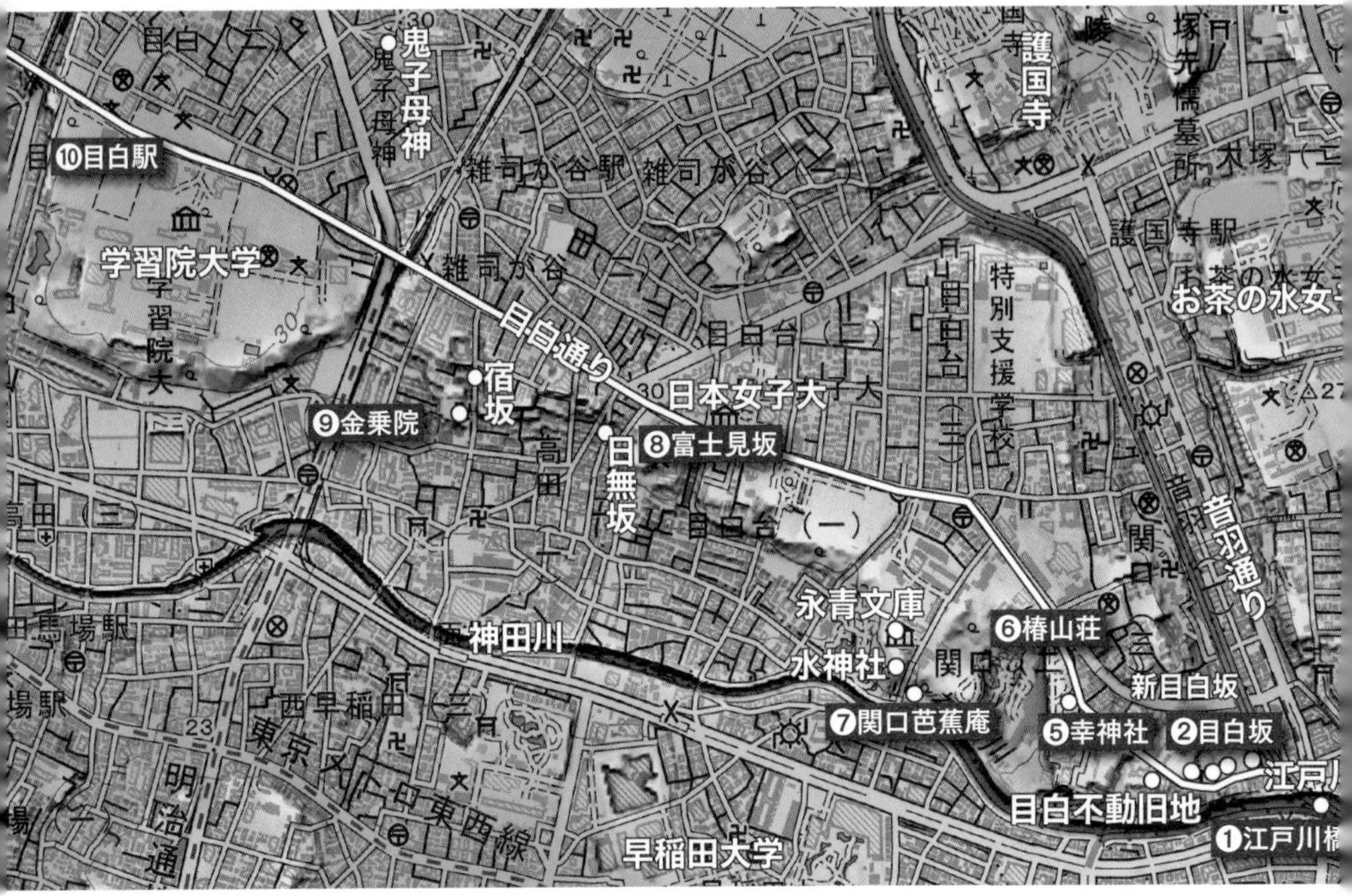

年（1949）のことで、目白駅ができたのは明治18年（1885）。駅の方がずっと古いのだ。では、目白不動が金乗院に移転する前はどこにあったのか。

調べてみると、目白不動の旧地は目白駅からかなり離れた……なんと**江戸川橋**の近くにあったのである。

かつての目白不動から目白駅まで古地図を見ながら歩いてみよう。

目白不動旧地は目白駅からは徒歩で約30分。目白駅の名前が目白不動から取られた……というのはいくらなんでも無理があると言う距離だ。最寄りの東京メトロ江戸川橋駅からなら10分かからない。

まずは目白不動旧地を訪れてみようということで**①江戸川橋駅**に降り立った。

江戸川橋駅があるのは文京区関口一丁目。

駅を出ると、すぐ横を神田川が流れている。神田川にかかっているのに江戸川橋とはこれいかに？　いきなり引っかかってしまった。

東京で江戸川といえば千葉県との県境を流れる川のはずだ。

実は、神田上水と呼ばれていた神田川は関口の大洗堰《おおあらいのせき》で「川」と「上水」に分けられ、水道として使われた上水が神田

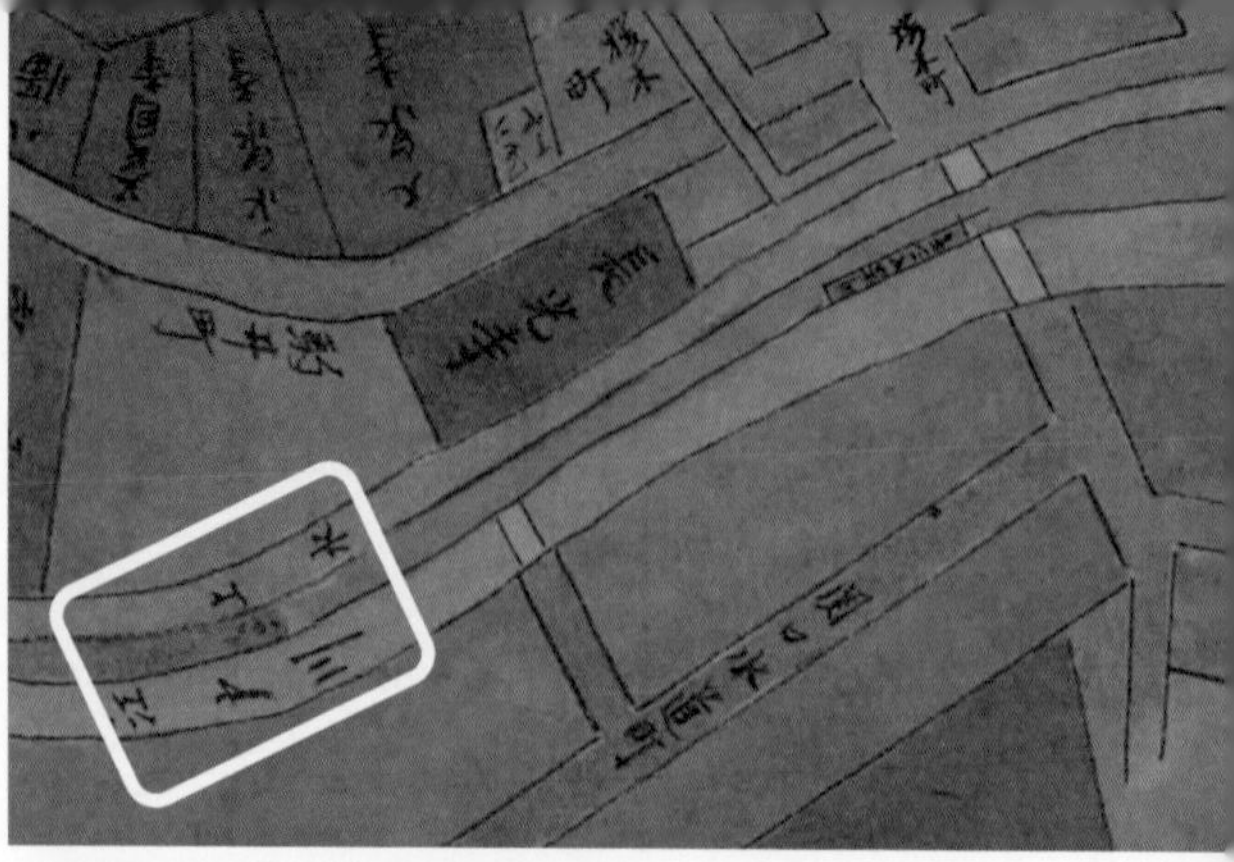

江戸絵図（写本）（国立国会図書館蔵）
江戸時代後期の江戸絵図を見ると、今の
神田川に「江戸川」と書かれている。

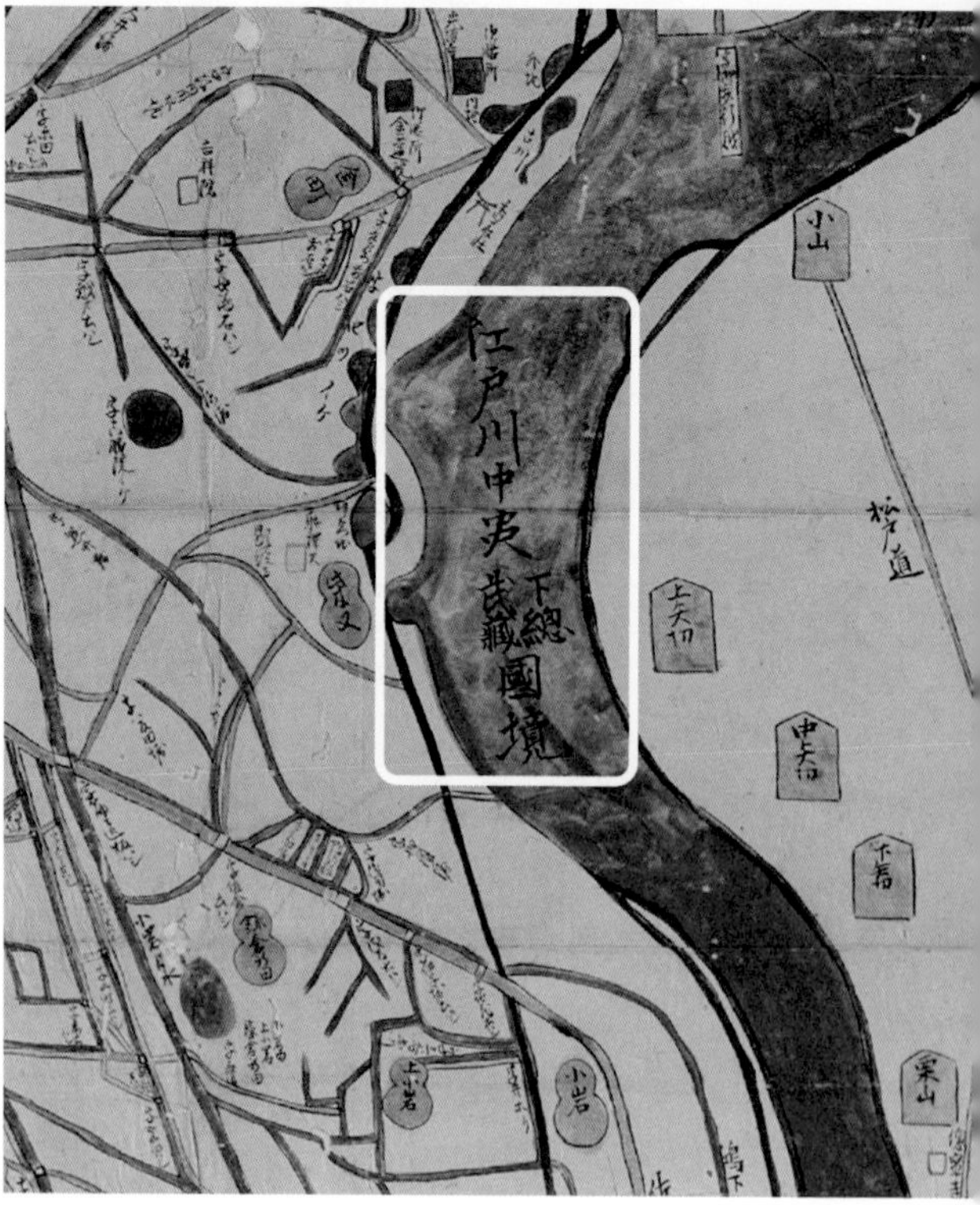

葛西筋御場絵図
文化2年（1805）（国立国会図書館蔵）
葛飾のあたり。今の「江戸川」は江戸時代も江戸川だった。

上水、残りの川は江戸川と呼んでいたのである。その江戸川を渡る橋なので江戸川橋だったのだ。

明治になり江戸川が神田川に名前を変えても、橋の名はそのまま残り、地下鉄の駅名にもなったのである。ひとつ疑問が解けた。

では、今の千葉県と東京都の境を流れる「江戸川」はどう呼ばれていたのかという新たな疑問が生じる。**葛西筋《かさいすじ》御《ご》場《じょう》絵図**という文化《ぶんか》2年（1805）の絵図を見ると**江戸川中央・下総／武蔵・国境**と描かれている。どっちも江戸川と呼ばれていたようで、やや

音羽通りから目白坂
上に首都高速の高架が見えている。
その真下は神田川に注ぐ川が流れていた暗渠。

こしい。

今、江戸川といえばこちらである。

❖なぜ目白坂なのか？

江戸川橋駅を出て江戸川橋を渡ると、まっすぐな道（**音羽《おとわ》通り**）が北北西方面へ続いている。崖に挟まれた谷地の道でその終点には**護国寺**。江戸時代中期に護国寺へ向かう道として作られた。

その音羽通りから西へ分かれるのが目白通りであるが、今の目白通りは明治以降に開かれた新しい道。

江戸川橋を渡って最初の信号を左に入る細い道が、旧道だ。旧道に入り、首都高速の高架をくぐると、坂道がはじまる。これが**②目白坂**である。

昔の坂道らしく、ゆるやかにカーブしながら上っていく感じが心地よい。

なぜこれが目白坂か。坂の途中に目白不動があったからである。

目白不動がかつてあった場所の手がかりとして、寛文《かんぶん》外絵図（寛文11年〈1671〉）の地図と今の地図を見比べてみよう。寛文11年はまだ護国寺は作られてないので、音羽通りはないが、目白坂はしっかり描かれている。

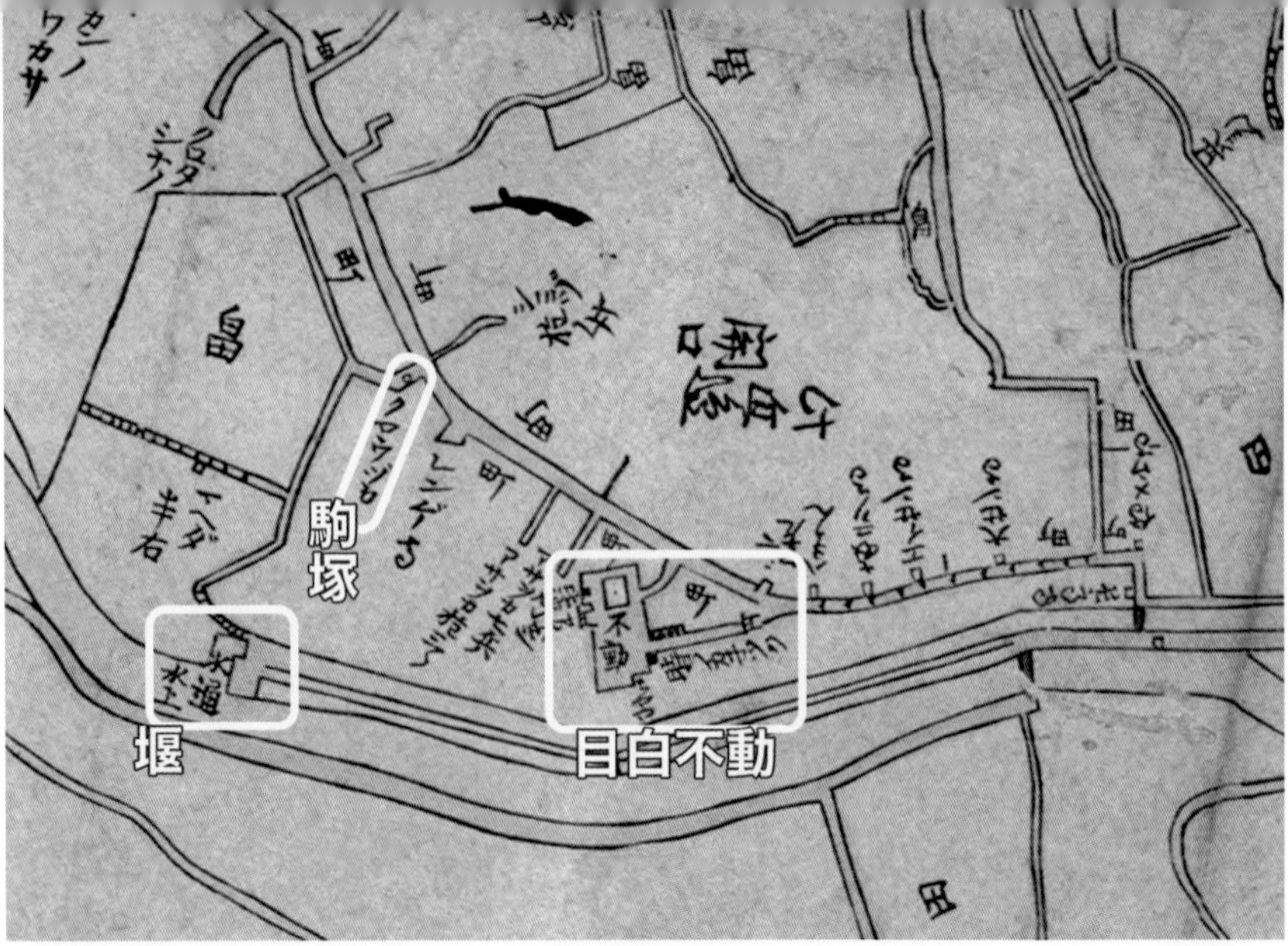

寛文江戸外絵図　寛文11年（1671）（国立国会図書館蔵）
目白不動が参道も含めて細かく描かれて、しかも正確なので今の地図と見比べやすい。

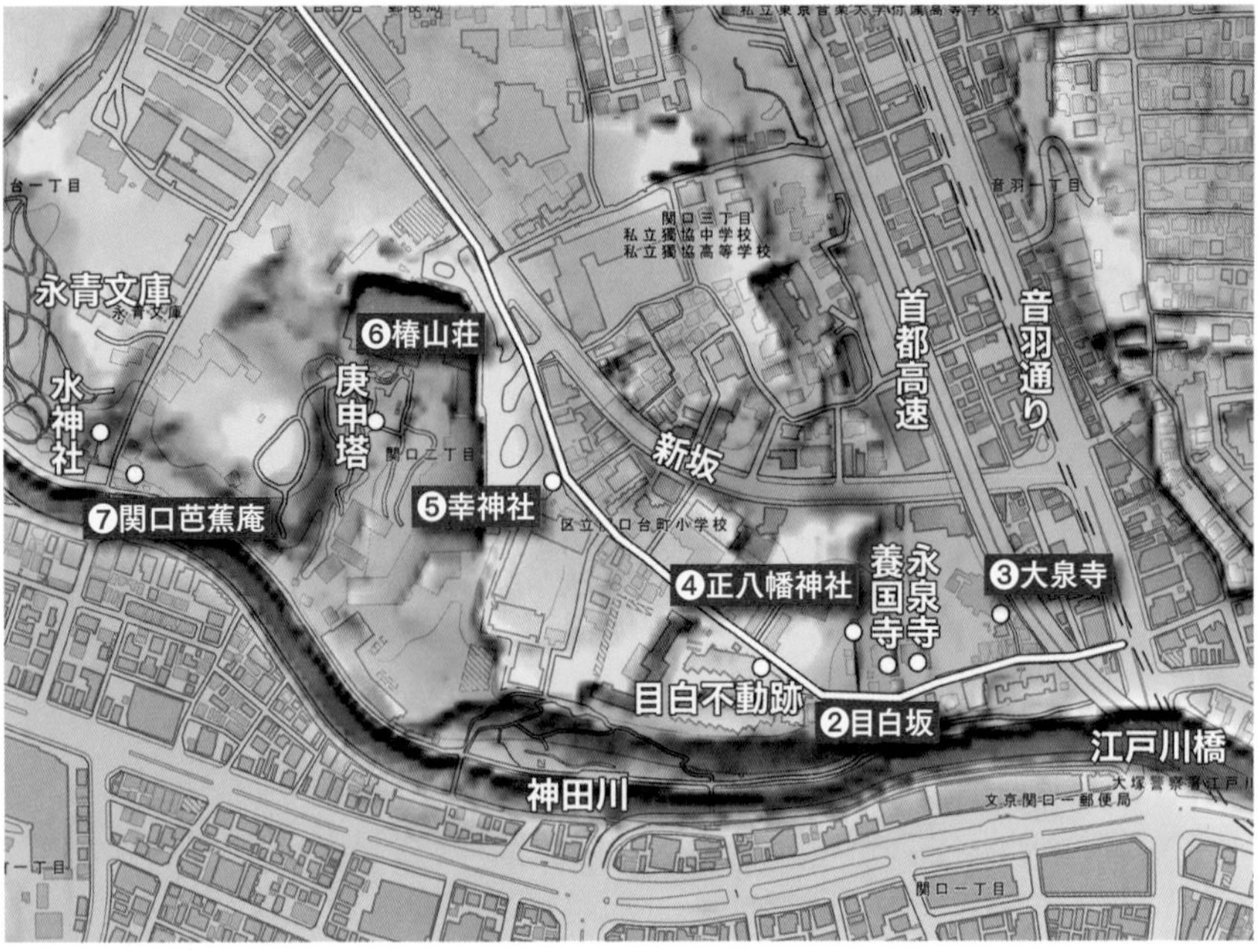

現在の地図＋地形図
江戸時代前期の道筋と寺社がしっかり残っている（ただし目白不動はない）。
（スーパー地形より）

❖目白不動跡⁇

江戸絵図の目白坂を上ったあたりに大きく「不動」と描かれているのが目白不動だ。

この江戸絵図は非常にシンプルなのだが、目白不動は細かく描かれており、当時から有名だったのがわかる。境内には「ちゃや」（茶屋）もあるし、参道には「時ノカネツク」（つまり時の鐘があった）も描いてある。

そして目白坂の北側には寺社が並んでいる。

最初に出会う「大セン寺」は③**大泉寺**、次にある「エイセン寺」は**永泉寺**、さらに坂を少し上ったところの「養コク寺」は**養国寺**。今は寺と寺の間に民家があり、敷地は狭くなっているようだが、３５０年前と同じ順番で同じお寺が並んでいる、すごいことだ。

昔のままなのだなあと思いながら上ると楽しい。ある程度上ったところで右手に神社が現れる。「正八幡」と扁額が描かれているので④**正八幡《しょうはちまん》神社**と呼ばれている。高台にあるので境内からの眺めはなかなかよいが、正八幡という名前にはちょっとひっかかる。

江戸名所図会を当たってみると、その名は**関口八幡宮**で、「当社を上の宮と称す」とある。上の宮があるなら下の宮もあるわけで、それは神田川沿いの坂の下にあった。あとで立ち寄ろう。

次ページの写真は今の**関口八幡宮**（正八幡神社）。ここから境内に入ると、江戸時代と同じような地形で、今でもなかなかの眺望だ。関口八幡神社という名前を残してもよかったのに、と思う。

そして、古地図を見ると八幡神社のちょうど真ん前あたりから目白不動の参道が延びている。

目白坂
右手に正八幡神社があるあたり。坂道は右にカーブしているが、曲がらないでまっすぐ行ったところが目白不動堂だった。

坂道がこのあたりで右にゆるくカーブしており、曲がらないでまっすぐ行くと目白不動の境内にそのまま入れたようだ。

実際に現地を歩くと、確かに坂道が右にゆるく曲がっている。

その目白不動の故地が今どうなっているかというと、高級そうなマンションでありま

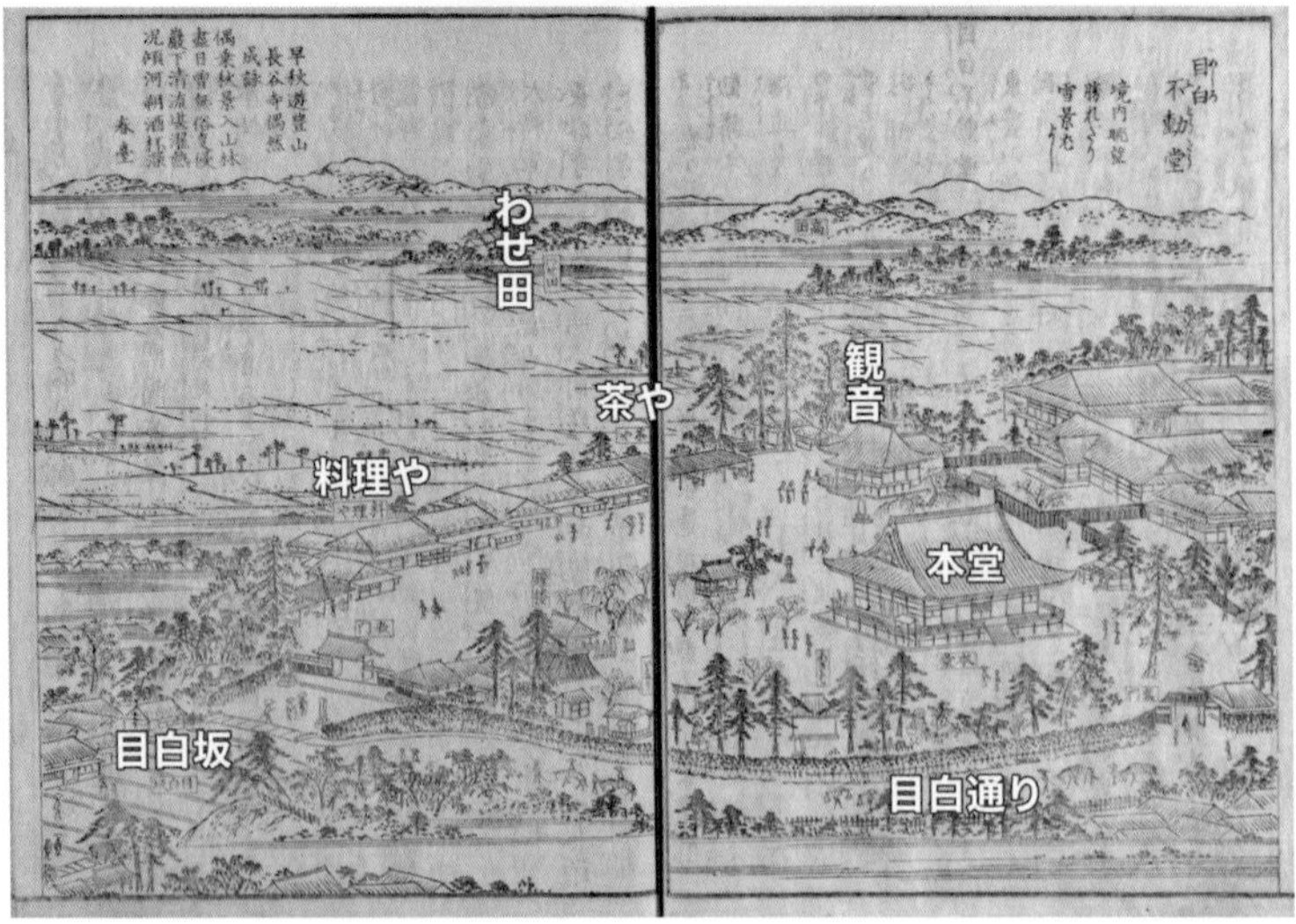

『江戸名所図会』の目白不動堂（国立国会図書館蔵）
目白坂が今と同じ道筋で書いてあるので比べやすい。「境内眺望勝れたり。雪景もっともよし」と書かれている。高台から早稲田方面の眺望が優れていたのだ。

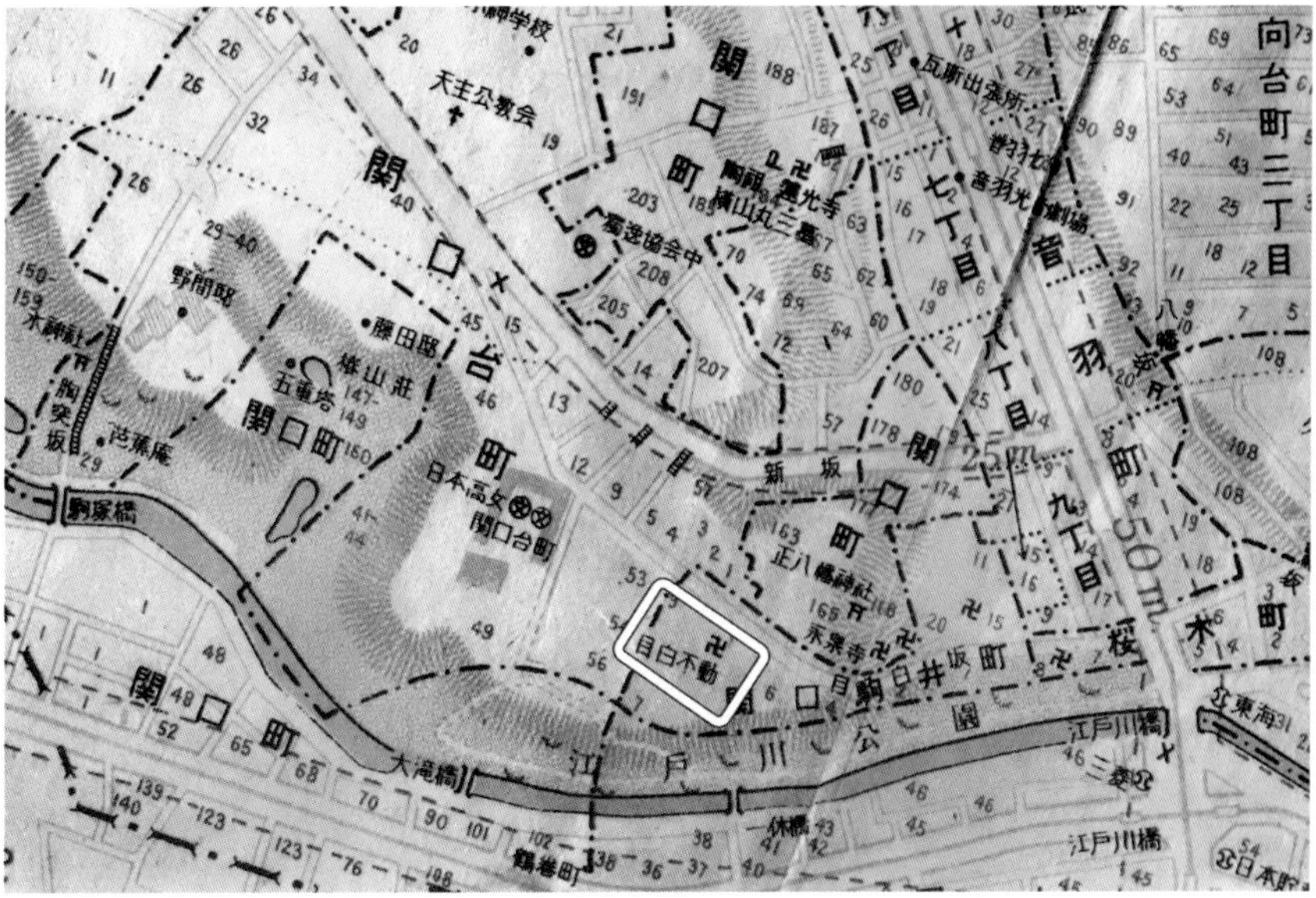

文京区詳細図　昭和22年（1947）（日本地図出版より）
この2年後に目白不動は金乗院に移転した。

した。

　これだけ有名な不動尊なので「目白不動跡」と描かれた解説板のひとつくらいあってもよさそうなものだが、何もない。知らない人はまったく気づかないだろう。

　ちなみに目白不動があった寺院は**新長谷寺**。創建についてはよくわかってないが、江戸時代の初期に中興され、そこにあった不動明王像に、3代将軍の**徳川家光**が「目白不動」の名を贈ったのである。目黒・目白・目赤・目青・目黄で**五色不動**というが、まず**目黒不動尊**があり、それに対して家光が「目白不動」を名づけ、さらに「赤目不動」と呼ばれていた不動尊を「目赤不動」としたと言われている。他の2色はよくわかっていない。目黒・目白・目赤の三つは家光のおかげで江戸時代から有名だったようだ。

　その新長谷寺は、残念ながら戦災で焼失。そのまま廃寺となり、昭和24年に目白駅に近い**金乗院**に移ったのが今の目白不動なのである。

　昭和22年の文京区の地図を見ると、ちゃんと目白不動が描かれている。この地図を見ると、現在のどこに当たるかがわかりやすい。

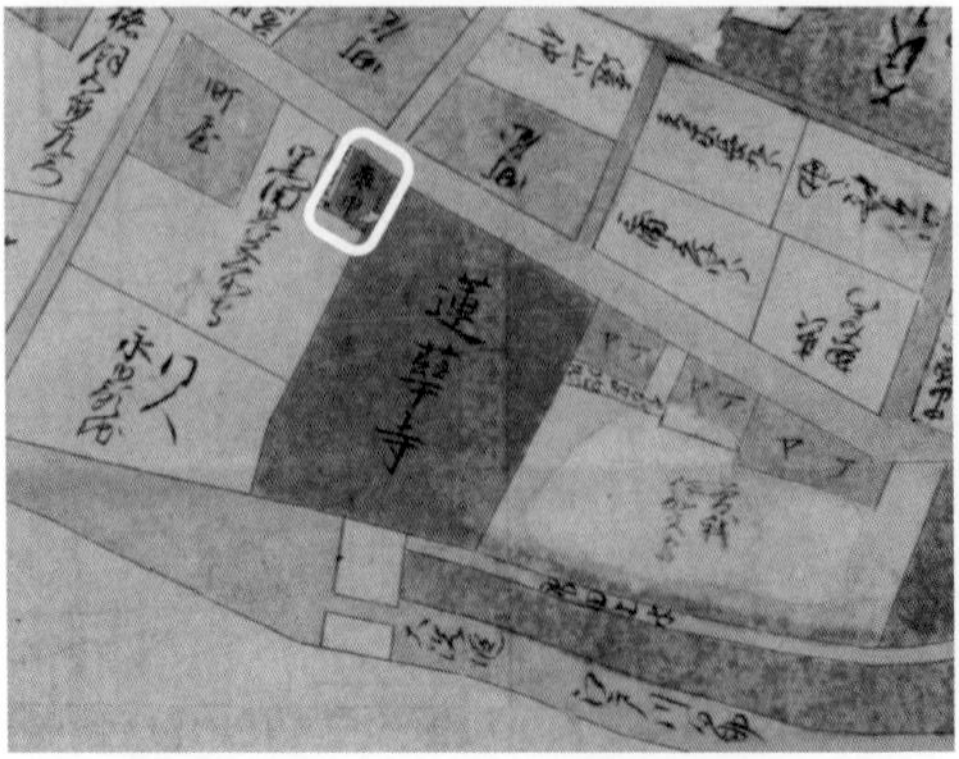

小石川小日向牛込目白大塚巣鴨：享和之頃
（国立国会図書館蔵）
江戸時代後期（享和期）の地図で、蓮華寺の左肩に「庚申」と書かれているのが今の幸神社だろう。

❖幸神社から椿山荘

目白不動があった目白坂はそのまま目白通りとして目白駅前まで続いているのでそのまま上ってみよう。

目白不動旧地を過ぎると、左手に「レンゲ寺」**蓮華寺**があった。明治44年に中野区へ移転しており、今はない。が、蓮華寺の旧地の横あたりに⑤**幸神社**《こうじんしゃ》という小さいけれども古さを感じさせる神社がある。

寛文江戸外絵図（30ページ）を見ると、レンゲ寺の横にカタカナで「クマウヅカ」（?）と描かれた塚がある。さらに享和《きょうわ》の頃（1801～04年）の絵図を見ると「庚申」と描いてある。クマウ塚であり庚申だったのが今の幸神社と思ってよさそうだ。

実はこの幸神社、『江戸名所図会』に紹介されている。それによると**道山**《みちやま》**の幸神**あるいは**駒塚の社**ともいったそうだ。このあたりは古《いにしえ》の鎌倉街道なので道の神を祀《まつ》り「道山」といったそうである。「駒塚の社」の駒塚は、寛文江戸外絵図にある「クマウヅカ」のことだろう。『江戸名所図会』によると、金の駒を塚に築いたという伝説があったらしい。

祭神は**猿田彦大神**。猿田彦は天孫降臨の際に皇室の祖とされる**ニニギノミコト**を道案内した神様。庚申信仰と結びつき、**庚申塔**が猿田彦神社となった例も多い。庚申塔の庚申は干支の「かのえさる」のことで、「さる」だから結びついたのだろう、と考えると、享和の頃の絵図にある「庚申」の「こうしん」という音から「幸神」になったのではないかと思う。庚申塔は道しるべとして使われることも多く、古い街道があったという話にも結びつく。

江戸絵図と現代の地図を見比べていると、そういう想像が働いて楽しい。
さて幸神社を過ぎると左手に⑥**椿山荘**《ちんざんそう》が見え、現目白通りと合流する。この先は整備された幹線道路となって昔の風情は消えてしまう。

椿山荘は江戸時代に**久留里**《くるり》**藩黒田家**の下屋敷があった場所。明治11年にその土地を**山**《やま》**県有朋**《がたありとも》が購入して椿山荘と命名した。大正7年（1918）に藤田財閥の2代目が購入。現在のホテル椿山荘も含め藤田観光のものだ。昭和22年の地図には「椿山荘」と一緒に「藤田邸」もある。

椿山荘は神田川に向かって下る斜面を利用した庭園でも有名だ。宿泊客でなくても散策できるのでぜひ。

椿山荘庭園には全国から持ってきた石造物や三重の塔などの建築物があるが、ここで取り上げたいのは江戸時代からその場所にあったという古い庚申塔（寛文《かんぶん》9年〈1669〉建立）。その前を通っていた野道が**鎌倉街道**のひとつだったという伝承もあるのだ。幸神社の伝承と合わせると、早稲田方面からこの庚申塔の前を通り、幸神社前につながる坂道があったのかもしれない。

そのまま椿山荘庭園を下って神田川沿いに下りよう。川沿いにも庭園への門がある。門を出て右手に神田川沿いに歩くと右手に⑦**関口芭蕉庵**が現れる。

松尾芭蕉が延宝《えんぽう》5年（1677）から同8年まで神田川改修工事に参加した際に住んだ庵があったといい、のちに関口芭蕉庵と呼んだ。今は回遊式の庭園として公開されている。

芭蕉庵脇と胸突坂を挟んで**水神社**《すいじんしゃ》が祀られている。

江戸時代はここに水神社と八幡神社があり、下の宮と呼ばれていた。**関口八幡神社**の

左から、水神社、胸突坂、関口芭蕉庵（森しか見えないが）。胸突坂の途中に芭蕉庵への入口がある。

上の宮と対になっていたのだ。

ここに水神社があるのは**神田上水**の関係。少し下流に神田川から神田上水を分ける**大洗堰**があり、それを守る神様として祀られたものだ。

水神社の階段を上ると……急な階段ではあるが、なかなかよい眺望を楽しめる。そのまま胸突坂を上って目白通りに向かう。

胸突坂をしばらく上ると、左手に**永青文庫**がある。江戸時代末期に**熊本藩主細川家**が下屋敷を構えた場所で、のちに細川家伝来の品々を収蔵し、一般公開を行っている。

❖富士見坂のY字路

目白通りに戻ったらあとはそのまま西へ。このあたりは目白台と呼ばれている。目白坂の上だから目白台だ。目白台に住んでいた有名人といえば、故田中角栄。さらに目白台にある有名な大学といえば日本女子大。

その前を通り過ぎて目白駅へ向かうのだが、途中、目白台二丁目の交差点に来たら、左手（つまり南側）を見るべし。絶景なのである。目白台二丁目の交差点から少しだけ南に入ると、すごく急な下り坂がはじまるのだが、その坂が鋭角のY字路になっている。

まっすぐ下りる坂が新しい坂道で⑧**富士見坂**と呼ばれている。まっすぐ坂を下りるので見通しが良く、晴れていて空気が澄んだ日には富士山が見える。途中から左へ入る細い坂は古い坂で、**日無坂**という。狭くて日が差さなくて暗いからその名が付いたのだろう。

高低差も斜度も眺望も素晴らしいし、旧坂と新坂の対比もよい。右の明るい坂が富士見坂、左の暗い坂が日無坂。坂道好きなら必ず行くべし。

目白台は神田川に下る急坂が多いので有名だが、特にこの富士見坂のY字路は眺めの良さと、Y字路の見事さで坂道好きには評判なのだ。

❖金乗院・目白不動尊

さて目白通りに戻ろう。目白通りを西へ向かうと高田一丁目の交差点に出る。

ここを右に曲がって北へ向かうと**雑司ヶ谷鬼子母神**《ぞうしがやきしぼじん》へ。左に曲がって南に向かうと**宿坂**《しゅくざか》という急坂だ。実はこの南北の道は中世の**鎌倉街道**の道筋といわれている。宿坂の宿は鎌倉街道の宿が語源という。

ここでその宿坂を下りるべし。なぜなら宿坂を下りたところにある⑨**金乗院**というお寺が今の**目白不動尊**だからだ。寛文江戸外絵図には「コンゼウ寺」と書かれている。

金乗院は**神霊山慈眼寺**。戦国時代の天正年間に創建されたと伝わる古刹。門前には「はせ寺」と書かれた石柱が建っている。**新長谷寺**（つまり目白不動）を合併したときに移したのだろう。目白不動が新長谷寺にあったときの名残だ。

肝心の**目白不動堂**は境内の宿坂に沿った場所で階段を上った上にある。

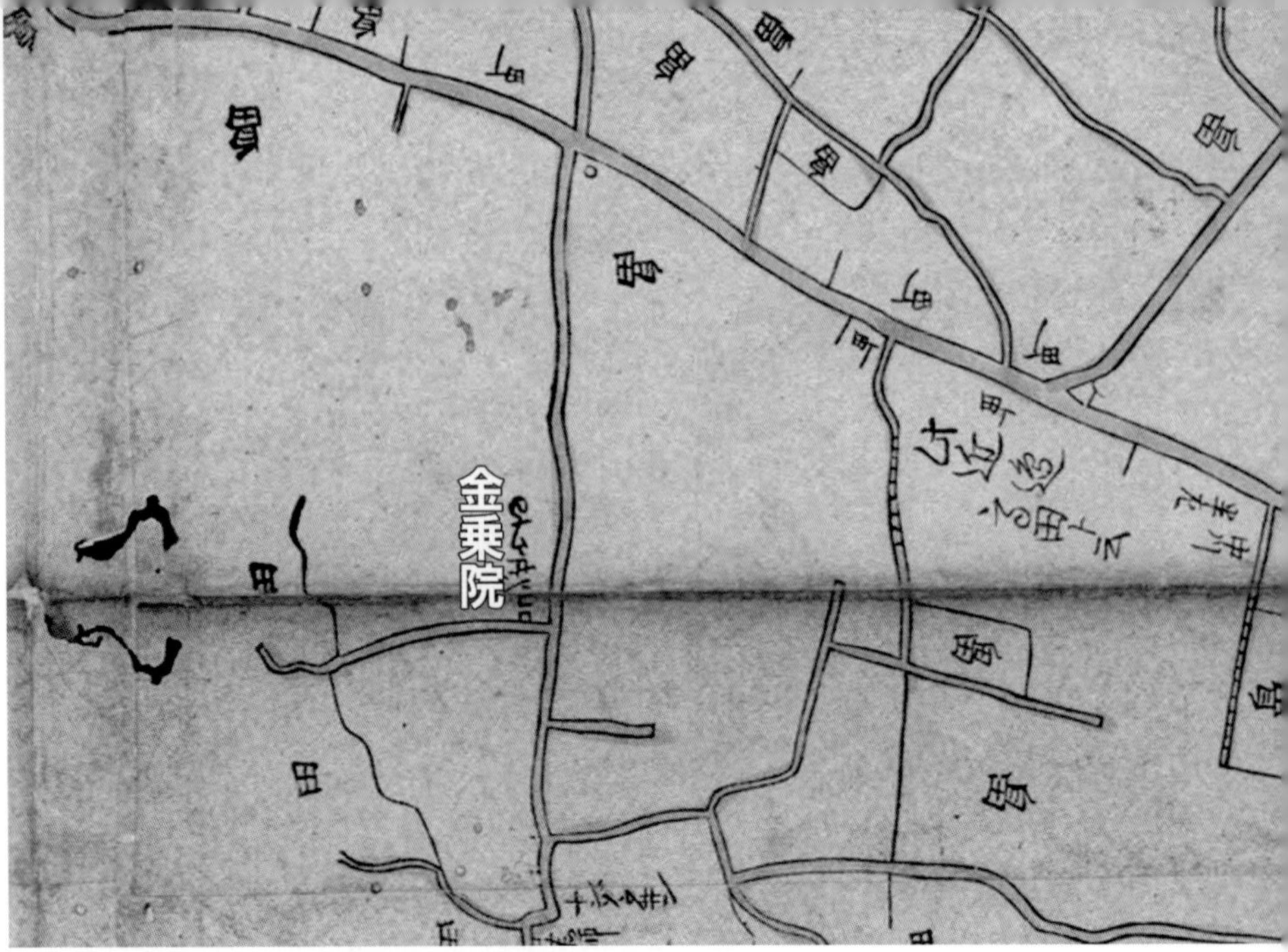

寛文江戸外絵図　寛文11年（1671）（国立国会図書館蔵）
南北の鎌倉街道がしっかり描かれており、途中に金乗院がある。

同じ場所の現代の地図（スーパー地形より）。

金乗院の山門
左手前に「はせ寺」と書かれた新長谷寺の門柱がある。

ここまで目白不動旧地から現地の目白不動へ古地図を見ながら歩いてきた。ここから目白駅へ向かおう。

再び目白通りへ宿坂を上り、通りを西へ向かい、明治通りと都電荒川線を**千登世橋**で渡り、学習院大学の前を過ぎれば、すぐ⑩**目白駅**だ。

この項で辿ってきたルートを読めばわかるとおり、目白駅は当時の目白不動から非常に離れているわけで、実は「目白駅」の駅名は「目白通り沿い」の駅という意味でつけられたんじゃないかとひそかに思っている。

金乗院境内に目白不動堂がある。
階段を上った少し高い場所だ。

江戸の名残を歩く

小石川

伝通院の創建に関わる中世の極楽水伝説

小石川を古地図で巡り、伝通院とその旧地を探りつつ、極楽水伝承を解き明かす

謎解きルート

❶春日駅⬇❷春日通り⬇❸富坂⬇❹伝通院⬇❺沢蔵司稲荷⬇❻三百坂⬇❼善仁寺⬇❽極楽水跡⬇❾吹上坂⬇❿千川通り⬇⓫小石川植物園⬇⓬御殿坂⬇⓭白山神社⬇⓮白山駅

❖伝通院とは？

江戸時代の寺院を今の地形図に合わせてみると、徳川家に縁が深いほど露骨に良い立地を得ているのがわかって面白い。鬼門方面の**寛永寺**《かんえいじ》と裏鬼門の**増上寺**《ぞうじょうじ》。どちらも代々の将軍の墓所がある重要な寺院だ。寛永寺は寛永2年（1625）創建なので寛永寺（延《えん》暦寺《りゃくじ》が延暦7年〈788〉にその前身となる寺院が開かれたのに由来するのに倣っている）、増上寺はもともと麹町近くにあったものが日比谷に移され、その後現在地へ移転している。天和元年（1681）創建の**護国寺**もそうだ。どれも本堂はちょっと高台にあり、斜面をうまく使った境内になっている。開発が必要な谷地や湿地や海沿いに移転させられた寺院も多かったなか、けっこう目立つというものだ。

そしてもうひとつ、**伝通院**《でんずういん》も忘れてはいけない。

伝通院と小石川の現代地図

ここは、慶長《けいちょう》7年（1602）に亡くなった徳川家康の生母「於大《おだい》の方《かた》」を埋葬するために建立したお寺で「伝通院（正しくは傳通院）」は於大の方の法名「傳通院殿蓉誉光岳智香」から取られたものだ。

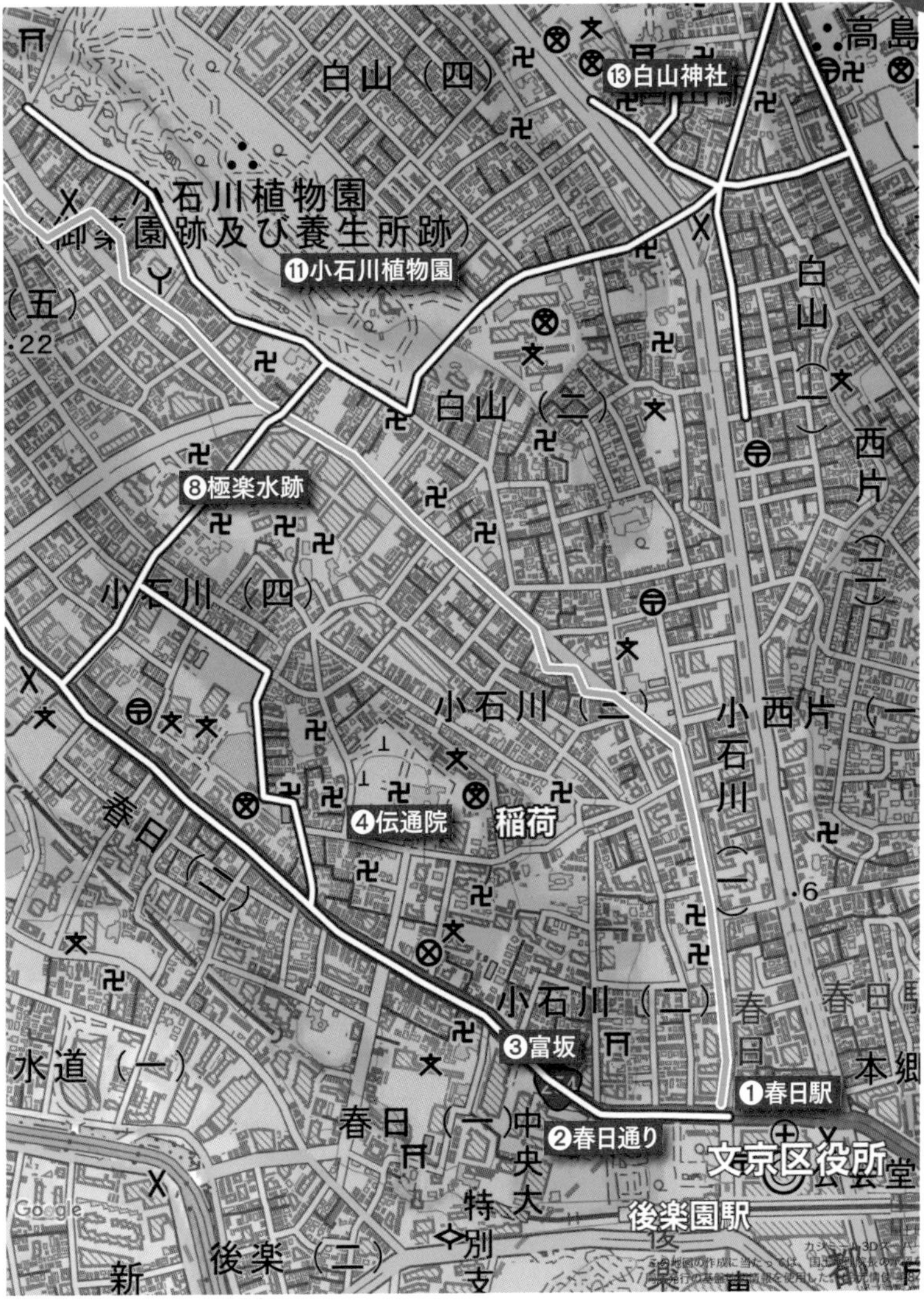

伝通院の南は神田川、北は小石川が作った谷地となっており、
高台に道路と伝通院がある。（スーパー地形より）

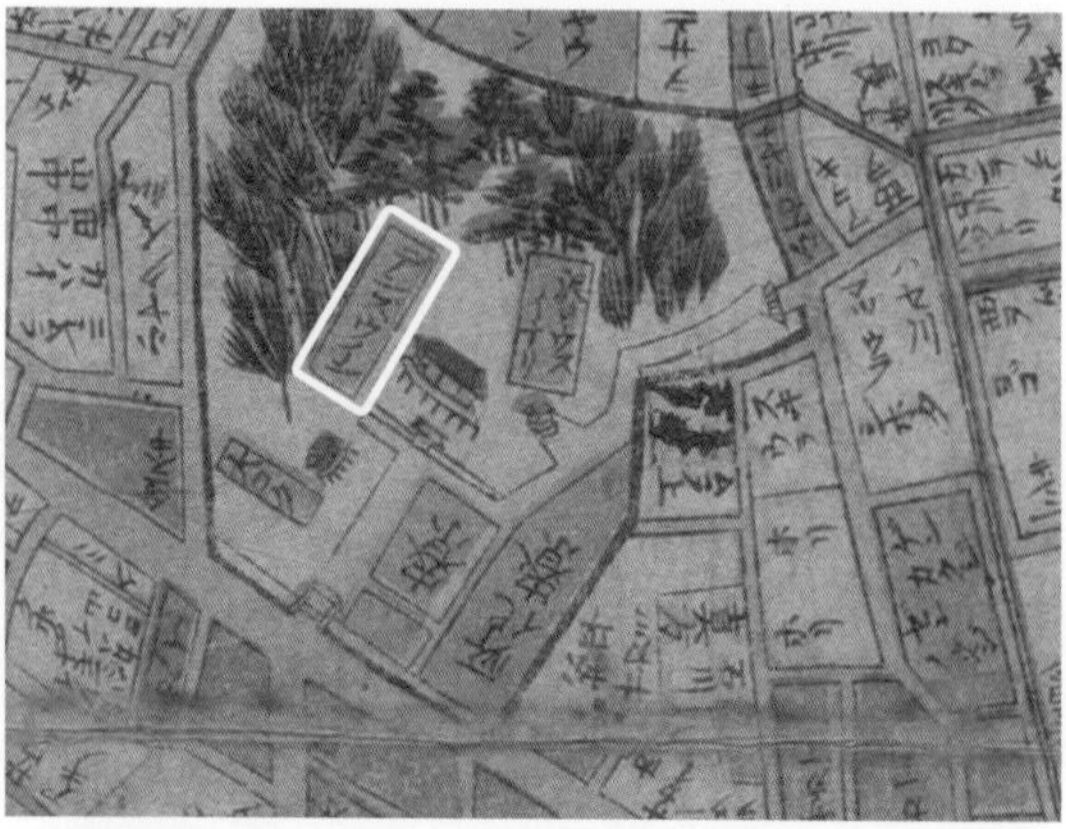

弘化改正御江戸大絵図　弘化４年(1847)（国立国会図書館蔵）
「デンヅウイン」ではなく「デンズウイン」と書いてある。

春日通りから北へ入ると広い参道の奥に伝通院の山門がそびえる。

正式には「無量山伝通院寿経寺」という。かな書きは「でんづういん」でよいのだが（今のルールでは「つう」の濁音なので「づう」）、伝統的に「でんずういん」と書く。

伝通院の場所は**文京区小石川**。小石川という川はあったのか、どこを流れていたのか。

伝通院の寺号は寿経寺という。寿経寺は室町時代の応永《おうえい》22年（１４１５）、**小石川極楽水**に創建された寺院で伝通院建立の際、台地上に移転したのだという。

極楽水ってなに？

というわけで、本項では伝通院とその旧地を中心に小石川を古地図で巡ってみたい。

❖春日局の春日通りから於大の方の伝通院へ

小石川と聞いて思い出すのは小石川後楽園。水戸徳川家の屋敷跡で、今は東京ドームや都心のアトラクション施設東京ドームシティがある。その北側にそびえ立つ高層ビルが**文京区役所**。文京区は旧小石川区と旧本郷区が合体してできた区だ。

その区役所あたりに東京メトロや都営地下鉄の後楽園駅、あるいは**①春日《かすが》駅**があり、文

伝通院周辺の拡大図
（スーパー地形より）
標高別に色づけ。伝通院が細長い台地上にあることや裏手は小石川が作った谷であることがわかる。台地の際に沢蔵司稲荷がある。

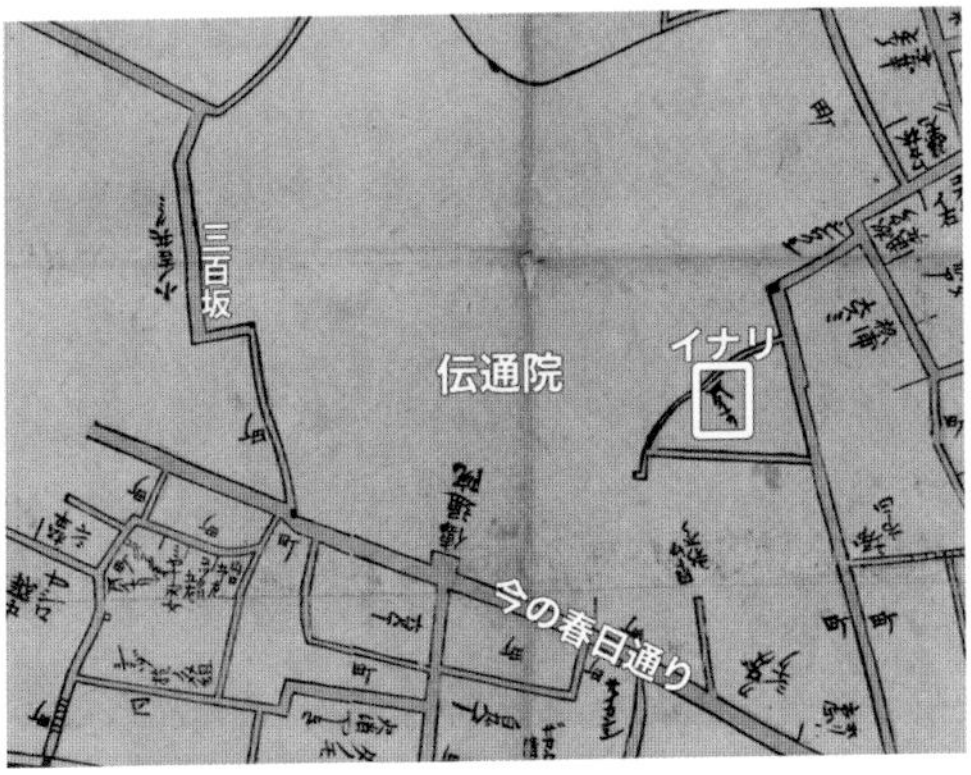

寛文江戸外絵図　寛文11年（1671）
（国立国会図書館蔵）
伝通院周辺。この頃から三百坂も描かれている。イナリが沢蔵司稲荷かもしれない。

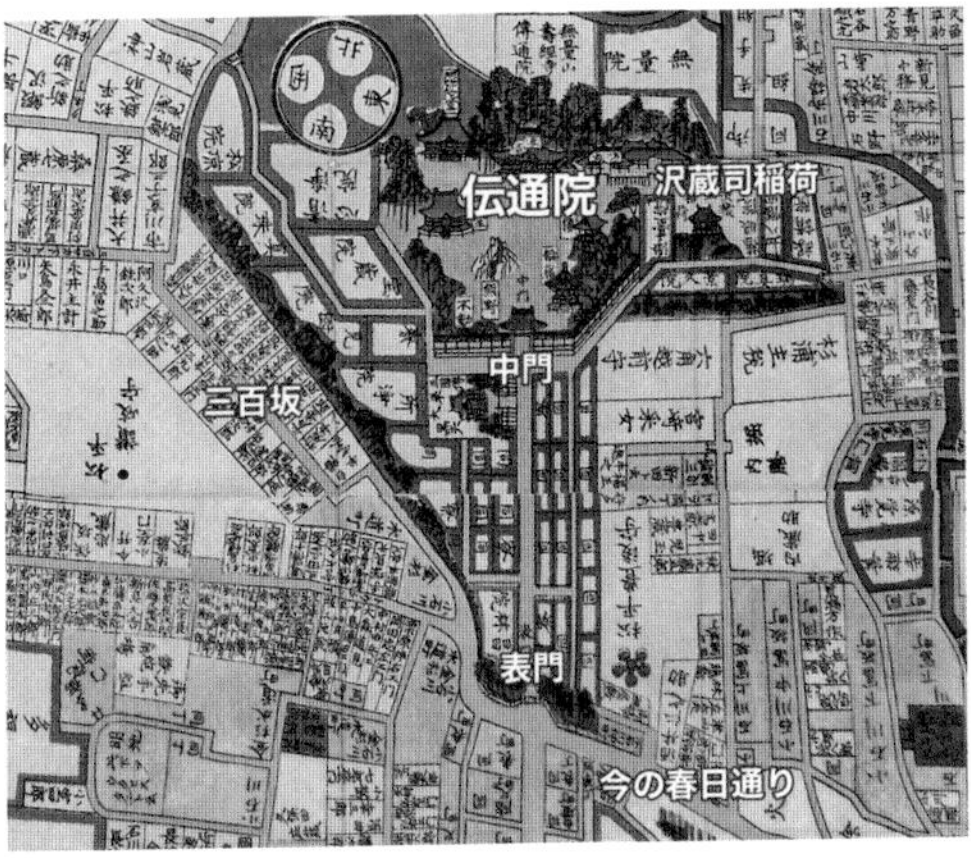

江戸切絵図　嘉永7年（1854）（複製図より）
カラフルな江戸切絵図。表門と中門の間は寮や塔頭で埋められている。坂には「三百サカ」とある。

京区役所の北を東西に走る道が**②春日通り**だ。地名の由来は**春日局**《かすがのつぼね》。徳川家光の乳母として、大奥の仕組みを作った人として有名で、寛永7年（1630）にこのあたりの原野を春日局付きの下男らが拝領したのがはじまり。「春日」とは人名なのだ。正保《しょうほう》元年江戸大絵図には「春日下屋敷」とある。それが元で**春日町**となり、道路の名前も春日通りとなった。

春日通りを伝通院に向かって上る坂は**③富坂**だ。その由来は諸説有り、「鳶《とび》坂」や「飛坂」が語源ともいわれており、とりあえず弘化《こうか》改正御江戸大絵図では「トヒサカ」と書かれているわけで、濁音は抜けているけどおそらくは「とびさか」。それが「とみさか」になったのだろう。

徳川家康の生母、於大の方の墓所
巨大な宝篋印塔である。このあたり、徳川家関連の宝篋印塔が多く並び、圧巻である。

沢蔵司稲荷　崖上から見下ろすと祠のある崖面の穴がいくつもあり（多くの穴は塞がれているが）、「おあな」と呼ばれている。近年整備されて訪れやすくなった。

現在は春日通りとして拡幅されたので往時の風情はないけれども、坂を上り切ると、右手に**④伝通院**が現れる。伝通院前の交差点で右手を見ると、広い参道の向こうに立派な山門が見える。

寛文《かんぶん》江戸外絵図では今の春日通り北側は全体が伝通院であること、江戸切絵図では春日通り沿いに表門、今の山門の位置に中門とあるので全体が伝通院だったことがわかる。今は山門の手前まで一般の住宅やビルが並んでいるが、参道の広さからなんとなく往時を偲《しの》べる感じだ。

伝通院の見どころはなんといっても墓地。於大の方をはじめとして、徳川秀忠長女の千姫《せんひめ》、徳川家光正室の孝子《たかこ》などの墓所が並んでいる。幕末好きには清河八郎《きよかわはちろう》の墓があることでも有名かも。

伝通院山門前の道を右へ行くと、**⑤沢蔵司稲荷**《たくぞうすいなり》がある。寛文外絵図で「イナリ」と書かれている鳥居がおそらくそうだ（イナリの場所が道路の南側にあるのが気になるが、当初はそこだったのかもしれない）。

この沢蔵司稲荷はかつて小石川が作った谷地の端にあり、境内から階段を下りると、崖にいくつもの「穴」（霊窟おあな）がある。この地形とこのおあなは他には見られない光景なのでぜひ参拝してほしい。異空間に迷い込んだ感がたまらない。稲荷には上野の穴

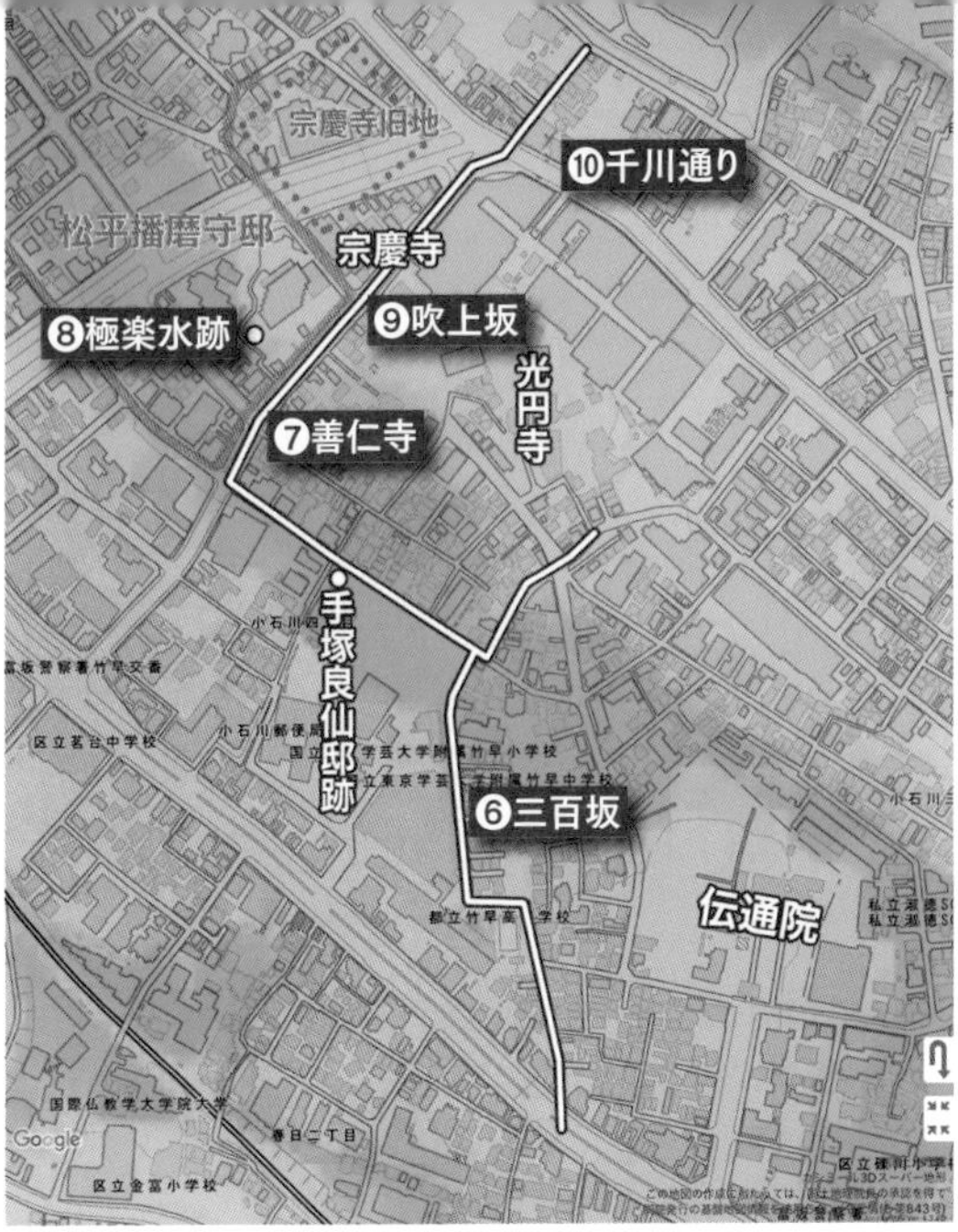

伝通院から小石川極楽水へ
（スーパー地形より）
三百坂を下りて小石川の谷地へ下るといくつもの古刹や極楽水伝説がある。

稲荷（花園稲荷）や王子稲荷の狐穴など、崖に掘られた穴が祀《まつ》られるケースは多く、そこに稲荷の使いである狐が棲《す》んでいたという伝承も残っている。沢蔵司稲荷の「お穴」もその系統なのではないかと思う。

ここに来ると伝通院が台地のキワに建立されたことがよくわかる。

再び伝通院前に戻り、寛文江戸外絵図を見ながら歴史を遡ってみよう。

伝通院として知られる寿経寺はもともと「小石川極楽水《ごくらくすい》」にあったという。それはどこか。実は小石川近くに極楽水と呼ばれる良い水が湧く場所があったのだ。そこにある

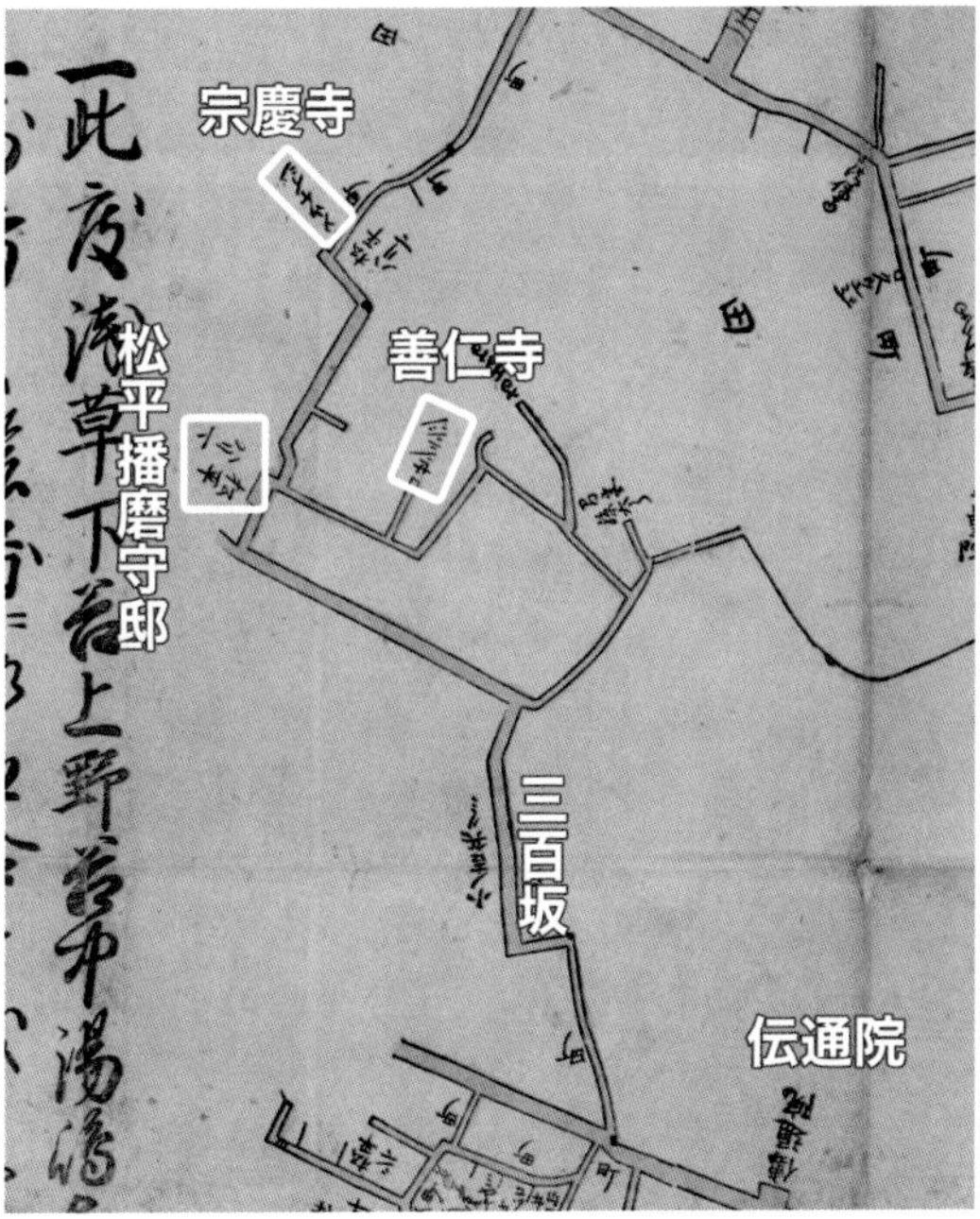

寛文江戸外絵図　寛文11年（1671）（国立国会図書館蔵）
寛文期の伝通院から小石川極楽水への道筋。松平播磨守邸から三百坂へつながっていること、善仁寺の山門はかつて南向きだったことなどこの地図からわかることは多い。

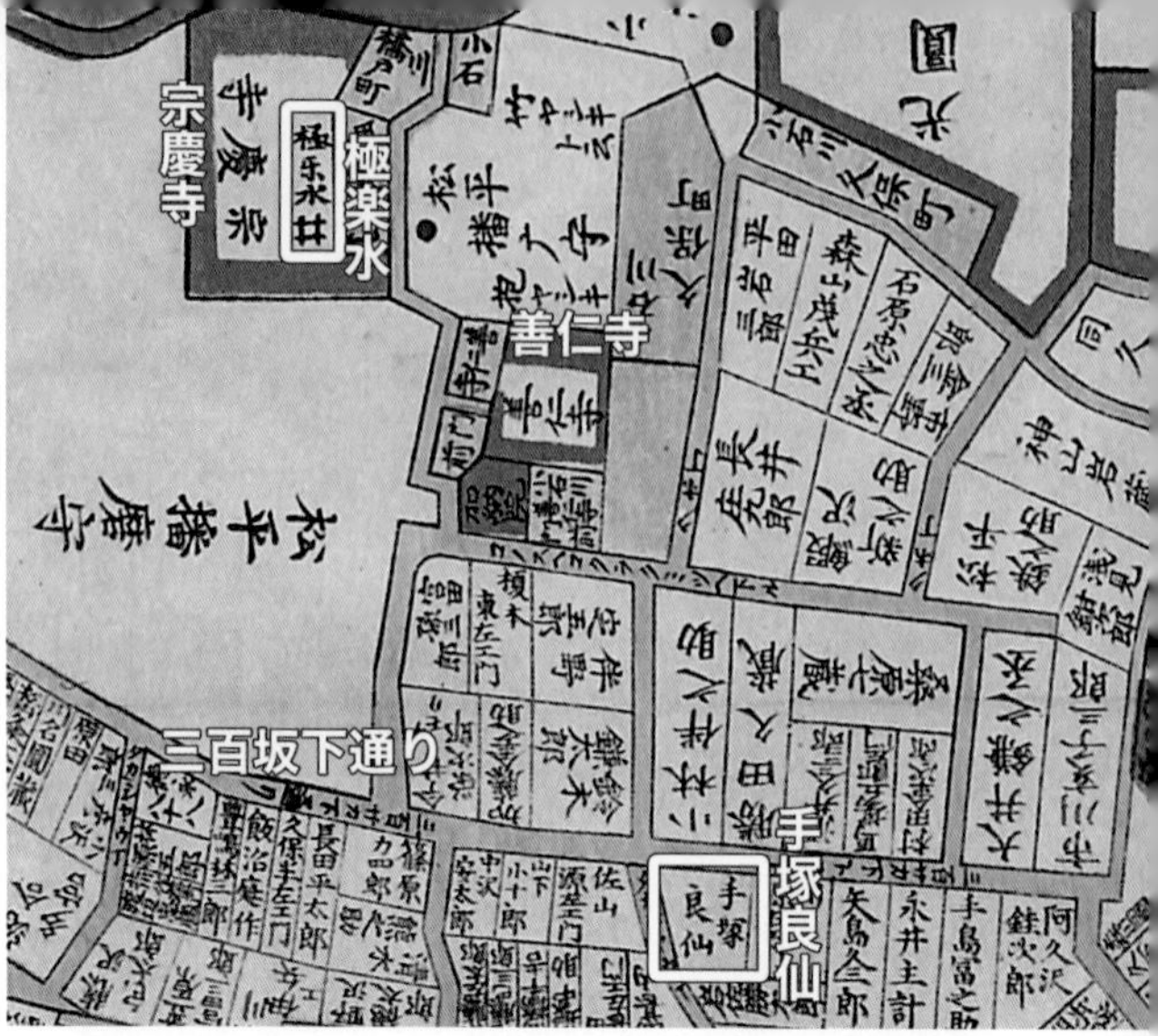

江戸切絵図
嘉永7年（1854）（複製図より）
三百坂下通り沿いに手塚治虫の曾祖父の家があった。宗慶寺の境内に「極楽水」の井戸が描かれている点にも注目。

奈良・平安時代に創建伝承を持つ古刹へ江戸時代の地図を見ながら向かってみる。

❖伝通院から極楽水へ

伝通院の旧地があったという「小石川極楽水」（という地名）は小石川沿い、伝通院の裏手の方にあるので坂を下るのである。ちょうど極楽水に向かうよいクランク状の坂が昔からあるのだ。

その坂に**⑥三百坂**という名が付いている。

江戸時代、この近くに常陸《ひたち》府中藩松平播磨守《まつだいらはりまのかみ》の上屋敷があった。初代藩主の松平頼隆《よりたか》は徳川光圀《みつくに》（水戸藩2代藩主）の弟であり、水戸徳川家の近くに屋敷地を得たのだろう。

その松平家では新しく召し抱えたものを試すためにこの坂を利用し、登城の供の列に間に合わなかった者には罰金として三百文を出させたからという。真偽はともかく、江戸切絵図には「三百サカ」と書いてあり当時から有名だったようだ。

松平播磨守の屋敷は小石川に臨む斜面にあり、この坂を上って江戸城へ向かっていたのだろう。

坂を下りたら、左折する。左手に竹早小学校を見ながら歩く。今は本当になんてことない住宅街の道だが、江戸切絵図を見ると、この通り（三百坂下通り）の角に「手塚良仙」と書かれた家がある。

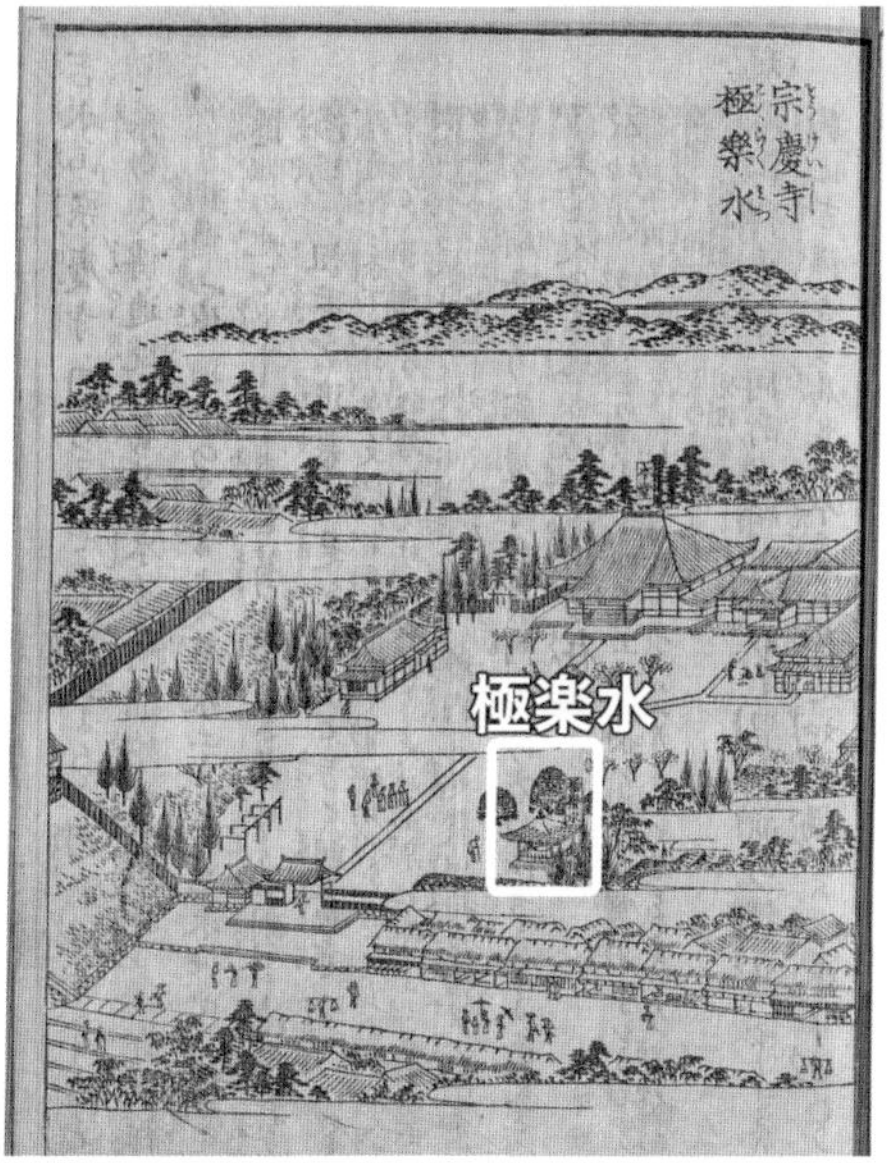

『江戸名所図会』
（国立国会図書館蔵）
極楽水の井戸が描かれた宗慶寺。斜面の下に境内があるのがわかる。

実はここ、故手塚治虫の曾祖父の家だったのだ。ここに住み、蘭方医をしていたのである。当時のことは手塚治虫の長編漫画『陽だまりの樹』に詳しい。

さらに歩くと南北の道にあたる。この道が寛文江戸外絵図にも描かれている道。「松平ハリマ」とあるが、この道の向こう側の広大な敷地が松平播磨守の屋敷だったのだ。

さてこの界隈が極楽水エリア。伝通院のある台地から小石川に向けての斜面できれいな湧水があったのだろう。このあたりに奈良時代・平安時代・室町時代と創建伝承の古刹が集まっていることからも、古くから人が住んでいたことがわかる。

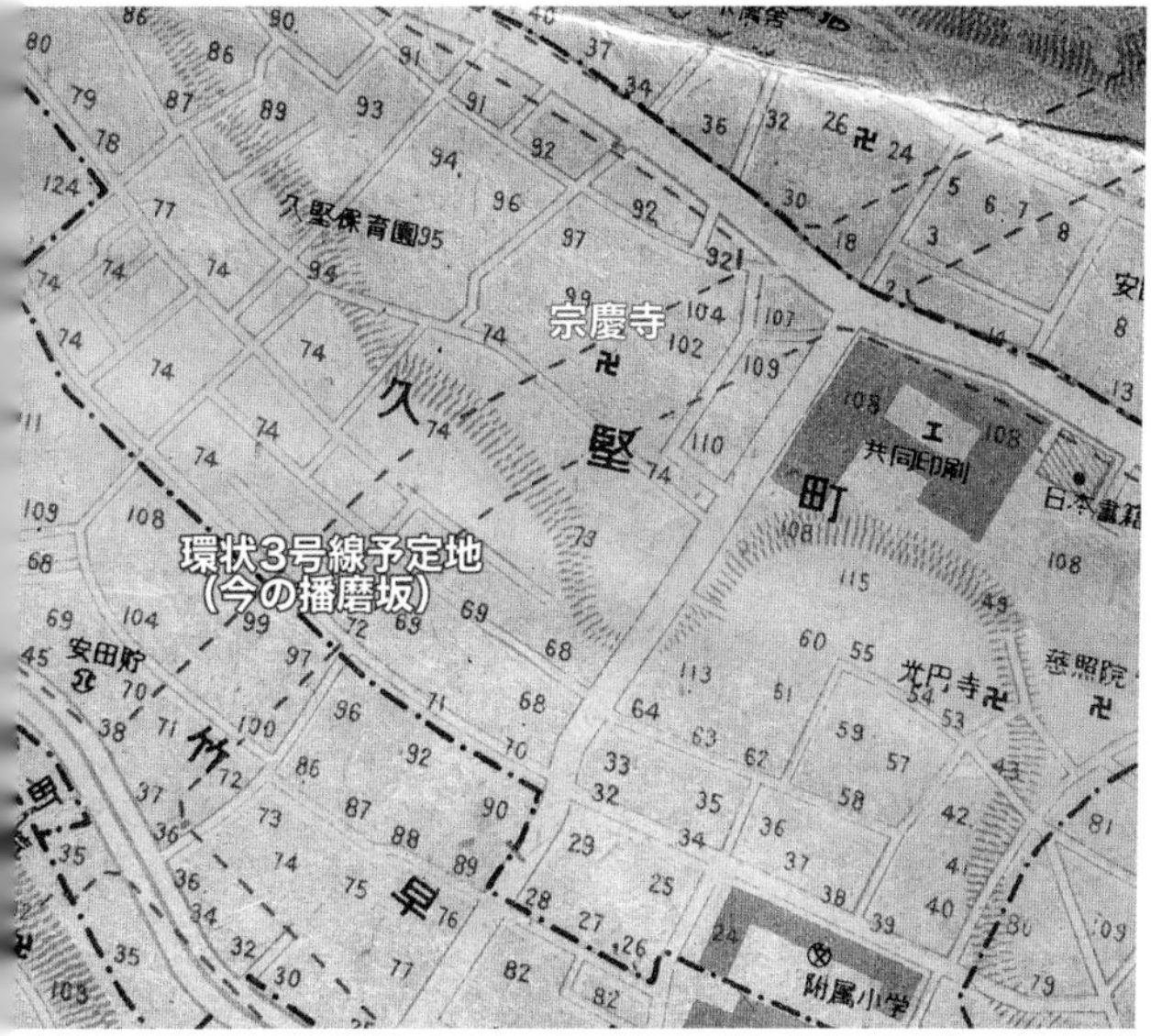

文京区詳細図　昭和22年（1947）（日本地図出版）
地図を見ると、環状３号線予定地が点線で描かれている。今の播磨坂だ。そこに宗慶寺がかぶるため、現在地に遷った。環状３号線は播磨坂部分のみが作られ、今は桜並木で有名だ。

マンションの裏手の斜面下に
復元された極楽水。
階段を下りると弁財天の祠と
小さな池がある。

極楽水伝承は三つ。

ひとつは**⑦善仁寺**。平安時代創建と呼ばれる古刹で当初は真言宗だったが、親鸞聖人《しんらんしょうにん》が来寺して杖を突いたら水が湧きいで（極楽水）、浄土真宗に改宗したという。今でも境内に極楽水と伝わる井戸がある。

ひとつは**宗慶寺**。善仁寺のはす向かいあたりにある今は小さな寺院だが、もともとはもうちょっと北西にあり境内も広かった。戦後、環状3号線の一部になるはずだった**播磨坂**のルートにかぶっていたため、現在地に移転したのだ。江戸時代、江戸切絵図に極楽水の井戸が描かれている。

そして話は伝通院に戻る。もともと室町時代の応永22年（1415）に聖冏《しょうげい》上人が泉のほとりに草庵を結び、その水がのちに極楽水と呼ばれ、草庵は吉水山伝法院寿経寺になった。その寿経寺が伝通院となって移転し、跡地に宗慶寺が建立されたのである。伝通院の旧地はここにあったといえるのだ。

三つ目は松平播磨守の屋敷内。それがあったという斜面には今は巨大なマンションが建っているのだが、そのマンションの裏手、ちょうど崖になっているところに**⑧極楽水跡**が残り、人工ではあるが池も設《しつら》えられているのである。

地形や時代を考えると、垂直に掘った竪《たて》井戸よりも、斜面から水が湧いていた方がありそうだ。

そしてこの極楽水跡といわれる場所を古地図と照らし合わせると松平播磨守屋敷の敷地なのだが、常陸府中藩松平家の屋敷になる前はここも宗慶寺（あるいは寿経寺）の境内だったと考えればつじつまもあうのではなかろうか。

❖小石川から白山へ

さて、今の宗慶寺や極楽水跡と善仁寺の間の坂道を⑨**吹上坂**という。これも湧水に関連する地名だ。

坂を下りると⑩**千川《せんかわ》通り**。この道がおおむねかつての小石川の跡だ。千川用水からの水を足していたので、千川とも呼ばれていたのである。

弘化改正御江戸大絵図を見るとはっきりと小石川の流れが描かれている。

千川通りを越えてさらに北へ行くと、東京大学⑪**小石川植物園**がある。ここは江戸時代、幕府の御薬園と小石川療養所があった場所。黒澤明の映画『赤ひげ』の舞台となった療養所だ。

江戸時代の薬草園が今の植物園なのだからうまく受け継がれていたといえよう。園内には江戸時代の史跡も残っている。

御薬園になる前は、将軍になる前の徳川綱吉《つなよし》の屋敷があった。慶安《けいあん》5年（1652）、館林藩の下屋敷が置かれ、松平徳松の居邸となったが、徳松が5代将軍徳川綱吉となったので、使われなくなったのである。

寛文江戸外絵図はちょうど下屋敷の時代の地図なので、植物園の場所に「館林宰相殿」と書かれている。藩邸は地元では「白山御殿」と呼ばれており、その脇の坂道は今でも⑫**御殿坂**という。寛文江戸外絵図を見ると、坂道の記号が書かれている。地図によると坂を少し上ったところに御殿の門があったようだ。富士山がよく見えたので「富士見坂」ともいった（今はさすがに見えない）。

「白山御殿」という名は、かつてその地に白山神社があったことに由来する。御殿が築

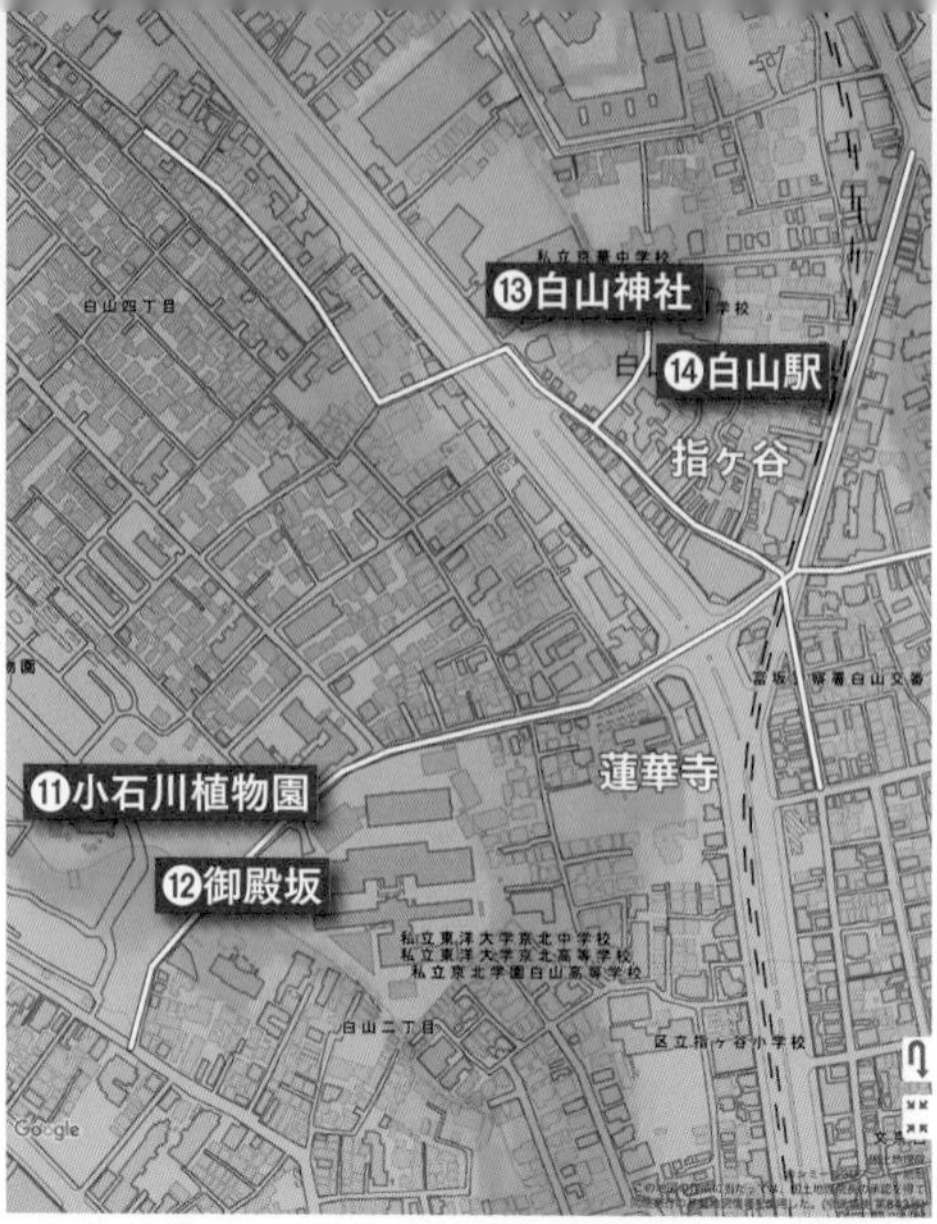

現代の御殿坂から白山神社へ
（スーパー地形より）
江戸時代の道筋がきれいに残っており、旧地から白山神社へのつながりがわかりやすい。

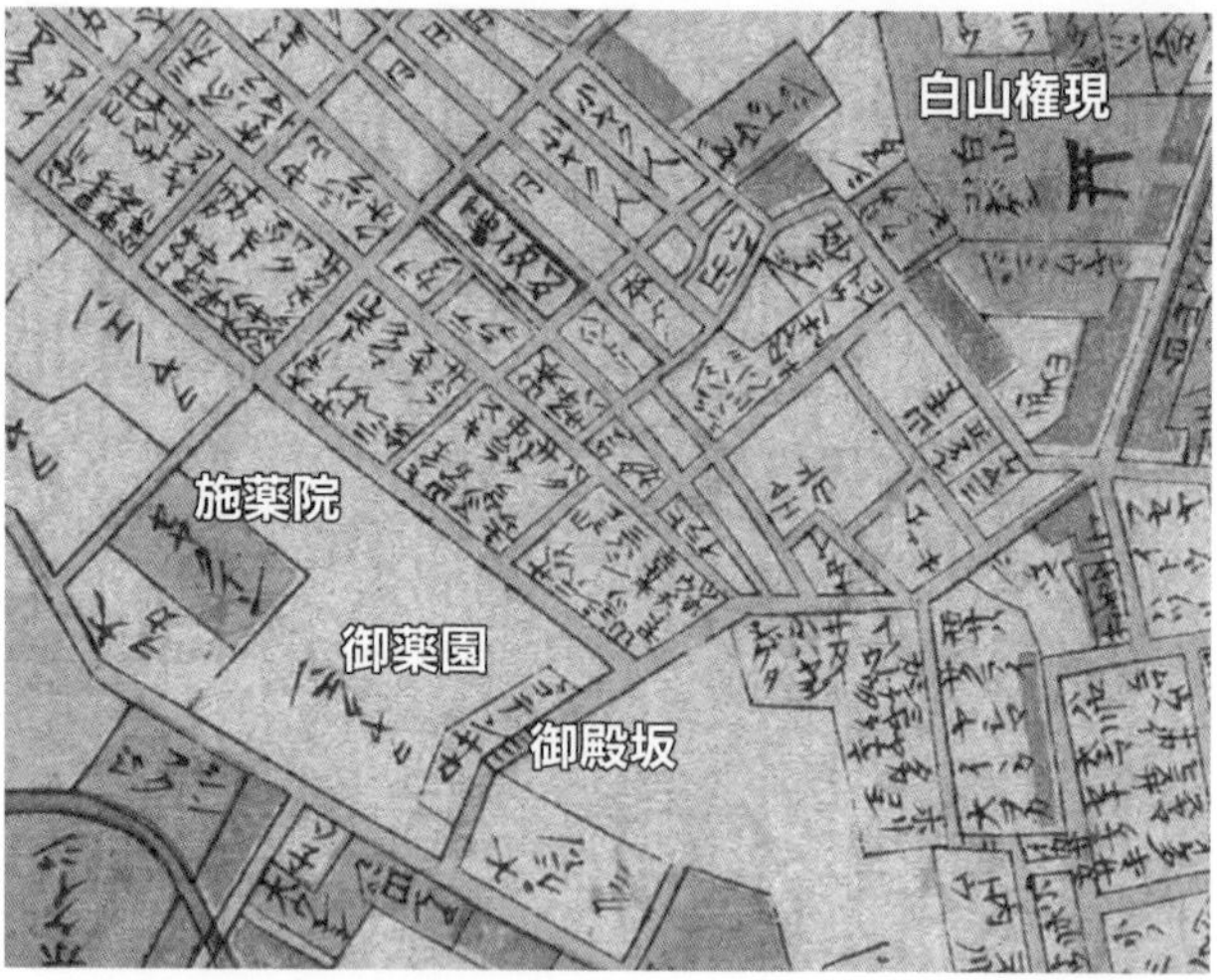

弘化改正御江戸大絵図
弘化４（1847）年（国立国会図書館蔵）

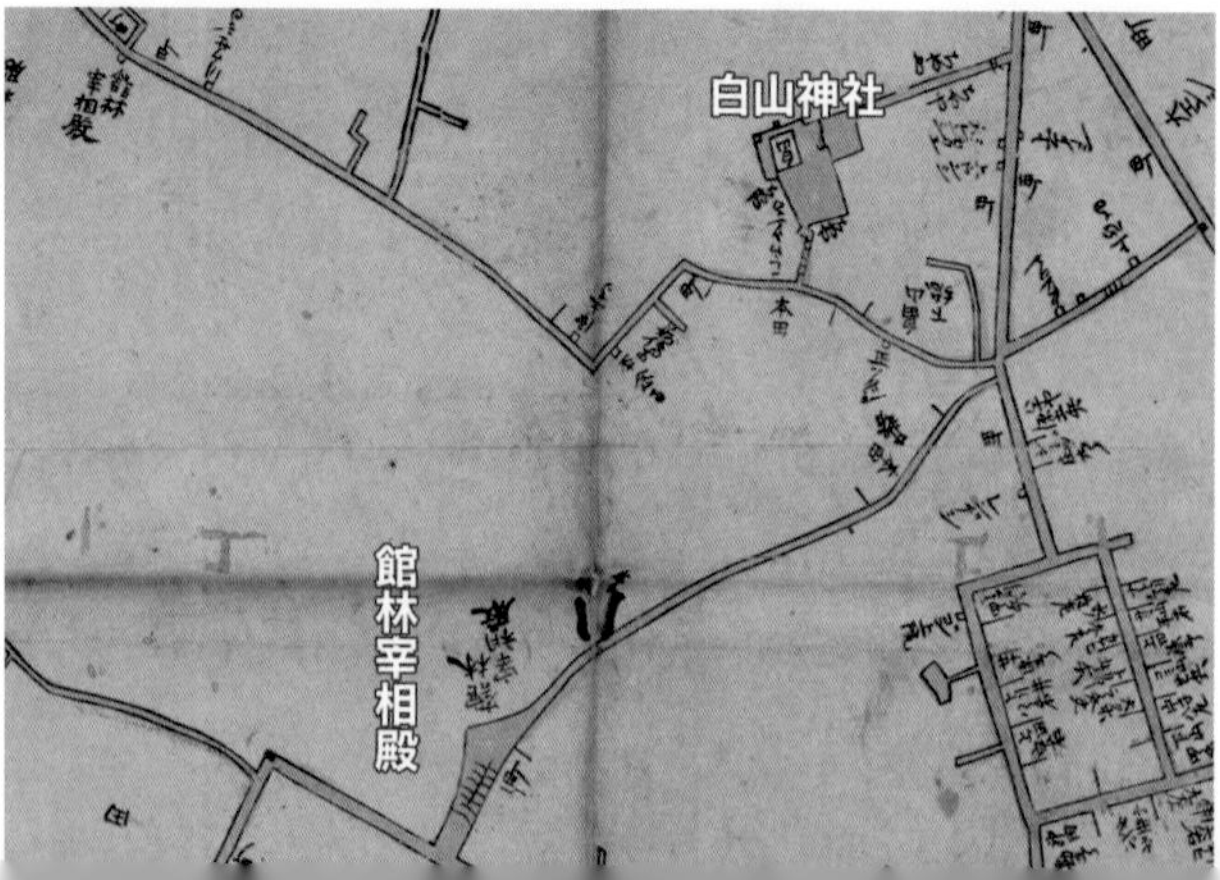

寛文江戸外絵図
寛文11年（1671）
（国立国会図書館蔵）
御薬園になる前、白山御殿の時代。「館林宰相殿」とあり、その表玄関前に坂の記号が書かれている。のちの御殿坂だ。そこから白山神社への道筋は現在も変わらず残っている。

白山神社の南側の参道
台地の上にあるので急階段を上る。この上が白山神社境内だ。

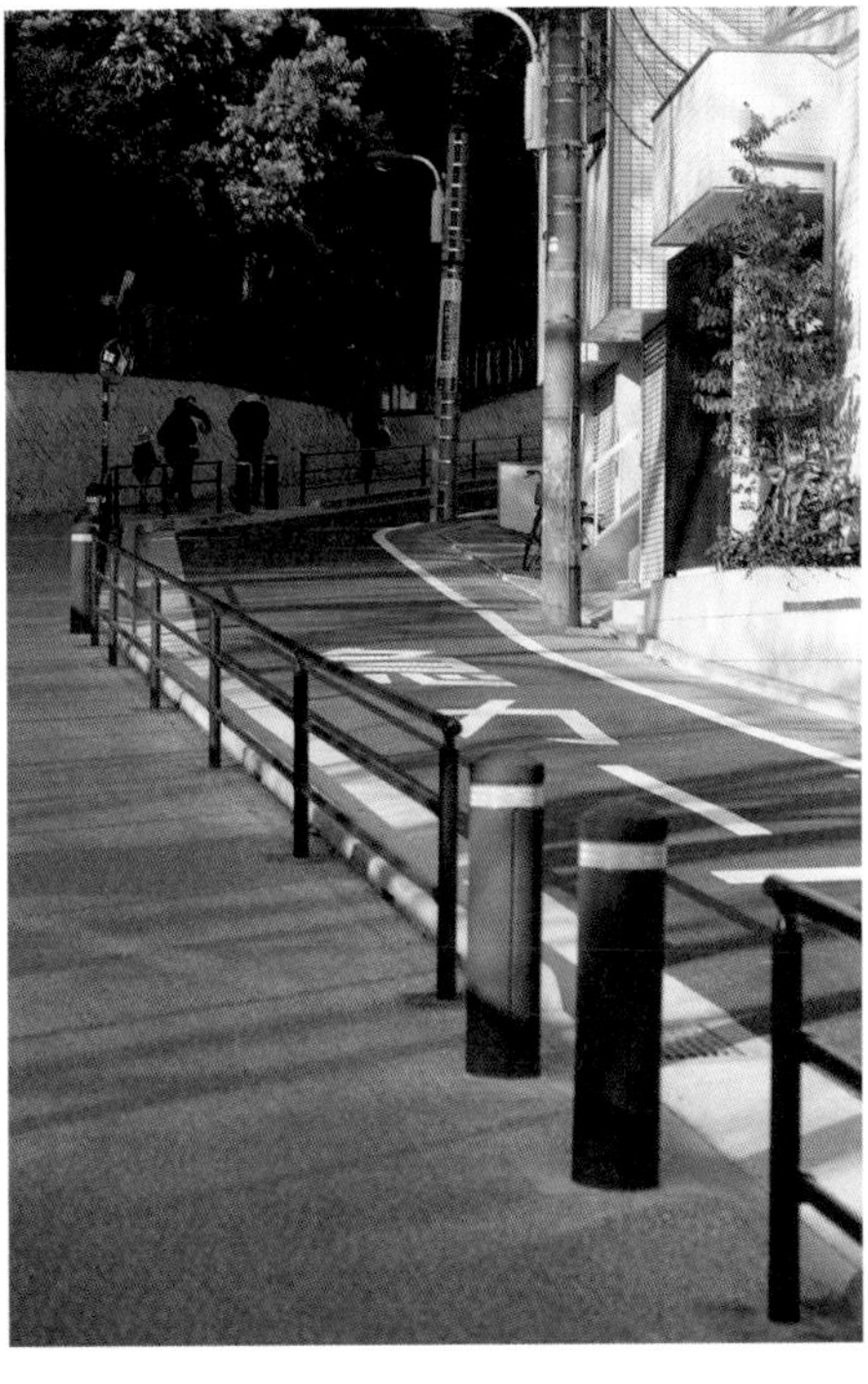

今の御殿坂
急坂だが歩道が広くて歩きやすい。右へカーブする様子は昔の地図のままだ。

かれるにあたり、現在地へ遷座したのだ。寛文江戸外絵図を見ると御殿坂を上り、そのまま道なりに進むと五叉《さ》路があり、そこから坂を上るか、左手に入って階段を上ると⑬**白山神社**へ至る道が描かれている。小石川の氏子はこの道を通って鎮守である白山神社に詣でたのだろう。

白山神社まで歩けば、都営地下鉄⑭**白山駅**はすぐである。

大人気スポットに上州とのつながりを見る

江戸最初期の古地図から中世～江戸時代初めの神楽坂周辺の歴史を探ってゆく

謎解きルート

❶ＪＲ飯田橋駅↓❷神楽坂下↓❸善国寺↓❹光照寺↓❺本多横丁↓❻軽子坂↓❼筑土八幡神社↓❽赤城神社↓❾東京メトロ神楽坂駅

信頼できる最初の江戸図といわれる慶長江戸図

❖江戸幕府はじめの頃の江戸図

慶長《けいちょう》江戸図（通称「別本慶長江戸図」）という非常に古い江戸の地図がある。慶長というと江戸幕府が開くか開かないかの頃。家康が江戸に来て10年ちょっとくらいなので古いのだ。現存するのは写本だが、所蔵する東京都立図書館によると「信頼できる最初の江戸図とされています」とある。描かれている内容からして慶長7年（１６０２）頃。だとすると徳川家康が征夷大将軍《せいいたいしょうぐん》になる1年前。まだ江戸の町を作っている最中だ。

今なら「この地図はイメージです」と注釈が入りそうな概略図だが、江戸から各方面へ延びる街道が描かれており、それはのちのどの道に当たるのかなと考えると楽しい。なかでも目に付いたのが北西方面にある**上州道《じょうしゅうどう》**。上州は今の群馬県なので江戸から群馬方面への道があったのだ。

上州道へ出る門はのちの**田安門**（武道館があるところ）。この道をそのまま延ばしたと

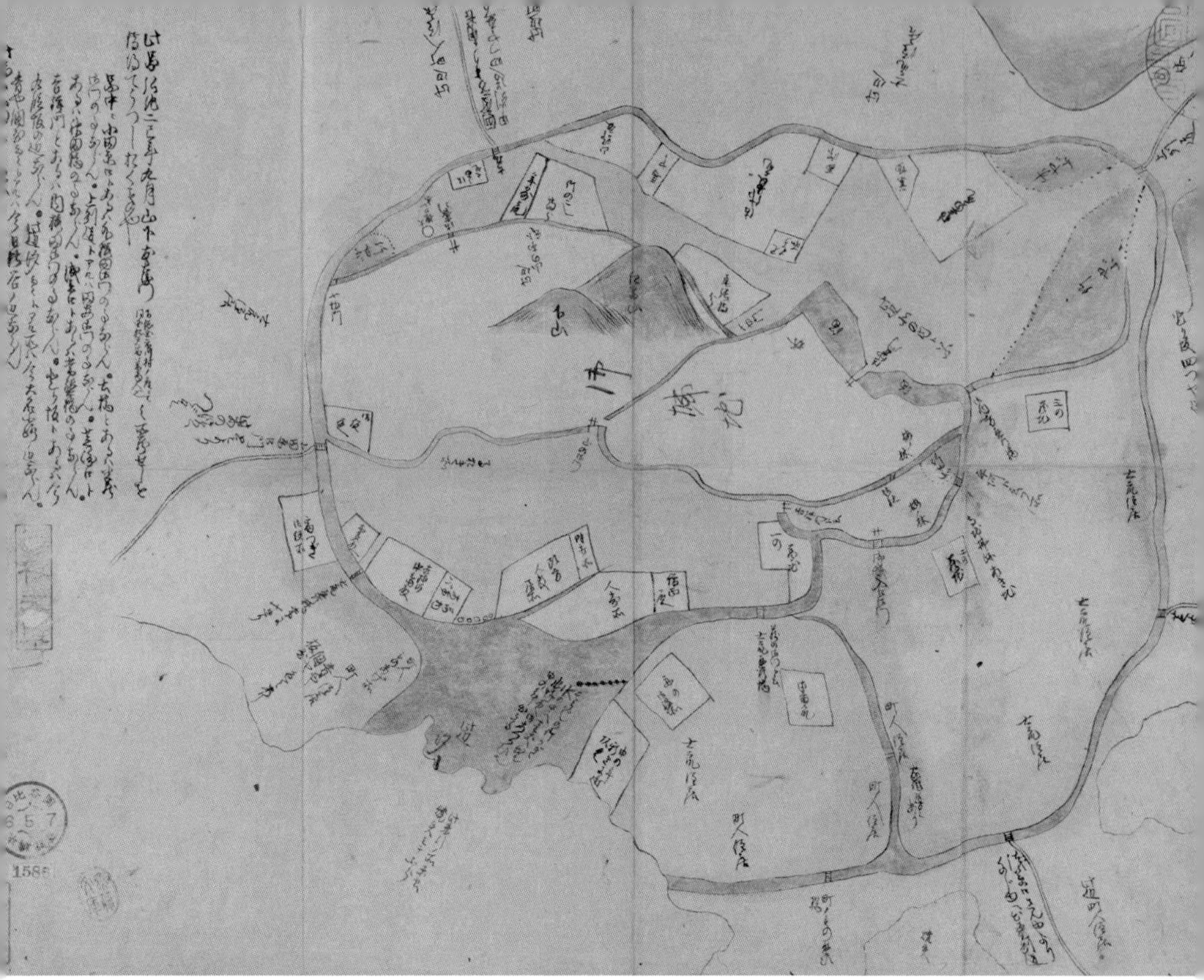

慶長江戸図
慶長7年(1602)頃　(東京都立中央図書館特別文庫室蔵)
右が北。内堀から５本の街道が出ているのがわかる。

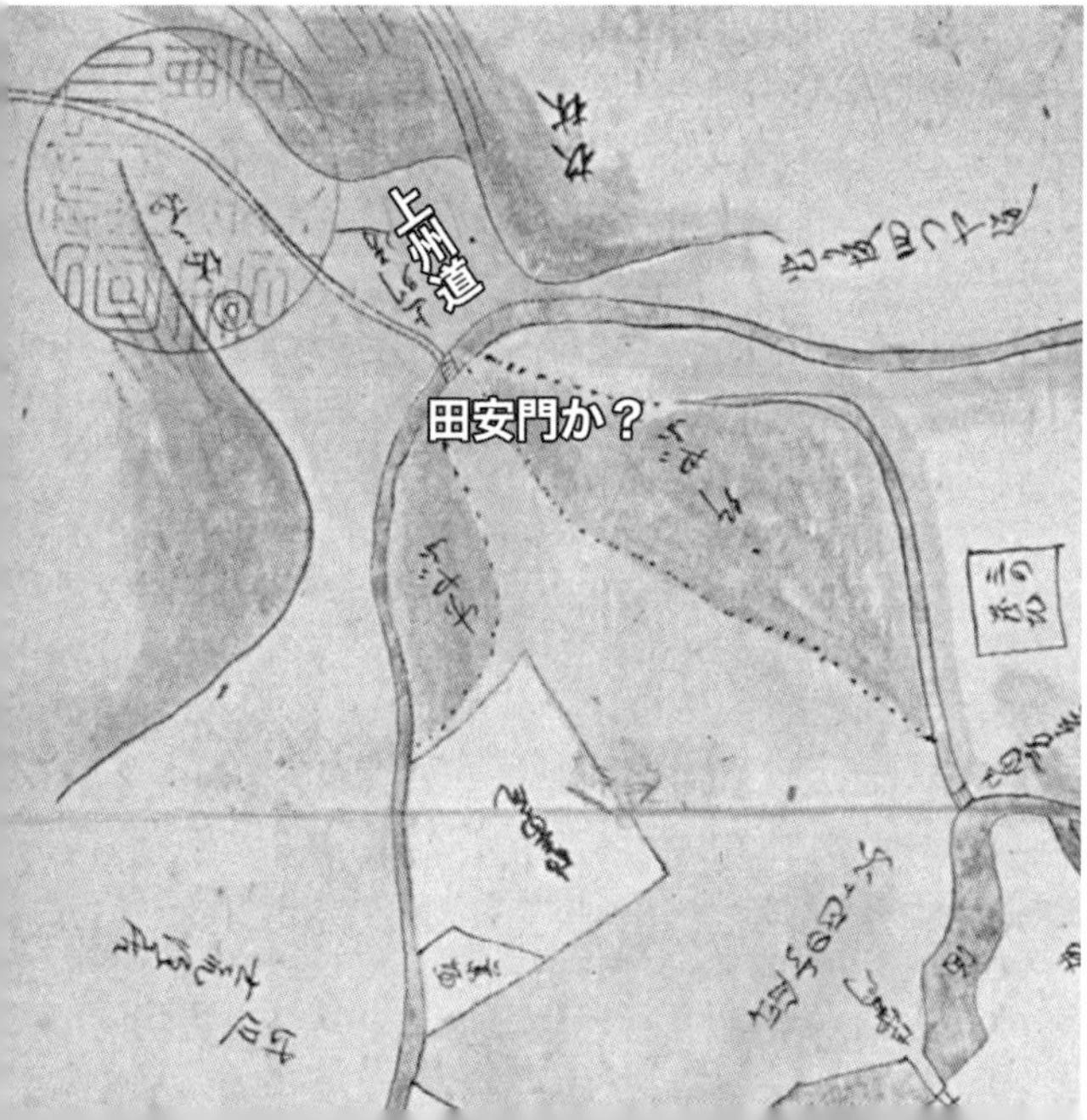

慶長江戸図（部分）
慶長7年（1602）頃
（東京都立中央図書館特別文庫室蔵）
田安門から延びる上州道あたりを拡大。

外堀のボートの上から見た
牛込橋と牛込見附跡の石垣。

すると、**牛込見附**（今のＪＲ飯田橋駅西口）から**神楽坂**《かぐらざか》方面につながるはずだ。
神楽坂の上には**赤城**《あかぎ》**神社**がある。赤城神社の赤城は群馬県の赤城山。しかも、神楽坂には牛込氏の居城「牛込城」があったのだが、牛込氏のルーツは大胡《おおご》氏。大胡氏の本拠地は赤城山の麓。おお、どれも上州ではないか。神楽坂は上州＝群馬だったのである……いやそれは言い過ぎだが、上州と縁があったのは確かなようだ。

❖神楽坂とは？

そんなわけで神楽坂を上りたい。**①ＪＲ飯田橋駅**西口を出たあたりが牛込見附。当時の石垣が残っており、外堀を渡ると**②神楽坂下**に出る。江戸城に内堀と外堀があったことはよく知られているが（**内堀通り**、**外堀通り**と通りの名になっているし）、江戸城の堀には一から掘った完全に人工の堀と、自然河川が作った谷を利用した堀の２種類あることを多くの人は意識してないかと思う。

市ヶ谷から牛込見附、さらに飯田橋で神田川に合流する堀は自然河川（紅葉川）が作った谷がベース。だから谷地であり、堀を**牛込橋**で渡るとすぐ神楽坂なのである。

神楽坂周辺を地形図で見ると面白い。

神楽坂下を流れていた川は飯田橋で**神田川**（昔は平川）と合流する。するとその２本の川に挟まれたところに舌状台地ができ、いい感じの高台……台地の突端部分に神社が祀られているのである。

では神楽坂が上州道だった頃の、つまり中世から江戸時代初めの神楽坂を中心に探ってみたい。

我々がイメージする神楽坂は料亭が多い歓楽街……最近の世代だと坂沿いにこじゃれ

た店が並ぶ飲食街といったところだ。神楽坂がそうなったのは、明治～昭和の頃。飲食店が並び、三業地《さんぎょうち》（花街）もでき、料亭も軒を並べ、夜の街として賑《にぎ》わった。坂の両側に並んでいた飲食街は近年どんどん商業ビルになって往時の雰囲気は失われたが、数多く残る狭い路地にはまだ昔の盛り場っぽい雰囲気は残っている。**見番横丁**にある稲荷には三業地時代の料亭の名が刻まれている。

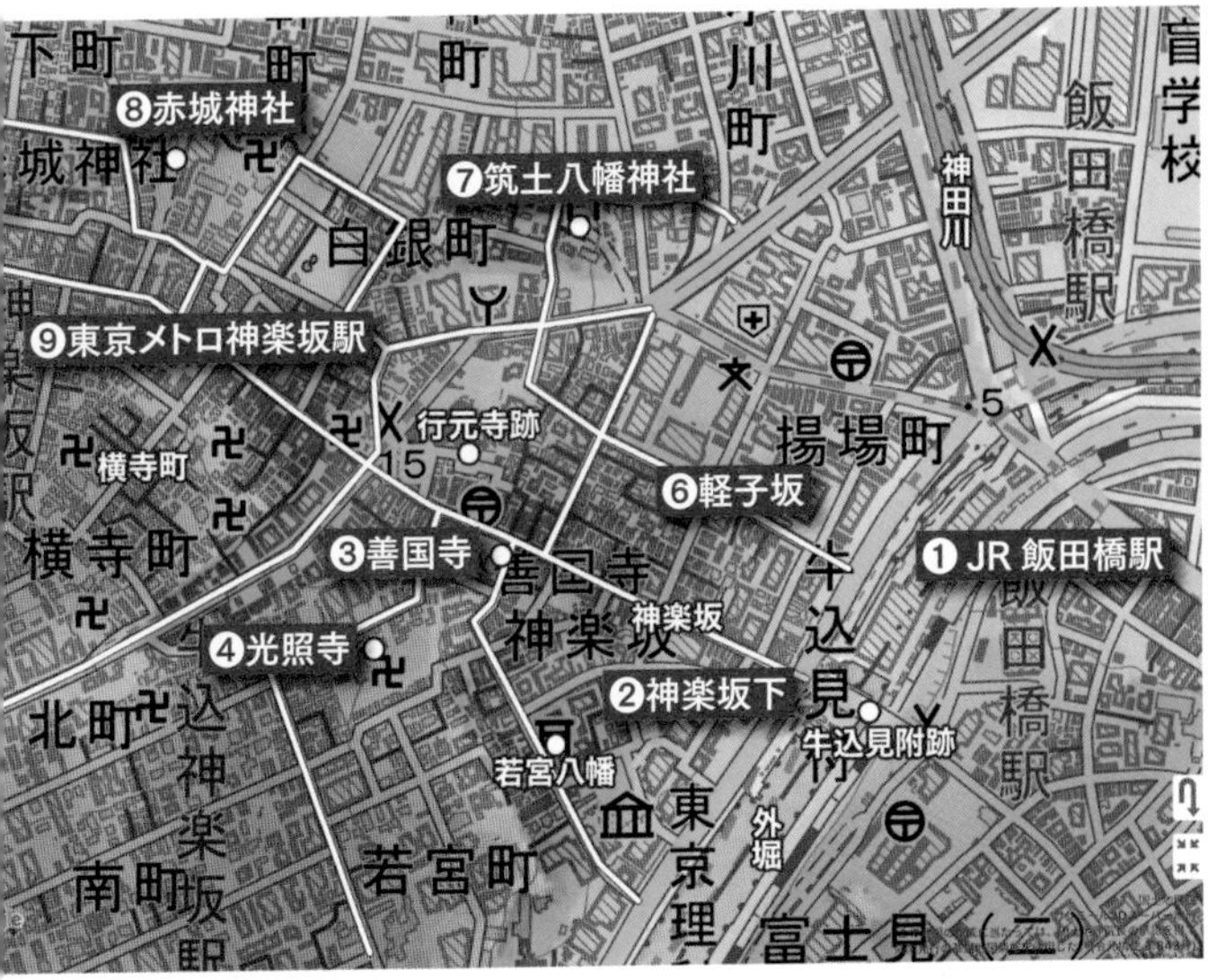

牛込から神楽坂あたり（スーパー地形より）
白い線は主な古道。地形と神社や城址の関係に注目したい。

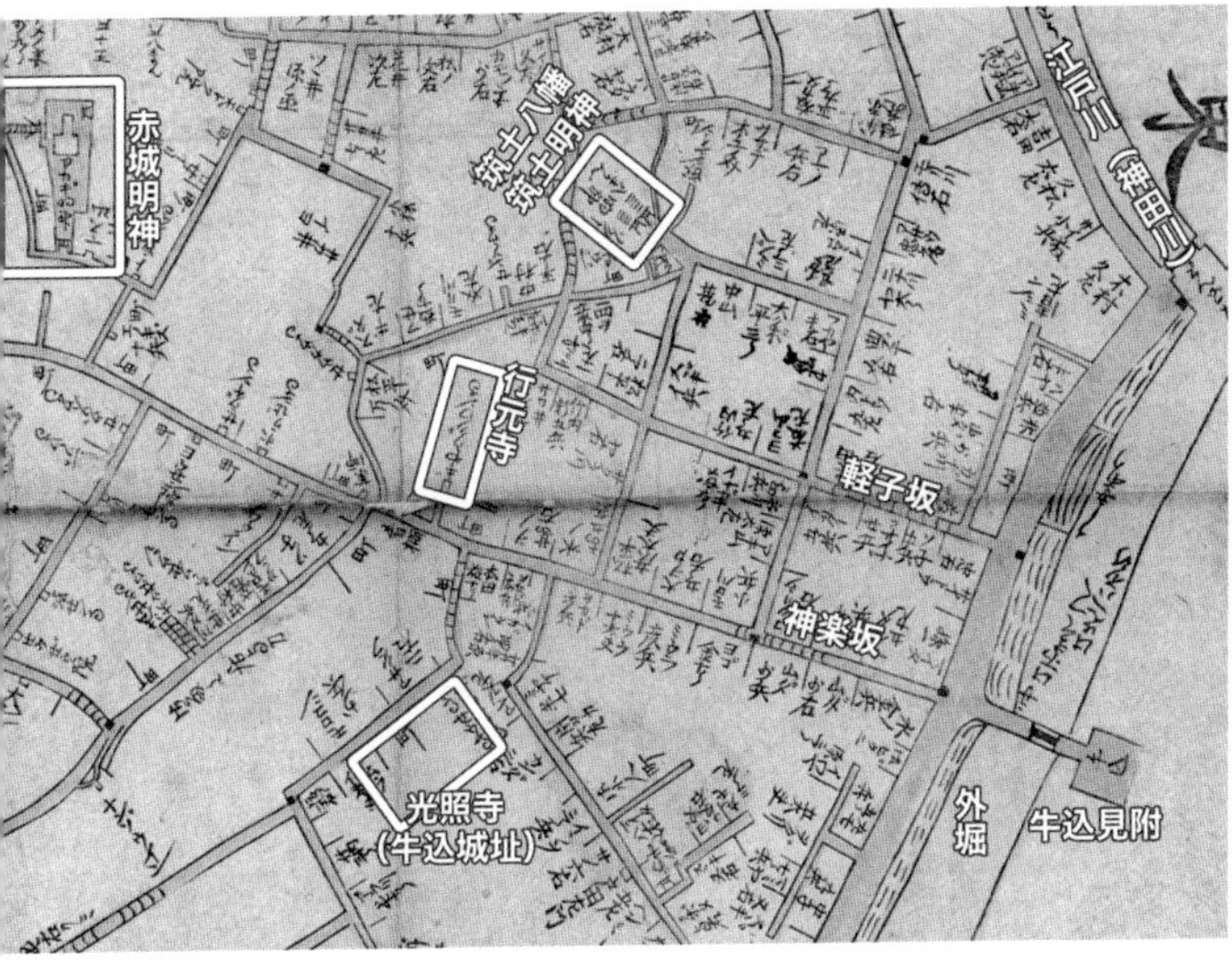

寛文江戸外絵図
寛文11年（1671）（国立国会図書館蔵）
牛込から神楽坂あたりの古地図。当時の道筋が意外と残っている。

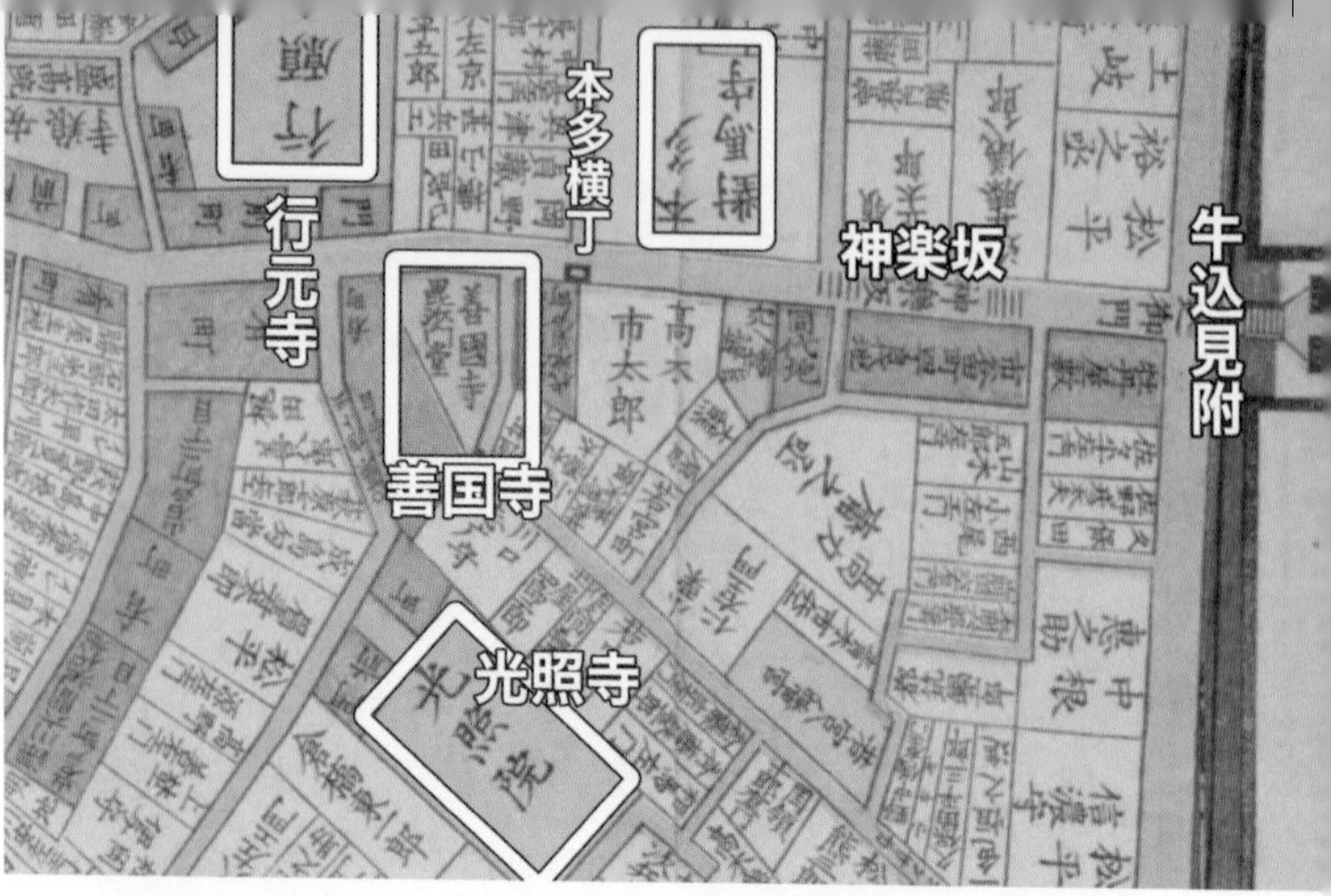

江戸切絵図
嘉永4年(1851）（国立国会図書館蔵）
幕末近くの神楽坂。坂の片側は旗本らの屋敷、反対側は町屋（グレーで塗られている）なのがわかる。各寺院の前には門前町も。

『廣重東都坂盡』より「牛込神楽坂の図」
（国立国会図書館蔵）
広重が描いた江戸時代の神楽坂。正面奥に牛込見附。左手が武家屋敷、右手が町屋で店が並んでいる。

広重の絵と似た位置から撮影した今の神楽坂。奥に牛込橋と見附跡がある（見えないけど）。両側はすっかり商店街に。

見番横丁にある火伏稲荷神社。東京神楽坂組合が奉納した玉垣に当時の料亭の名が刻まれている。

善国寺の有名な狛犬ならぬ石虎。毘沙門天は寅の月寅の日寅の刻にこの世に現れたことから。

そのきっかけは江戸時代後期。坂上にある③**善国寺**は江戸三毘沙門《びしゃもん》のひとつともいわれた**神楽坂毘沙門天**の縁日で賑わっていたのだ。

日蓮宗の善国寺が神楽坂にやってきたのは寛政《かんせい》4年（1792）のこと。その前は旗本などの小さな武家屋敷が並んでいるだけだった（55ページの寛文《かんぶん》江戸外絵図参照）。

神楽坂の語源は近隣の**八幡宮**（**市ヶ谷八幡宮**、**若宮八幡宮**、**筑土《つくど》八幡宮**）の神楽が聞こえたからとか、**穴八幡《あなはちまん》**の祭礼の際この坂で神楽を奏したからとか諸説ある。ちなみに穴八幡は神楽坂からずっと北西に向かった早稲田にある。かつての上州道沿いであり、昔からこちらとつながりがあったのだろう。

神楽坂毘沙門天の向かいには**行元寺《ぎょうがんじ》**（**行願寺**）という古刹があった。江戸時代の文献によると平安時代創建とか、往古は神楽坂の下に総門があったほどの大寺院だったとか、戦国期の戦乱（小田原北条《ほうじょう》氏が江戸城を攻めた頃か）で破壊されたとか、源頼《みなもとのより》朝《とも》がここで千手観音に祈ったとか伝承が多い。行元寺は明治40年（1907）に品川区に移転したが、その跡地の片隅に寺内公園があり、行元寺について書かれている。それによると鎌倉時代の末創建で、太田道灌や牛込氏などが信仰したという。

このあたり、クルマが入れない狭い路地が入り組んでおり階段も今なお多く迷い込むとなかなか楽しい。

光照寺が牛込城址だと考えられている。

善国寺の北西、左手側に屈曲した**地蔵坂**がある。これを上ったところにある④**光照寺**が牛込氏の**牛込城址**だ。境内に入ると、周りよりちょっと高台にあり、江戸城方面への見晴らしがよく、確かに城館に適した場所だ。地元には崖下の小さな谷が牛込城の空堀跡だという話や鎌倉街道伝承も残っている。

戦国時代の16世紀初頭、群馬県の大胡から牛込へ移った（というか逃れた）大胡氏。牛込氏は当時江戸を領していた小田原北条氏の下で活動し、天文《てんぶん》24年（１５５５）に北条氏康《うじやす》から牛込を名乗ることが許されて牛込氏となった。

光照寺は正保《しょうほう》2年（１６４５）にその城跡地に移転してきたのである。

❖平安時代創建の筑土八幡と遷座を繰り返した筑土明神

光照寺から神楽坂へ戻ったら、善国寺前をまた戻り、⑤**本多横丁**を北に向かう。このあたり見どころが多くてどうしてもいったりきたりすることになるのだ。

本多横丁は寛文江戸外絵図にも描かれている古い道。江戸時代の終わり、旗本の本多対馬守《つしまのかみ》の屋敷があったことから名づけられた。神楽坂が歓楽街時代だったときの雰囲気をちょっと残す横丁で飲食店も多く、少し路地に入ると旧料亭の建物なんかも残っている。

本多横丁は次の交差点で終わる。ここで横切るのが神楽坂の隣にある⑥**軽子坂**《かるこざか》の道。実は神楽坂よりこっちの方が古い道だとも言われている。

さらにまっすぐ進むとちょいと大きな道（飯田橋の交差点からはじまる**大久保通り**）の**筑土**《つくど》**八幡町**《はちまんちょう》の交差点に出る。ここ、新道ができたおかげでちょいとややこしい五叉路になってしまったが、ここから筑土八幡神社への参道がはじまる。

⑦筑土八幡神社は舌状台地の端っこという非常によい場所にある八幡宮。階段を上ると右手に斜面を利用した小さな公園があったりしてちょっと微笑《ほほ》ましい。頑張って一番上まで上ると眺望もなかなかだ。

ここもまた伝承が古い。嵯峨《さが》天皇の時代というから平安時代、八幡神社を信仰する翁の夢に神霊が現れたのをきっかけに松の木を祀り、伝教大師《でんぎょうだいし》（延暦寺を開いた最澄《さいちょう》）が

筑土八幡あたり（スーパー地形より）
寛文の地図と比べると当時の道がけっこう残っているのがわかる。筑土明神はなくなり八幡だけになった。

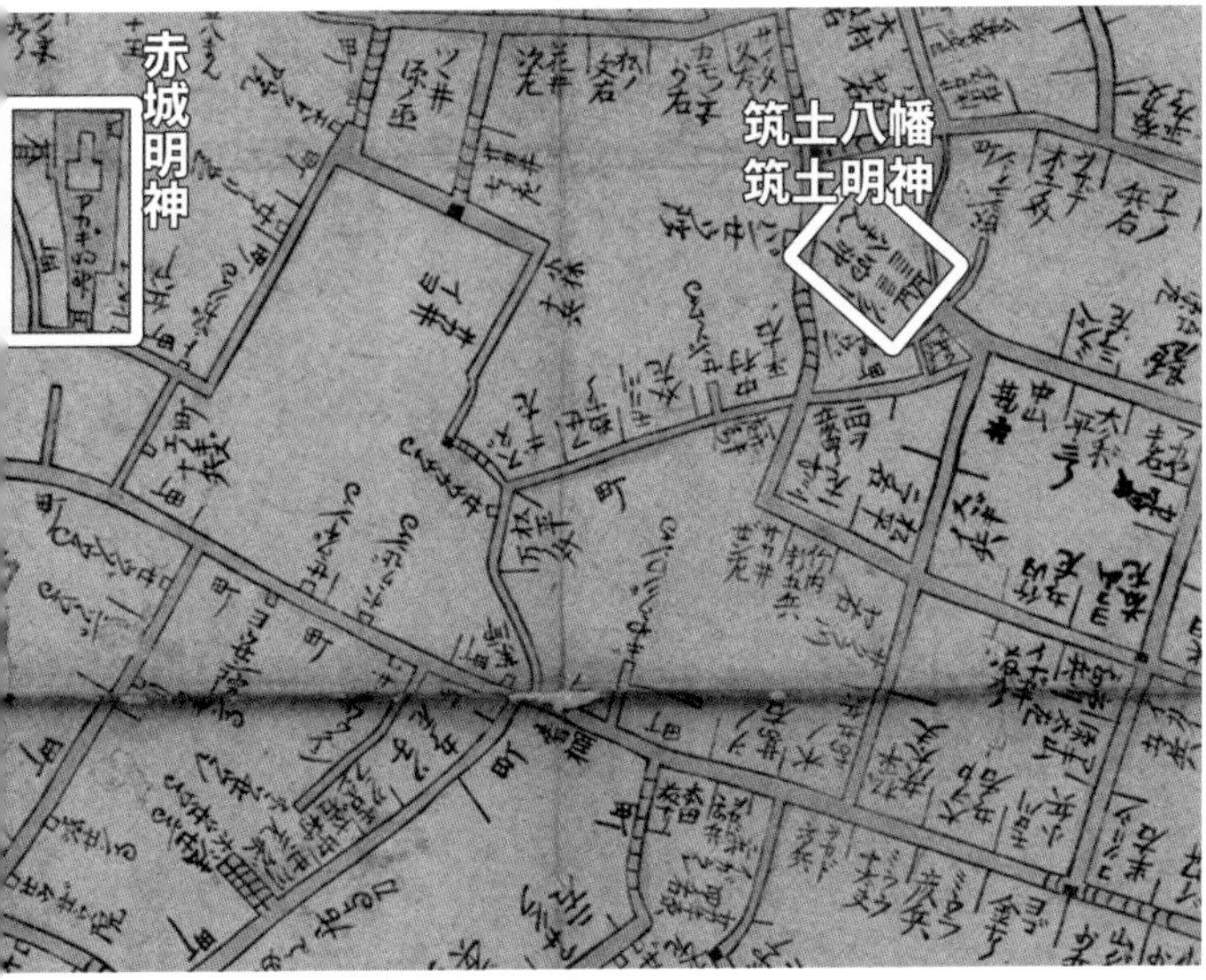

寛文江戸外絵図　寛文11年（1671）（国立国会図書館蔵）
寛文の頃はまだ善国寺も本多氏の屋敷もない。旗本の屋敷がずらっと並んでいる。筑土八幡と筑土明神の２つが並んでいる点に注目。

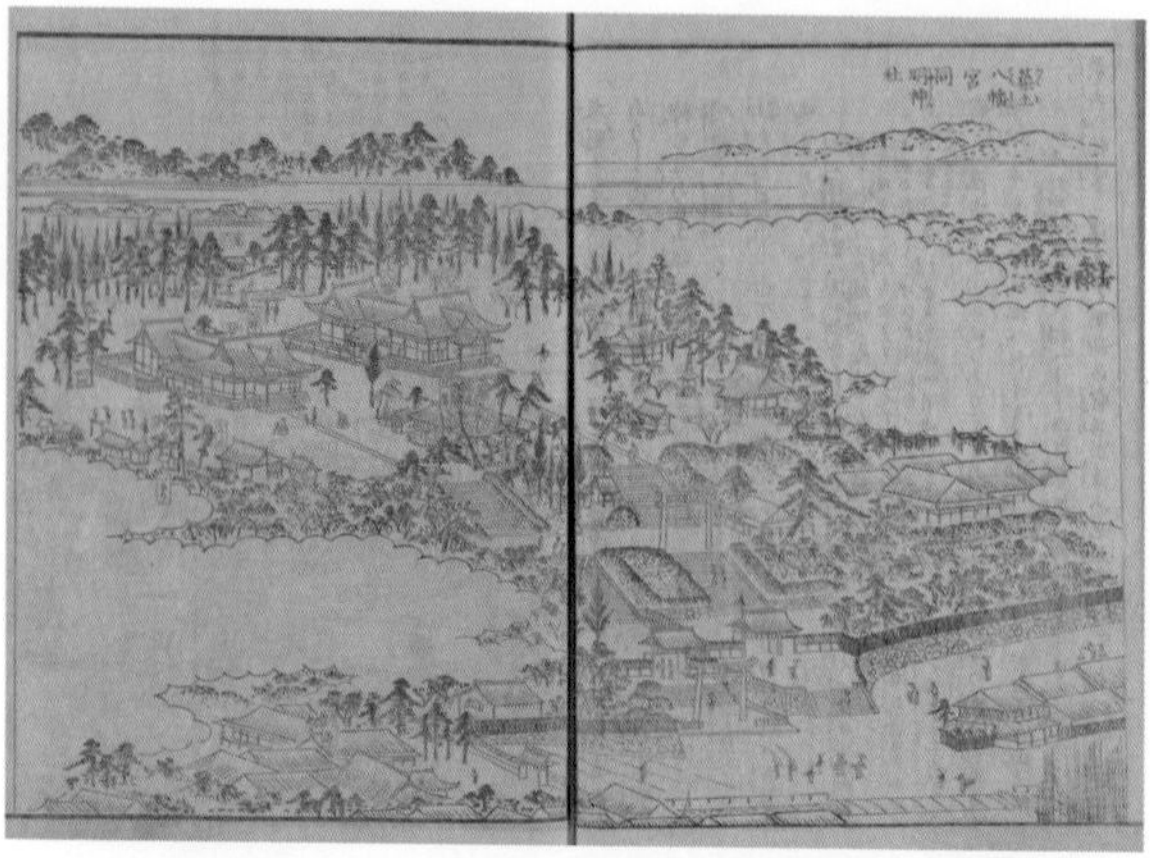

『江戸名所図会』
（国立国会図書館蔵）
「筑土八幡宮／同明神社」とある。双子の神社のようにそれぞれ社殿と参道と鳥居を持っている。筑土明神は筑土神社として戦後に九段下の方へ遷座した。

現在の筑土八幡宮の参道
左側にあった筑土明神の地（筑土八幡の左手）には修道院がある。

ここを訪れたとき、それを聞いて神像を祠《ほこら》に祀ったのがはじまりという。ちょっと途中をはしょったけれども、実は行元寺にも伝教大師が創建したという伝承があり、実際に最澄がここを訪れたかは別にして、そういう古い伝承が残るような土地だったのだろう。室町時代になり、江戸を領した扇谷上杉《おうぎがやつうえすぎ》氏の上杉朝興《ともおき》がこの地の産土神《うぶすながみ》とさだめたという。大胡氏が江戸にやってくるちょっと前の話だ。

　ここで、寛文江戸外絵図を見てみたい。この筑土八幡の所に鳥居が二つ描かれており、それぞれ参道の階段がある。よく見ると「ツクド」の「明神」「八まん」とある。江戸名所図会を開いて見ると、八幡と明神の参道と社殿が並んで描かれており、双子の神社のようだ。今は筑土八幡しかない。明神はどこへいった？

　実は、戦後になって筑土明神だけが遷座したのである。

　この筑土明神の遷座の歴史が（真偽はともかく）すごい。今そこにない神社の話をするのもおかしな話なので簡単に済ますが、平将門《たいらのまさかど》の乱が平定された天慶《てんぎょう》3年（940）、京都でさらされた平将門の首を桶に納めてひそかに持ち帰り「上平河村津久戸」（今の将門塚があるあたり）に祀って津久戸明神を創建。室町時代に太田道灌が江戸城の北西に遷座、さらに天文21年（1552）には田安に遷座、徳川家康が江戸入部の際今の飯田橋のあたりに遷座、その後元和《げんな》2年（1616）筑土八幡神社の隣に遷座し、筑土明神と改称したのである。津久戸にあった津久戸明神が数々の遷座を経て筑土にやってきて筑土明神になったというわけだ。どちらも「つくど」だったのでちょっとややこしい。明治になると筑土神社と改称、戦災で全焼した（将門の首桶もこのとき焼失したそうな）ために昭和21年（1946）に千代田区富士見へ遷座、さらに昭和29年に九段下近くの現在地に遷座して落ち着いたというわけである。

平将門を祭神とする神社といえば神田明神だが、実はもうひとつあるのだ、ってことは覚えておいて損はない。

❖赤城神社は上州の象徴

ではまた上州の話に戻ろう。上州からやってきた神社といえば⑧**赤城神社**だ。

筑土八幡神社の裏手から出て赤城神社へ近道すると楽だが、高低差を味わいたい人はいったん大久保通りに下り、旧道に従って神楽坂上の交差点まで行き、右折して赤城神社へ向かうのもよし。

神楽坂通りをしばらく神楽坂駅方面へ歩くと、右手奥に赤城神社の大きな赤い鳥居が見える。

鳥居をくぐると……モダンなコンクリートの階段を上るとガラス張りの透明な社殿が。非常にモダンな21世紀の神社が現れるのだ。隣のマンションの1階には「あかぎカフェ」も併設。

赤城神社の赤い鳥居と表参道
現在は神楽坂通りからまっすぐ訪れることができる。2010年にリニューアルした新しい神社だ。

赤城神社のモダンな拝殿はなんとガラス張り。隣のマンションと一体化してリニューアルしたのだ。
マンション1Fには「あかぎカフェ」もある。

実は2010年に三井不動産レジデンシャルが神社とマンションを一体開発し、神社も生まれ変わったのである。東京には神社とビルの一体開発が増えており（ビルは神社の財源にもなる）、虎ノ門の金比羅《こんぴら》神社、新宿の成子天神などいくつも例がある。神社に古き良き日本の木造建築を求める人には拍子抜けだろうが、そもそも神社はその時代の氏子のためにあるもので、今の時代を象徴していると思うべきかもしれない。

マンションと社殿が一体化しても、赤城神社の立地は変わらないし、神社としての構造も変わらない。

社殿の裏手に回ると、崖の上に立っているのがすごくよくわかる眺望が素晴らしいのだ。

この赤城神社、鎌倉時代の正安《しょうあん》2年（1300）に大胡重治が牛込へ移住したときに地元赤城神社を勧請《かんじょう》したのがはじまりという。そのときは早稲田にあったが（元赤城神社という小さな神社が残っている）、天文24年に牛込氏がここに遷座したという。

ちなみに、牛込城のところで、戦国時代に大胡氏が赤城山の麓からこちらへ本拠を移したと書いた。じゃあ鎌倉時代に移住してきたという大胡氏との関係は？　大胡氏は2度牛込へ移住してきたのか、あるいは鎌倉時代にやってきた大胡氏がいたから戦国時代に大胡氏がこちらへ移れたのか。そのあたり、史実としてはどうなのか、よくわからないのである。

ただ、牛込城といい赤城神社といい、さらに早稲田には大胡氏の墓所がある寺院もあり、早稲田あたりを南北に貫く鎌倉街道は鎌倉と北関東を結んでいたので、上州と非常に縁が深いのは確かなのだ。

赤城神社からは**⑨東京メトロ神楽坂駅**がすぐである。

現在の根津神社と旧地を結ぶ道を探す

270年前創業の酒店から根津神社を辿り、さらに古道を探りながらその旧地へと向かう

謎解きルート

❶高崎屋酒店(本郷追分)➡❷東京大学弥生キャンパス➡❸西教寺➡❹願行寺➡❺根津神社前交差点➡❻根津神社➡❼塞の大神碑➡❽千駄木ふれあいの杜➡❾森鷗外記念館➡❿団子坂➡⓫千駄木駅

根津神社の鳥居
一歩入ると緑あふれた空間が待っている。

❖時が止まった都心の神社

春になると無数のつつじが咲き乱れ、GWにはつつじまつりに沸く根津神社。東京メトロの根津駅から徒歩約5分。実はつつじまつりには行ったことがないのだが、その盛り上がりっぷりは話に聞いている。

この根津神社、比較的都心部にありながら斜面に広大な境内を持ち、歴史散歩好きの期待を裏切ることがない時の流れを止めたような稀有《けう》な神社なのである。古くて著名な神社って観光地化していたりビルに囲まれたモダンな21世紀型神社に変貌《へんぼう》を遂げがちなのだけど、ここは時を止めたのだ。

そこはもともと甲府藩主徳川綱重《つなしげ》の館だった。綱重は3代将軍家光の次男で5代将軍綱吉《つなよし》の兄である。

その屋敷で息子が誕生した。今でも「胞衣塚《えなづか》」(胎盤を埋めた塚)がある。彼は綱重の死後、徳川綱豊《つなとよ》として甲府藩主となったのだが、元禄《げんろく》17年(1704)、綱吉に子がいなかったため、次の将軍になるべく養子となり西の丸へ入ったのである。のちの6代将軍徳川家宣《いえのぶ》だ。

これで空き家になったため、綱吉がその土地に家宣の産土神《うぶすながみ》だった根津神社を遷《うつ》したのである。産土神は文字どおり「生まれた土地の神さま」。転じて、その土地の神様を指す。

広大な社地を得た根津神社は宝永《ほうえい》3年(1706)に遷宮が完了。この壮麗さや規模は将軍の産土神だったからなのだ。注目すべきはそのときに完成した本殿や唐門、透かし塀や楼門といった主要部が現存していること。だから時の流れを止めたような場所なのである。

❖本郷追分から根津神社を訪問する

宝永3年に遷座してきた、と聞くと気になるのが「その前はどこにあったの?」ということ。調べてみると、千駄木の団子坂上にあったことまではわかったが具体的な場所がなかなか見えてこない。

そこで寛文《かんぶん》江戸外絵図の登場である(次ページ)。この地図が寛文11年(1671)なので遷座の少し前、まだ甲府徳川家の館があった頃だ。

いきなり寛文11年の地図だけ見せられてもどこがどこだかわからないと思うので、現代地図と見比べてもらいたいのだが、見比べるときのキーになるのは今でも残る「追分」だ。中山道と岩槻《いわつき》街道(日光御成道《にっこうおなりみち》)が分かれる三叉路は江戸時代も今も同じ。

現在の根津神社周辺の古地図と現代地図

寛文11年の地図にはそこに「をいわけ」「一里塚」と書いてある。「をいわけ」は「追分」。街道の分かれ道。Y字ではなく、丁字の交差点になっており、分かれていく中山道はクランク状に曲がって北上しているのが注目ポイント。

一里塚は今はない。一里塚にあった榎《えのき》は焼失し、代わりに置かれた庚申塔《こうしんとう》も火災で壊れ、明治初期に「塞《さえ》の大神」の碑が置かれていたが、今は根津神社の境内に移されている。

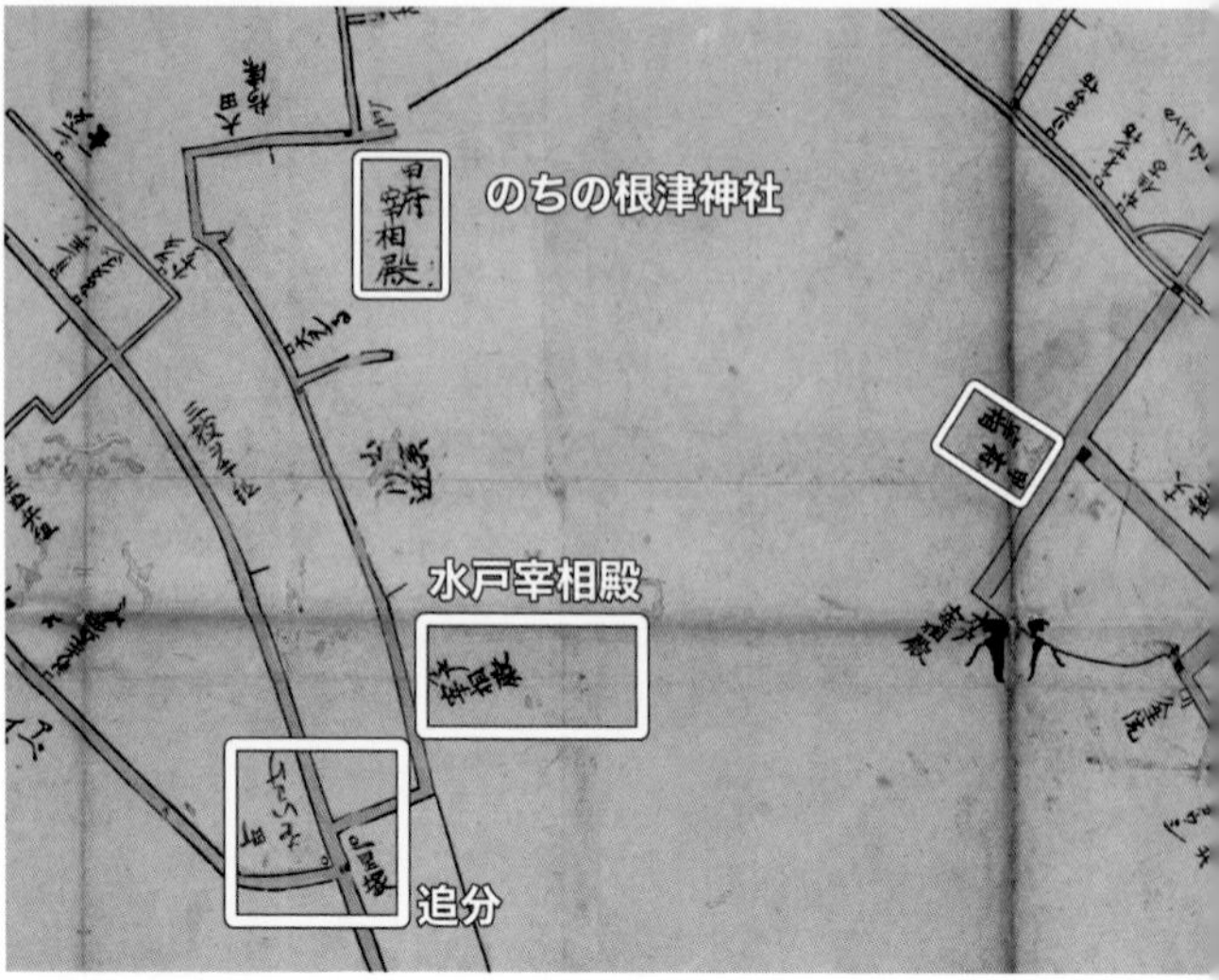

寛文江戸外絵図
寛文11年（1671）（国立国会図書館蔵）
根津神社（当時は甲府宰相殿）周辺の拡大図

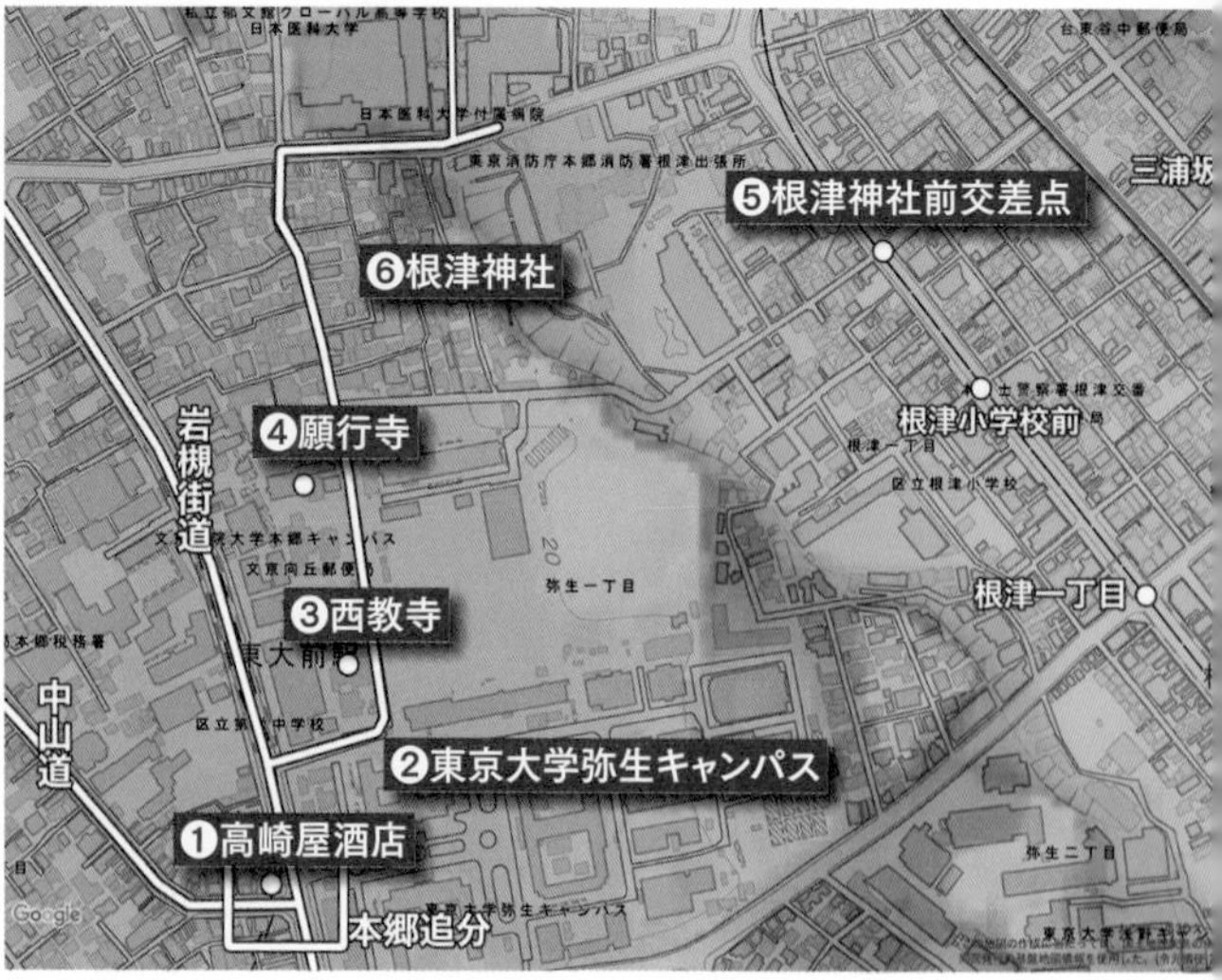

根津神社周辺　（スーパー地形より）
寛文江戸外絵図にある古道に白線を引いてみた。比較すると位置関係がわかりやすい。

本郷追分に残る高崎屋酒店
「SINCE 1751」と書いてある。江戸時代中期から続く老舗だ。左へ曲がるのが中山道。直進するのが岩槻街道（現本郷通り）。

そのかわり、当時を偲《しの》べる**①高崎屋酒店**が残っている。江戸時代半ばから続く老舗の酒店で、ずっとそこで営業しているのだ。

高崎酒店前を少し北へ行くと、右に入る道がある。今の**②東京大学弥生キャンパス**に沿った道である。この道、寛文11年と現在を比べるとき、道筋がまったく変わってないのですごくわかりやすいのである。なのでこちらから根津神社へ向かってみたい。

今、東京大学弥生キャンパスがある場所を寛文江戸外絵図で見ると「水戸宰相殿」と

岩槻街道から右に入る道はクランク状にカーブしている。その角に「東大農学部際」という名の公衆トイレ。左に見えるのは西教寺。

願行寺の出世不動尊

江戸絵図　(国立国会図書館蔵)
発行年不詳の地図だが願行寺や西教寺が描かれており、根津神社がまだ遷ってないため、元禄年間(1688〜1704年)と考えられる。

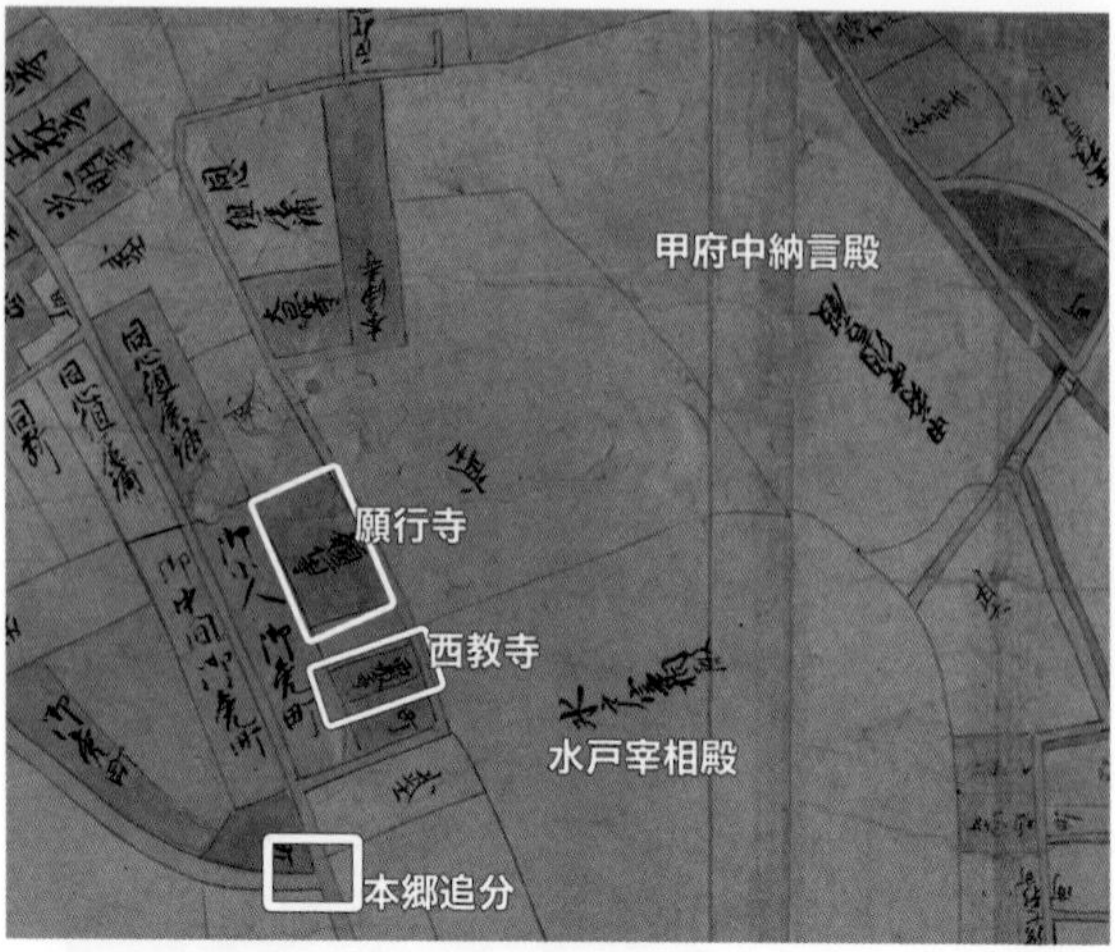

ある。水戸徳川家中屋敷があったのだ。

岩槻街道と水戸徳川家中屋敷の間は、江戸時代中期になると寺が置かれる。**③西教寺**は浄土真宗本願寺派の寺院。貞享《じょうきょう》5年(1688)に当地へ移転した(その前は湯島にあった)。**④願行寺**は天和《てんな》2年(1682)の大火(八百屋お七の火事)ののち、当地へ移転した。

どちらも寛文江戸外絵図が描かれたあとなので、寛文期の地図にはまだない。そのちょっとあとの地図(詳細は不明だが、おそらく17世紀終わり頃と思われる)には描かれている。

この道をさらに奥に行くと「大ヲン寺」(大恩寺)がある。関東大震災後に北区に移転したのですでにここにはない。

そのまま奥へ進み、次の十字路を右折すると甲府徳川家の屋敷……つまり根津神社だ。

寛文の地図(66ページ)をよく見ると「甲府宰相殿」が2カ所にある。江戸時代の地図は武家屋敷を詳細に書く必要があり、表門がどの通りに面しているのかを「1文字目」の場所でそれを示す慣習があった。甲府宰相邸の場合、本郷追分からの坂の上(今の根津神社西口あたり)と、崖下の谷地の道の両方に門があったと思ってよさそうだ。

今、台地側からアプローチすると根津神社の西口の鳥居(裏門)に至る。

江戸切絵図
嘉永6年（1853）（国立国会図書館蔵）根津権現の描き方を見ると著名な行楽地だったことが偲ばれる。門前町も大きい。

❖根津神社は江戸時代の行楽の名所だった

ただ、根津神社の表参道は谷地側にある。幕末の江戸切絵図を見ると当時の参道が非常に詳しくわかる。「根津門前町」に門が描かれているのでここから入り、根津権現への坂を上ったのだろう。

この「根津門前町」の通りが今の不忍《しのばず》通りの前身。惣門《そうもん》のある場所は今の「根津一丁目」交差点にあたる。

根津神社の楼門

『江戸名所図会』に描かれた根津権現（国立国会図書館蔵）
２つある「いなり」は左が乙女稲荷、右が駒込稲荷だと思われる。乙女稲荷の下にある池も当時から。貨食店は料理屋のことだろう。ずらっと並んでいるのがわかる。裏門は今の西口。

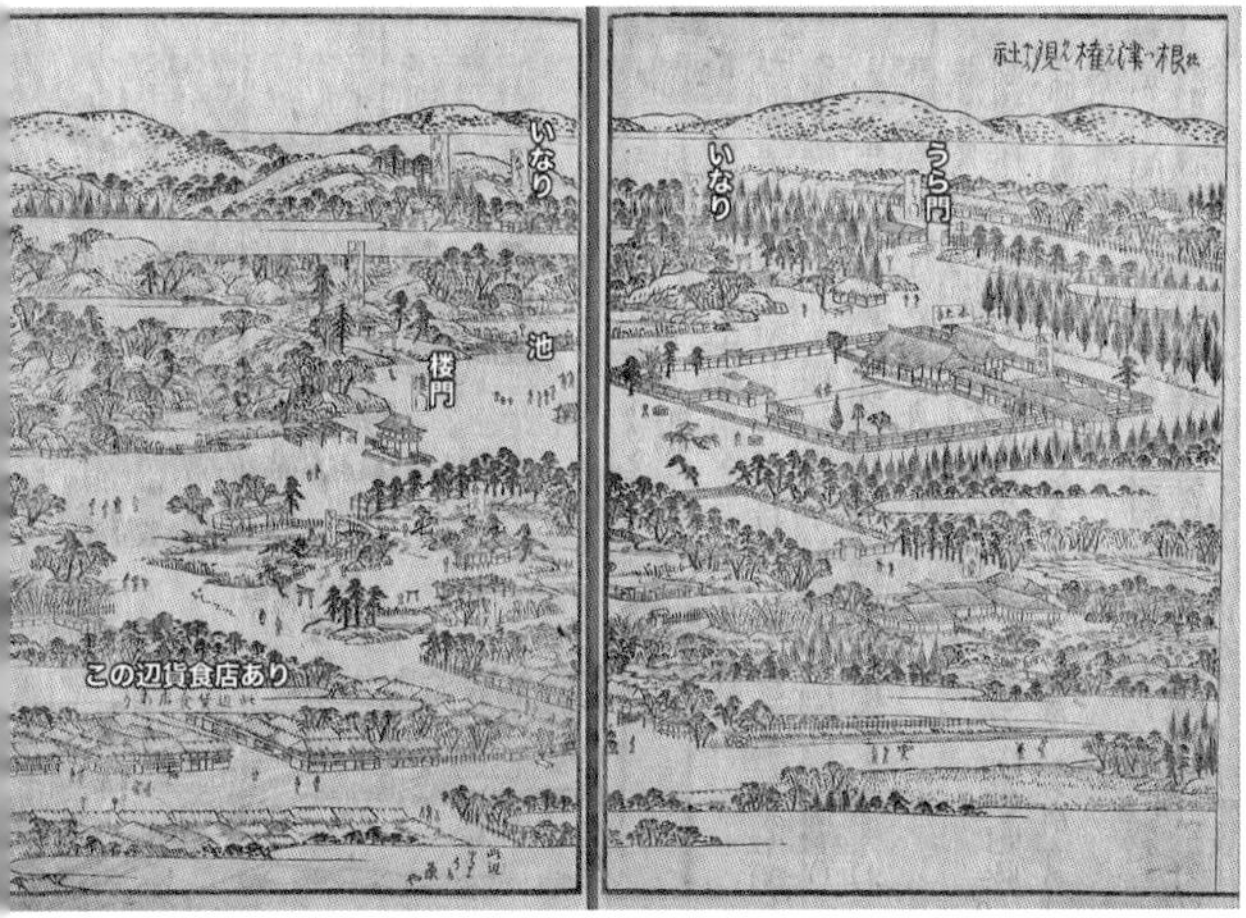

塞の大神の碑
かつて本郷追分に置かれていた。

根津門前町の「根津」の字のあたりが「根津小学校前」の交差点。

そして根津門前町をさらに北へ向かったところが、今の⑤**根津神社前交差点**にあたる。そこから西に向かって少し歩くと右手に⑥**根津神社**の立派な鳥居と表参道が現れる。橋を渡り、楼門《ろうもん》をくぐって社殿へと向かう。どれも創建時の建物が残っているうえに森に囲まれているので雰囲気も厳かである。江戸名所図会と見比べてみると、仏教的な施設（別当や地蔵堂など）こそなくなったものの、それ以外はほぼ同じなので見比べてみてほしい。乙女稲荷も駒込稲荷も今と同じ場所に描かれているのだ。

根津神社の祭神は須佐之男命（スサノオノミコト）、大山咋神《おおやまくいのかみ》（山王）、誉田別命《ほんだ／ほむたわけのみこと》（応神《おうじん》天皇・八幡）の3柱とされているが、『江戸名所図会』によると主祭神は須佐之男命とある。もともと須佐之男命が主祭神だったのだろう。

参拝を終えたあとは、赤い鳥居の列をくぐって乙女稲荷から**駒込稲荷**と回るのがいいだろう。少し高いところにあり、見下ろす景色もよい。

駒込稲荷を出ると、裏門（今の西口）に出る。

駒込稲荷の近くに、明治期に**追分**に置かれていた⑦**塞《さえ》の大神碑**がある。塞の神はいわゆる道祖神で、村人や旅人を災難から守り、悪霊の侵入を防ぐもの。江戸時代の江戸では庚申塔や地蔵尊がよく置かれていた。明治になって「塞の大神」になった理由はちょっとわからない。

他にも近隣にあったと思われる古い石仏（庚申塔など）も集められている。

❖根津神社の旧地に向かう

ではやっと本題だ。

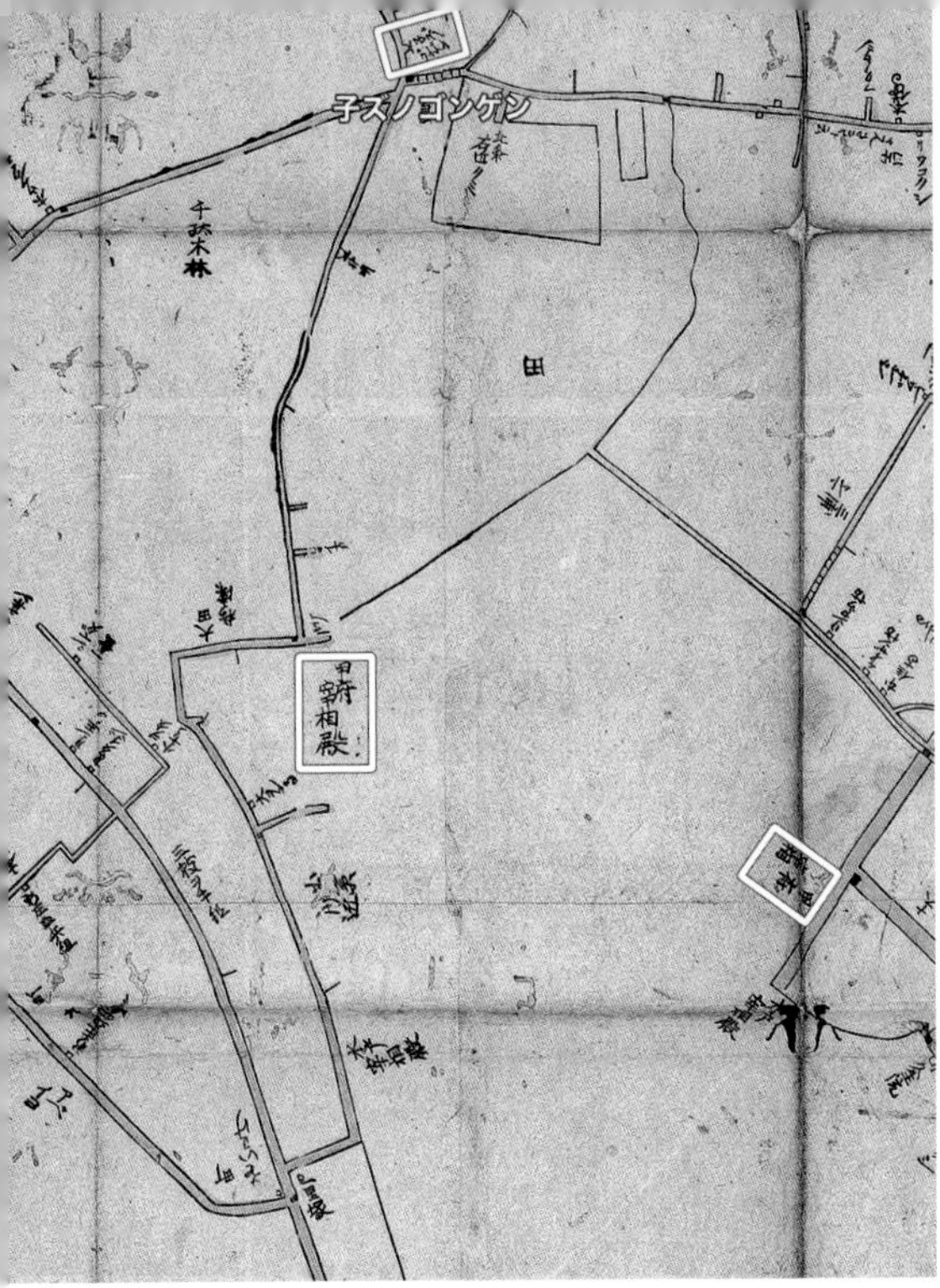

寛文江戸外絵図
寛文11年（1671）（国立国会図書館蔵）
甲府宰相殿（つまり根津神社現社地）から旧社地である「根津権現」へ1本道でつながっている。この道の右側が広く「田」なのがポイント。

ゆるやかにカーブしながら上っていく古道。この雰囲気がよい。

根津神社の旧地はどこだ、である。甲府藩藩主となった徳川綱重（のちの家宣）は、次期将軍となるため綱吉の養子となり、江戸城西の丸へ移ったため、屋敷の主がいなくなった。

そこで家宣の産土神だった根津神社がこちらへ遷されたのである。

その前はどこにあったか。寛文江戸外絵図を見ると、甲府宰相邸の少し北に「子ズノゴンゲン」とある。「子」は十二支の「ね」であるから「根津の権現」。根津神社のことである。答えはそこにあったのだ。

現根津神社と旧地は1本の道で結ばれており、なおかつその道は現存するのである。こ

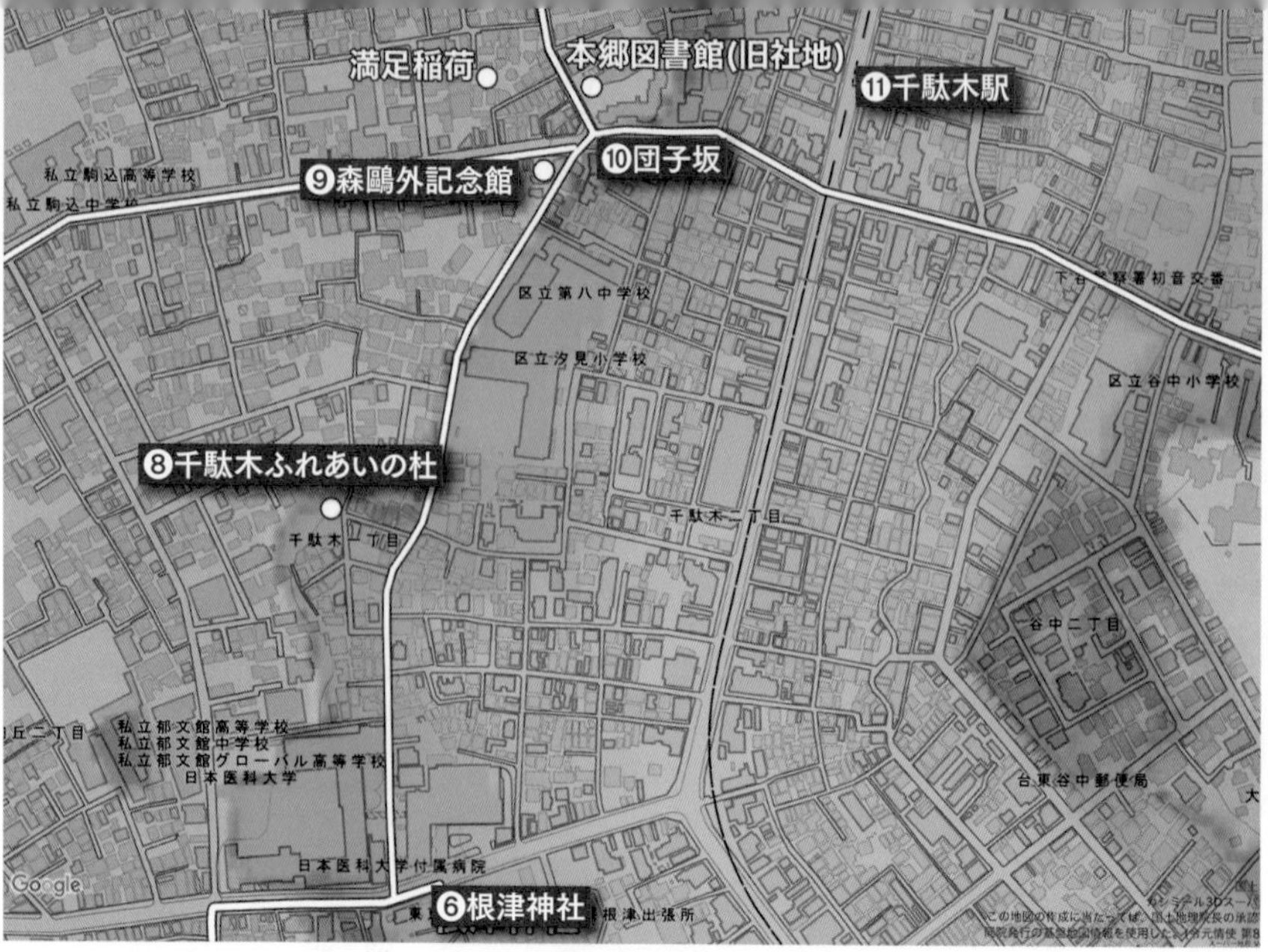

根津神社の現社地から旧社地への細い崖上の道　(スーパー地形より)

江戸切絵図　安政3年(1856)(国立国会図書館蔵)
根津神社の旧地に「元根津と云う」と書いてある。ここが旧地。坂には「ダンゴザカ」とある。

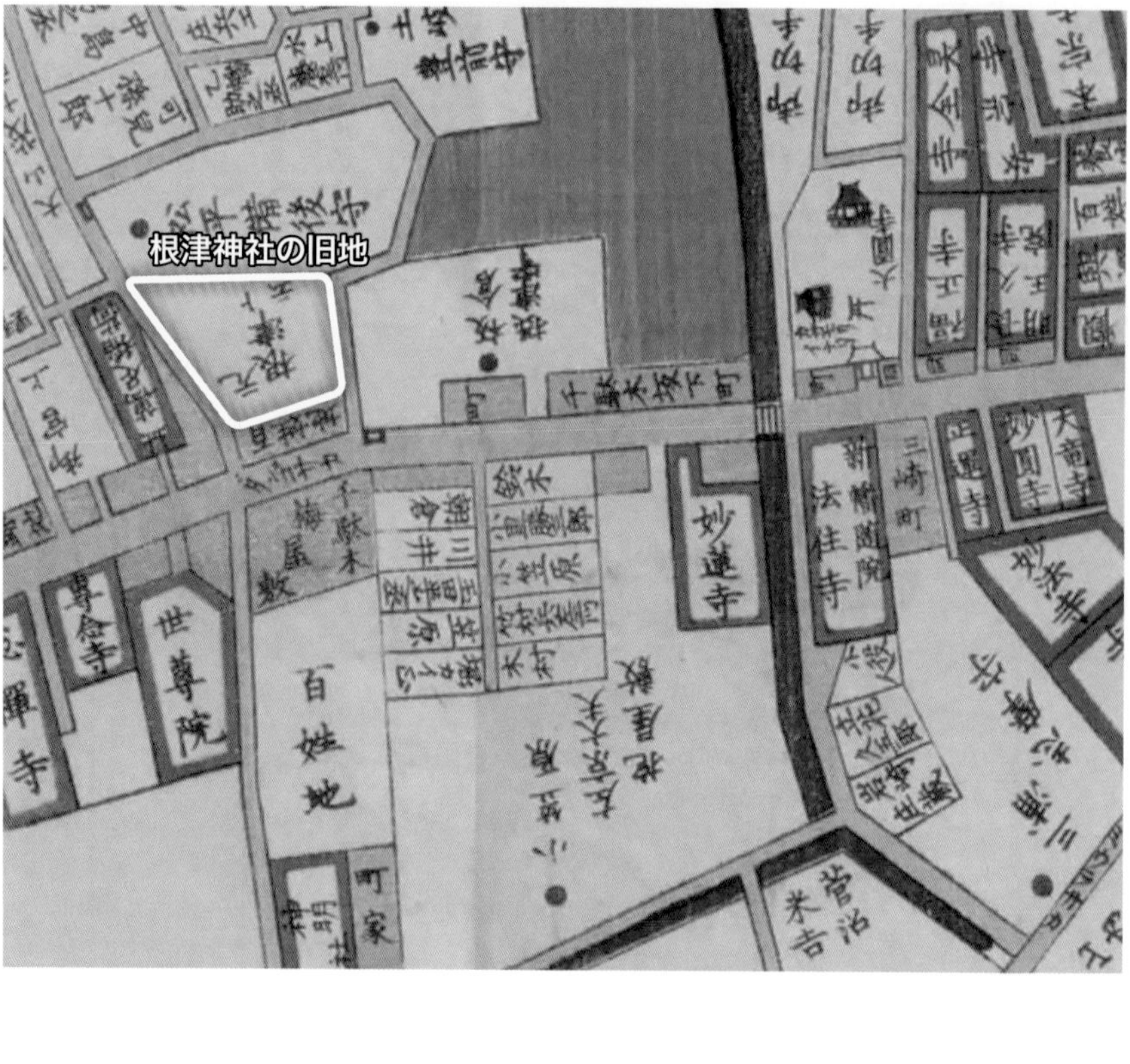

太田摂津守屋敷跡にある「千駄木ふれあいの杜」
根津神社はもともとこのあたりにあったか。

れは行かねばなるまい。

根津神社西口を出て、日本医科大学附属病院の東側の道を北に入り、住宅街のなんてことない道を北上する。細くて微妙にカーブしている様子が古道らしくていい。今は細い生活道で地元の人しか歩かないような道だ。

ちょうどそのあたりで緑から黄色に変わるよう色を付けた現代図を用意した。台地の際を少しカーブしながら北上するのがわかる。

江戸切絵図を見ると、この道の右側に「神明社」が描かれているが現存しないようだ。

さらに北上すると道がカーブしながら上りはじめるのだが、その手前で左を見るとなにやら森が見えるのでちょっと寄り道したい。そこは**⑧千駄木ふれあいの杜**《もり》と名づけられた斜面の森。かつて太田摂津守《せっつのかみ》の屋敷跡だ。

根津神社の歴史にあたると、当初は千駄木にあり、そこが太田氏（太田道灌《どうかん》の子孫）の屋敷地になったため、遷座したというのだ。ということは、最初はその森の近くにあったに違いないのである。根津神社の旧地を巡る旅には欠かせない場所だ。

元の道に戻り、坂を上ると道は崖の端となる。崖下には小学校。高台なので眺望が非常に良い。小さな公園があるのでのんびりするのもよし。そこは**藪下**《やぶした》**通り**と呼ばれており、解説板には「古くから自然にできた脇道である」「森鷗外《もりおうがい》の散歩道で小説の中にも登場してくる」と書かれている。

明治25年（1892）から大正11年（1922）に没するまでこの通り沿いに居宅を持っており、2階の書斎から東京湾が見えたので「観潮楼《かんちょうろう》」と名づけた。崖の上の高台ならではだ。現在はそこに**⑨森鷗外記念館**が置かれている。

森鷗外記念館の角は団子坂上。

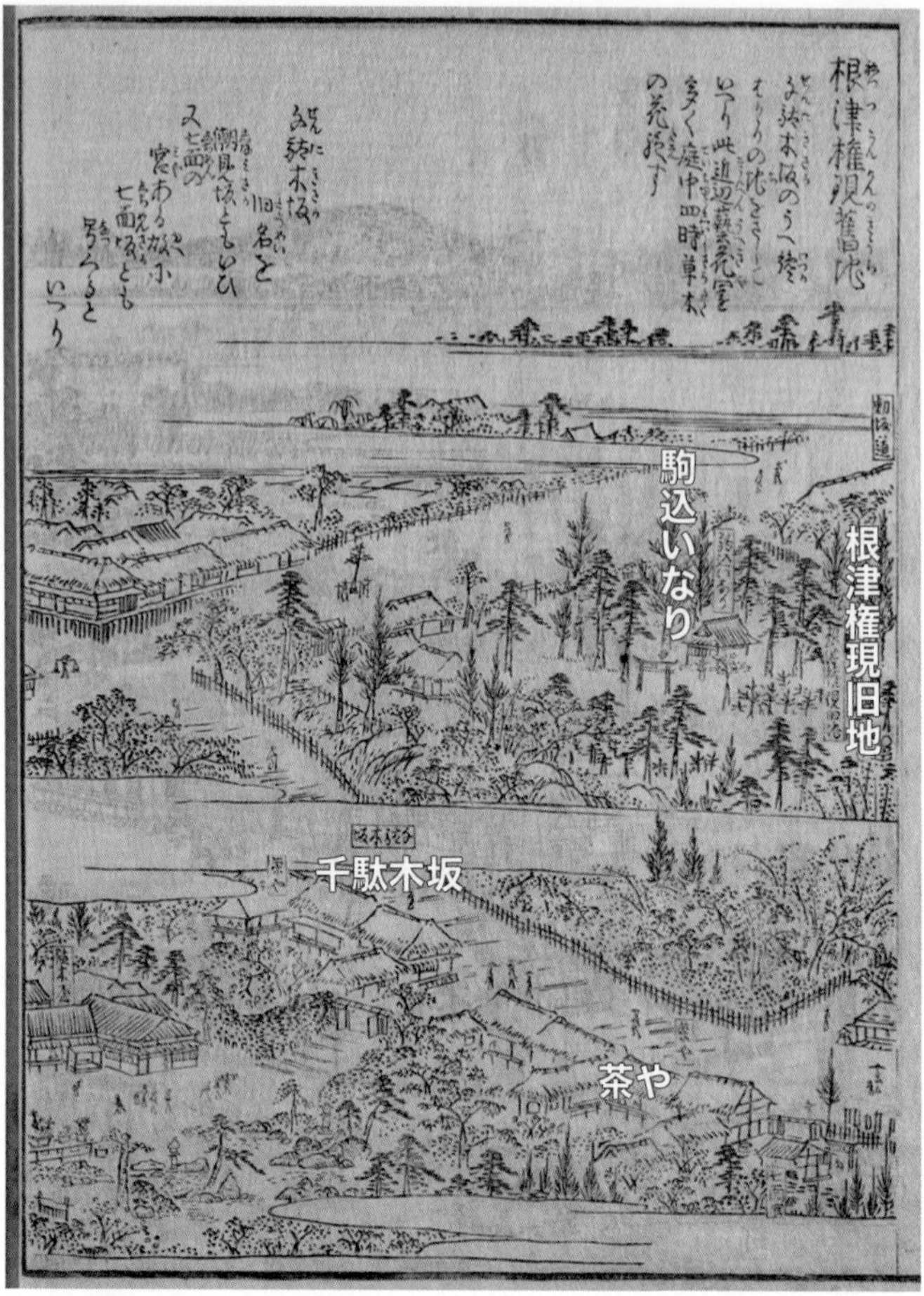

『江戸名所図会』より根津神社旧地
（国立国会図書館蔵）
絵には「根津権現旧地／千駄木坂の上わずかばかりの地をさしていえり」云々、とある。また「千駄木坂、旧名を潮見坂ともいい」とある。海がよく見えたのだろう。団子坂は俗称だったか。

江戸時代の地図を見るとそこは「食い違いの交差点」となっている。少しずれて道が交差しているのだ。

今はまっすぐな道になっているが、よーく見ると、少しずれてい

中央にあるのが本郷図書館
（汐見地域センター）
このあたりが根津神社の旧地で、江戸切絵図には「元根津」と書かれている

た部分をうまく拡幅してつないだ様子が見てとれて面白い。

この交差点を渡ると東洋大学国際会館、その奥に文京区立本郷図書館がある。

寛文江戸外絵図をよく見ると、「根津権現」（根津神社）の場所はちょうど今の図書館のあたりだ。江戸切絵図を見ると「元根津」とある。江戸時代の間はそこが根津神社の旧地だと知られていたのだ。『江戸名所図会』にもわざわざ図入りで紹介されているくらいである。ただ、今は何の案内もない。せっかく図書館があるのだからその前にでも書いておけばいいのに、とは思う。図書館に入ると、江戸名所図会の「根津権現旧地」のページが貼ってあるので注意深い人なら気づくかもというレベルだ。

江戸切絵図の「元根津」の少し西に「満足稲荷《まんぞくいなり》神社」が描かれている。この神社は現存するが、今は表通り沿いからは見えず、ぐるっと裏の住宅街を回って奥に入った場所にある。興味ある方は探してみるのも一興だ。

あとは**⑩団子坂**（江戸絵図にはダンゴザカ、『江戸名所図会』には千駄木坂と書かれている）を下りればそのまま東京メトロ千代田線の**⑪千駄木駅**である。

「お茶の水」はどこに湧いていたのか？

「お茶の水」の地形と地名の謎を探りながら、神田明神の来歴に思いを馳せる

謎解きルート
❶御茶ノ水駅⬇❷湯島聖堂⬇❸神田明神⬇❹神田明神男坂

❖お茶の水の不自然な地形の謎

ＪＲと地下鉄（東京メトロ）に「御茶ノ水」駅がある。「お茶の水」というからには、「茶の湯」に適した水が得られた場所に違いない。それはいったいどこにどう湧いていたのか。駅名は「御茶ノ水」だが「お茶の水」「御茶の水」の表記もある。それを巡る旅からはじめる。なかなかややこしくて面白いのである。

東京の地形って高い建物に覆い隠されて気づきにくいけれども、実に細かい起伏が多い。そしてときどき「明らかに不自然」な地形に出くわすことがある。その代表がお茶の水なのだ。中央線や中央総武線の四ツ谷から東京方面（逆でもいいけど）の車窓を見ていると、水辺を走っているのがわかる。外堀（神田川）の内側に線路を敷いたからだ。そこなら起伏もなく用地買収の必要もない。よく考えたものだと思う。江戸城の外堀を車窓から味わえると思うとまた趣深い。でもよく観察していると水道橋から御茶ノ水間

神田川の船上から左手に見えるのは東京医科歯科大学。このあたり台地を掘削して作った人工の流路で左右の壁が高く渓谷感がある。

だけちょっと様相が違う。左手も右手も崖があり、ちょっと渓谷感が出る。

この地形は、神田川を船で辿るとすごくわかりやすい。東京の川を船で回る観光クルーズが定期的に開催されており、橋の上や車窓からとは違う角度で味わえるのだ。

なぜここはそんな渓谷感があるのか。地形図を見ると一目瞭然、地形的に不自然である。飯田橋からお茶の水の堀はイコール「神田川」なのだが、川としてはありえない流路なのだ。

実は人工的な渓谷なのである。今回は一緒に国土地理院の「治水地形分類図」を重ねてみた（次ページ）。治水に関係ある地形を「自然地形」か「人工地形」か、自然地形でも台地なのか低地なのか砂州なのかを示してくれる。

すると水道橋-御茶ノ水間は明らかに台地を人工的に削ったというのがわかる。

地形的には台地で川は右に曲がり、南に流れていたはずだ。

いつ、なぜ川の流れは変えられたか。それは江戸時代初頭の話。

工事がはじまったのが元和《げんな》2年（1616）。江戸幕府が慶長《けいちょう》8年（1603）からなのでほんとにすぐだ。目的は治水である。江戸市中を流れている川を台地を削って東の隅田川へ流そうとしたのだ。でも台地を削って人工渓谷を作るという大事業なので大変。任されたのは伊達政宗《だてまさむね》の仙台藩。だから**仙台堀**《せんだいぼり》とも呼ばれていた。幕府としては大工事で伊達家の財力を削《そ》ぐこともできるし、治水にもなるしで万々歳だったのである。

さらに、南へと目を向けると、日本橋川が流れている。実はこれも人工の流路。治水地形分類図では「砂州」となっている箇所。ここは海が運んだ砂が長年溜まってできた自然の微高地（江戸前島と呼ばれていた）だが、日本橋川はそこをつっきって隅田川河口方面へ流れている。これも治水目的の流路変更だ。

お茶の水あたりの地形図（スーパー地形より）
橋や史跡、中山道を入れてみた。だいたい黄色い色が標高20m以上、青系が10m以下に色分けしてある。不自然な地形がくっきり。

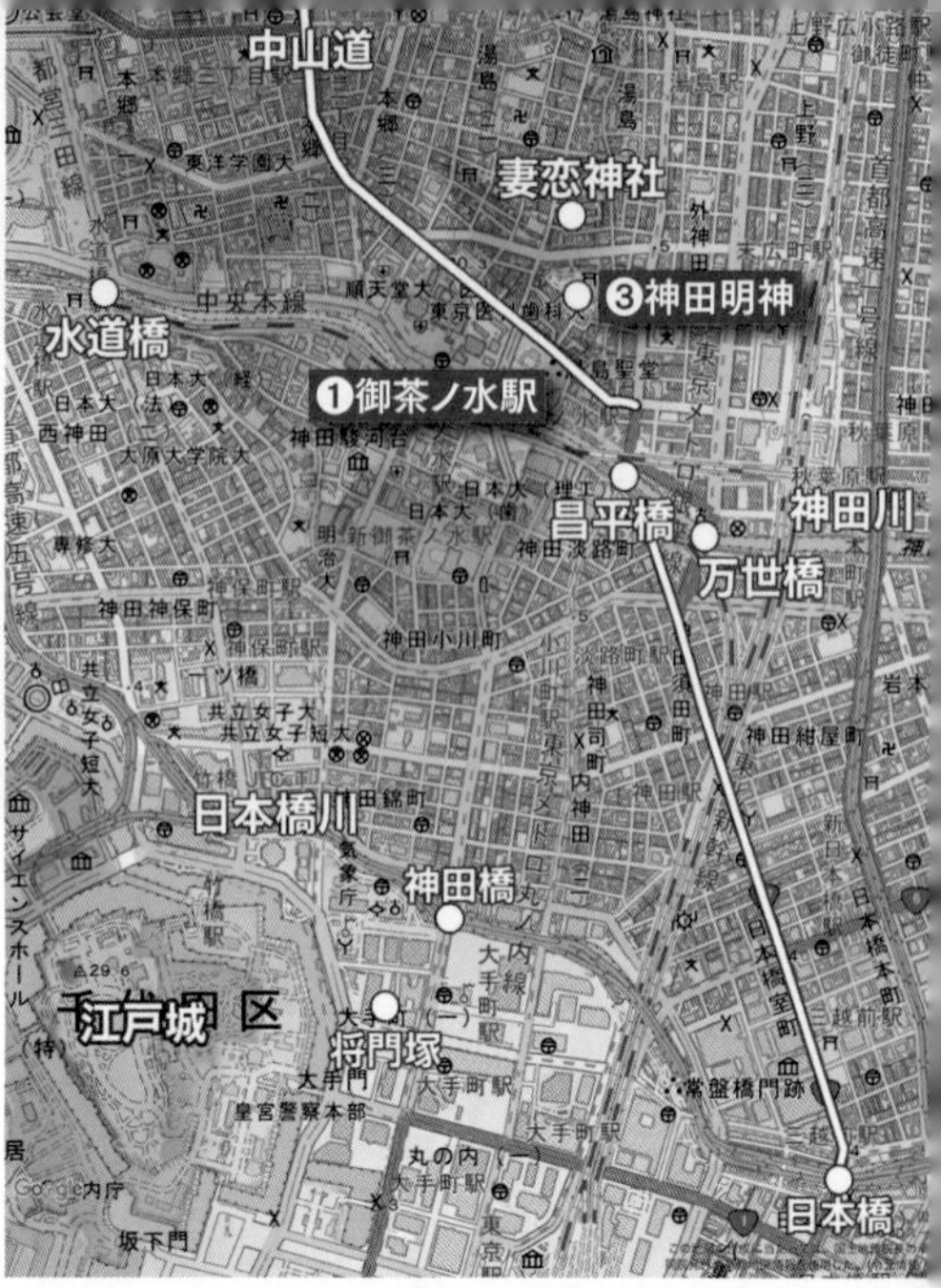

お茶の水周辺の地形図と地形図＋治水地形分類図

神田川よりこちらの方が古いが、いつのことなのかはよくわからない。

室町時代（太田道灌の頃）という話も、家康が江戸に入部してすぐ（江戸幕府が開かれる直前）だという話もある。慶長8年に日本橋が架橋されたのでそれ以前なのは確かだ。

神田川の流路が変えられる前の地図がないかと探したが、さすがにそこがはっきり描かれた信頼できる地図はなかった。国立国会図書館デジタルコレクションにある地図では「正保《しょうほう》元年」（1644）のものが一番古いようだが、すでに神田川はしっかり流れている。

同じ色分けの地形図に「治水地形分類図」を重ねる
かまぼこ形の印が「砂州」。自然にできた微高地で、台地や砂州を横切る川は人工のものと思っていい。

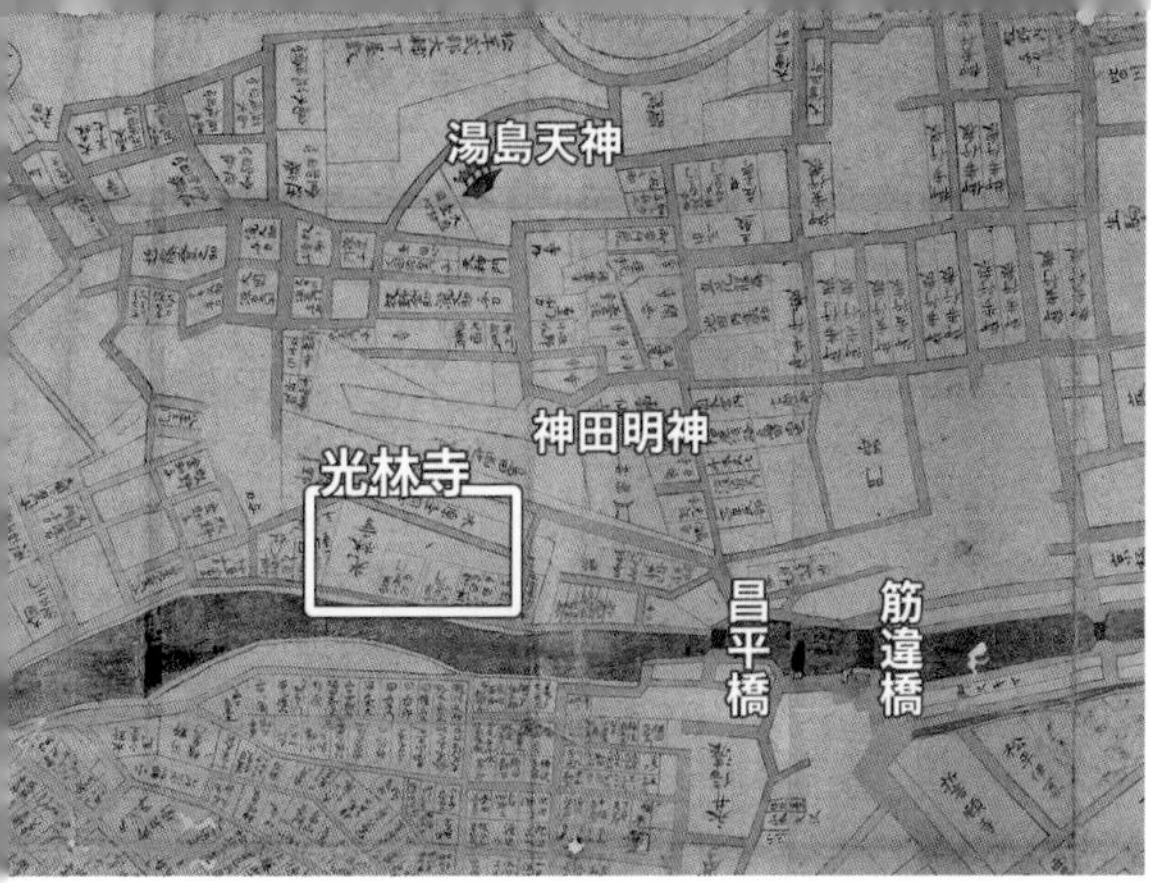

正保元年御江戸絵図
（国立国会図書館蔵）
正保元年（1644）の御茶ノ水付近。中山道が途中で切れているのが気になるが、明暦大火前の貴重な地図。光林寺に注目。

❖お茶の水はどこにあった？

で、お茶の水である。

「お茶の水」という地名や駅名はすっかりおなじみだが、「お茶の水」は茶湯に使われた水を指す言葉。どこかにそう呼ばれた水が湧いていたはずである。そこで寛文江戸外絵図の出番だ。

よく見ると、神田川（外堀）の両側に斜面を表す記号が描かれており、その一角に川へ下りる階段、そして「御茶ノ水」という文字が見えるではないか。「お茶の水」発見である。ここ、先ほどの正保元年江戸図を見ると「光林寺」（高林寺）というお寺がある場所だ。今だと順天堂医院か東京医科歯科大病院の近くだ。

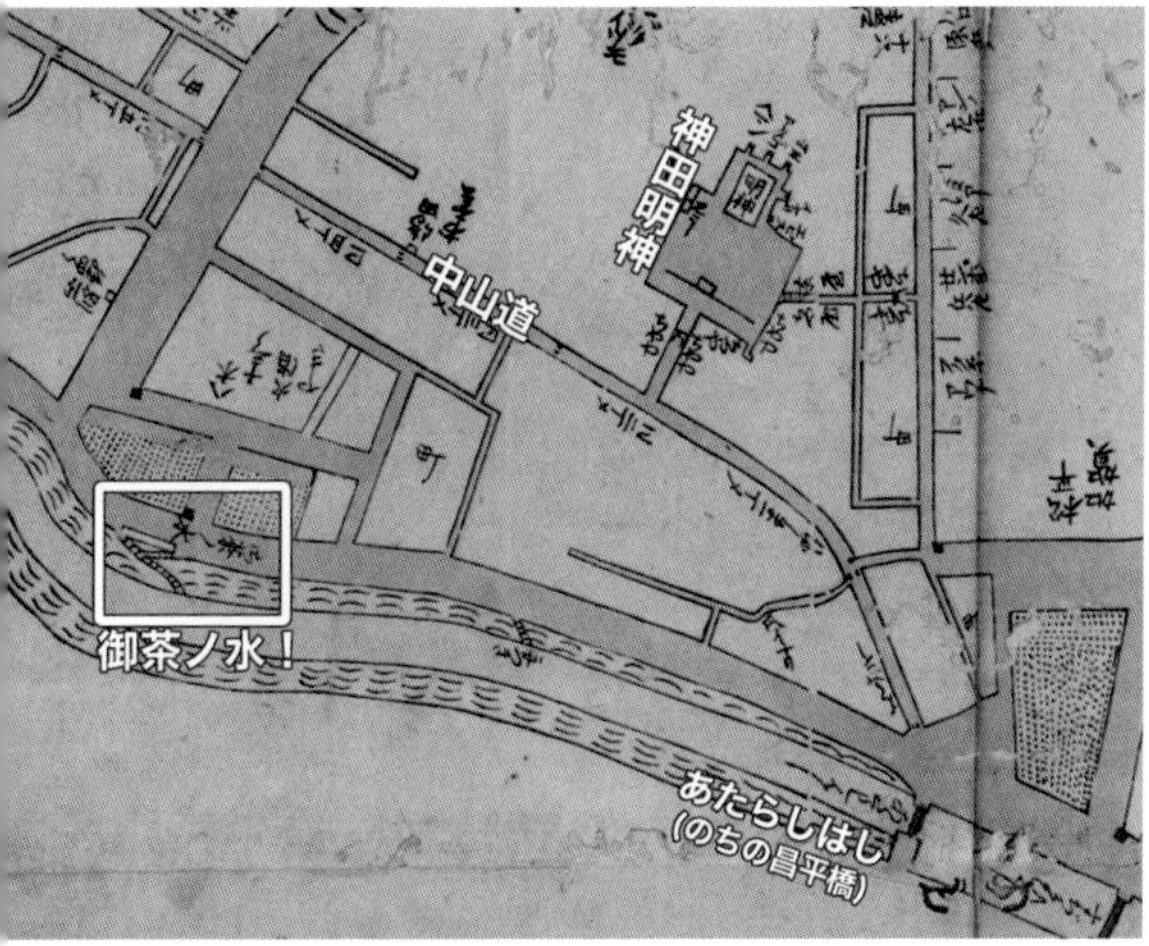

寛文江戸外絵図
寛文11年（1671）（国立国会図書館蔵）
寛文江戸外絵図を見ると、光林寺は移転したものの「御茶ノ水」の文字が残っている。

そう、もともとここの境内の湧き水で汲《く》んだお水を将軍（徳川秀忠が好んだという）の茶の湯に用い、「お茶の水」と命名されたのがはじまり。ただ、神田川掘削の際、川の縁ギリギリになり、享保《きょうほう》14年（1729）からの川幅拡張で完全に失われたという。意外に短い運

聖橋から見た東京メトロ丸ノ内線とJR御茶ノ水駅（御茶ノ水駅は2020年現在改装中）。よく見ると奥に向かって徐々に下がっていることや、丸ノ内線が川の上を渡るためすごく浅いところを通っているのがわかる。

命だったのだが「お茶の水」という名だけが残ったのである。

その光林寺（高林寺）は明暦《めいれき》の大火（１６５７年）で焼失し、駒込へ移転したので、寛文江戸外絵図には描かれてない。

そんなことを思いながら橋の上からこの谷を眺めるとまた楽しい。

眺めとしては聖橋から秋葉原方面が基本。台地が下っていく地形がよく見えるし、東京メトロ丸ノ内線が川の上を渡る光景や川に沿って走るＪＲも楽しめる。

丸ノ内線は銀座線に次ぐ古い路線で当時の技術では神田川の底にトンネルを掘るのは

船上から見た昌平橋
奥に小さく見えるのが万世橋。

船上から見たお茶の水橋（裏側が少し見えている）と聖橋
聖橋のアーチがなかなかカッコいい。右はJR御茶ノ水駅。

難しかったので、上を渡っているのだ。

江戸時代、この湯島台地の端に人工的に作られた深い渓谷に橋はかかってなかった。西側は水道橋、東側は昌平橋《しょうへい》と筋違橋《すじかい》（今の万世橋の前身だが、架橋位置がちょっと異なる）とどちらも坂の下だ。ここは江戸城の外堀（つまり防御）でもあるので、江戸城が台地上から攻められるのを防ぐために架橋しなかったのかもしれない。

何しろ、この外堀の北、南北に長い湯島台地上には中山道が通っていたのである。台地の尾根上を北からやってきた中山道は外堀（神田川）の手前で南東にカーブし、神田明神の前を通って台地を下り、筋違橋を渡って日本橋につながっていた。

そのカーブが不自然だなと思ったのだが、江戸時代以前、中山道の元になった道（鎌倉街道？）は南に向かってまっすぐ台地を下り、当時そのあたりにあった平川村を経由して江戸城に続いていたと考えるとなかなか都合がいい。その元の道筋が江戸城に近すぎることを嫌った江戸幕府が湯島台地を外堀で南北に分断し、街道を曲げたと考えると面白いのだけど、どうだろう。

今はJR御茶ノ水駅の東西にある聖橋《ひじり》とお茶の水橋で南北はつながっている。お茶の水橋は明治24年（1891）竣工、聖橋は関東大震災後の震災復興橋梁のひとつとして昭和2年（1927）に竣工した。

❖湯島聖堂と神田明神

さて、**①御茶ノ水駅**の北側には**②湯島聖堂**《ゆしませいどう》がある。神田川と中山道に挟まれた、湯島台地から低地への斜面に相当する場所だ。元禄《げんろく》3年（1690）に上野にあった孔子廟《こうしびょう》を湯島に移したのが最初（だから寛文江戸外絵図にはまだ描かれてない）。

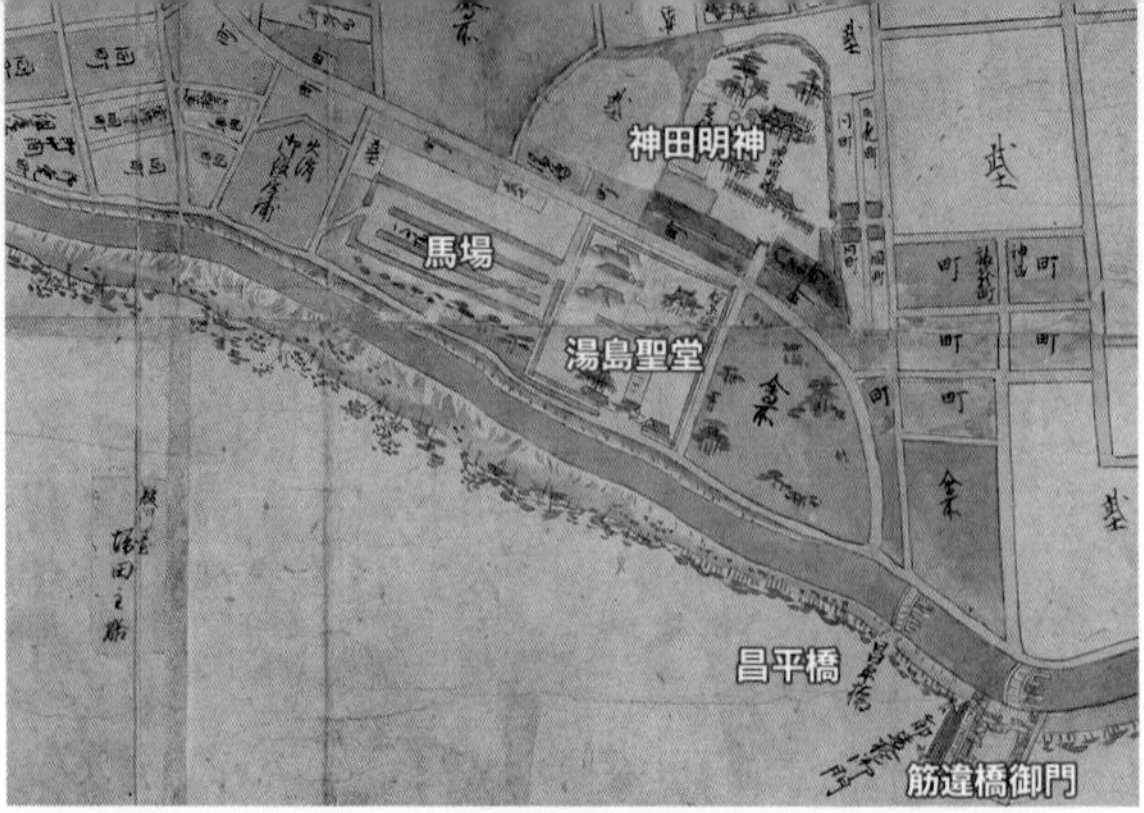

江戸絵図（写）詳細不明
（国立国会図書館蔵）
詳細不明だが、1700年前後のものと推察される。湯島聖堂がすでに描かれ、橋の名が昌平橋に変わっている。

江戸切絵図　嘉永6年（1853）（国立国会図書館蔵）
幕末の地図だと中山道が部分的に膨らんで湯島聖堂の敷地が広くなっている。

それが湯島聖堂であり、孔子の生地である昌平郷にちなんで坂道が昌平坂と呼ばれるようになり、橋の名も昌平橋となり、聖堂に併設された学問所は昌平坂学問所と呼ばれたのである。

幕末の江戸切絵図を見ると聖堂が大きく描かれ、中山道が聖堂のところで大きく曲がっている。これ、寛文江戸外絵図などちょっと前の地図ではまっすぐだ。聖堂が拡張される際、曲げられたのだろう。

今は中山道はまっすぐだが、この神田明神に向かって曲がる道は残っており「旧中山

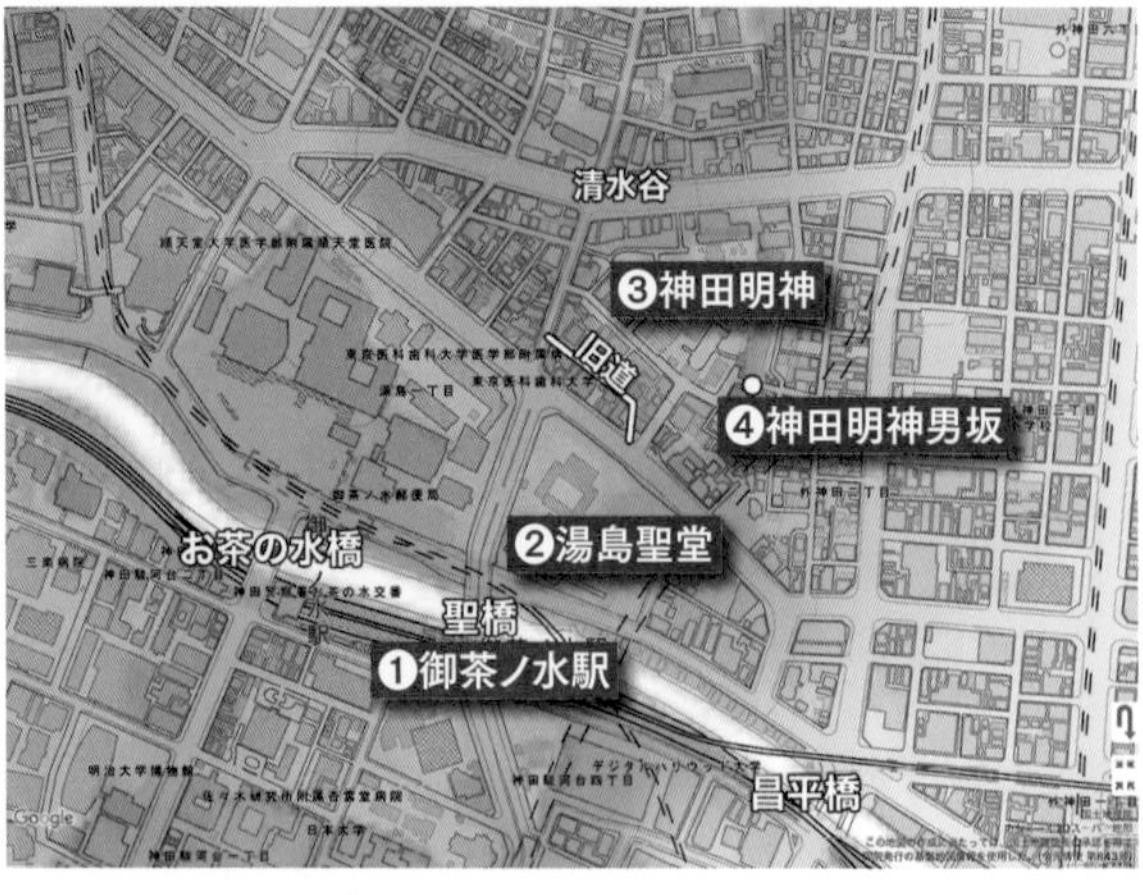

湯島聖堂と神田明神（スーパー地形より）
中山道が膨らんだ箇所が「旧中山道」として今でも残っている。

門前の天野屋脇に残る「旧中山道」

神田明神の社殿（昭和９年〈1934〉造）。鮮やかな赤色で参拝客が絶えない。勇壮な狛犬も見事。

道」の案内板が立っている。

中山道を挟んで③**神田明神**が鎮座する。

もともと神田にあった（『江戸名所図会』によると、神田橋の少し南あたりだったらしい）が神田明神がこの湯島台地へ遷座したのは元和2年のこと。江戸時代の初期も初期、まだ神田川が掘られる前のことだ。

江戸城の鬼門方向を守るためこちらに遷座したといわれている。

面白いのは神田明神がある高台は「湯島台地」で、南の聖堂は「湯島聖堂」、北の天神は「湯島天神」でどちらも住所は文京区湯島なのだが、神田明神だけが「神田」で住所も「千代田区外神田」であること。神田明神を囲むように区界があるのだ。神田明神の強さといっていいかもしれない。

神田明神は江戸を代表する古社だけあって、寛文江戸外絵図でもすごく細かく描かれおり、社殿に加えて摂社の「八幡」「愛宕《あたご》」「山王」「稲荷」と裏手に並んでいるほか、表参道も男坂沿いにも「ちゃや」（茶屋）が並んでいるほどだ。江戸時代前期から江戸の鎮守として人気だったのだ。

神田明神の創建は天平《てんぴょう》2年（730）と伝わる。奈良時代である。場所は芝崎村。今の大手町あたりで、当時は日比谷入り江と呼ばれる入

大手町に残る将門塚
徳治2年（1307）と描かれた石卒塔婆はかつて塚に立てられていたものを復刻したもの。

り江が深く入り込んでおり、安房国《あわのくに》（房総半島の先あたり）の漁民の一団が移住して漁業に従事し、彼らが安房神社として祀ったのがはじまりという（『史跡将門塚の記』）が、安房神社の祭神は天太玉命《あめのふとだまのみこと》であり、神田明神の主祭神は大己貴命《おおなむちのみこと》で異なるのでそのへんはよくわからない。ただ昔は漁村だったのは確かかと思う。

もうひとつの祭神は平将門《たいらのまさかど》だったが、明治維新の際、将門は朝廷に刃向かった朝敵だということで祭神から外され、新たに少彦名命《すくなびこなのみこと》が祀られた。今は将門も復活し3柱となっている。

将門は平安時代に関東の平家同士の内乱をきっかけに勢力を伸ばし、関東各地の国府を抑えて「新皇《しんのう》」を宣言。関東の揉《も》め事と考えていた朝廷も、新皇を名乗られては放置もできず、討伐軍を派遣。天慶《てんぎょう》3年（940）に討たれ、京都へ運ばれた首がさらされた。

で、その首が飛んできて芝崎村に落ち、首塚を作って祀られたという。まあ実際に飛んでくるわけではないし、そもそも将門の本拠地は下総国《しもうさのくに》でこのあたりは特に縁もないはずだし、ただそういう伝承が発生する何らかの出来事があったのかもしれない。

その後、鎌倉時代に天災や疫病がはやったとき将門の祟《たた》りと恐れられ、それを時宗《じしゅう》の真教上人《しんきょうしょうにん》が鎮めて神田明神に祀ったところ、疫病もおさまったという。将門が祭神に加わっているのはそういうわけだ。将門塚は今でも大手町に残っている（正確には将門塚跡、なんだが）。

さて神田明神。

中山道沿いに大きな銅の鳥居があり、「神田神社」と扁額《へんがく》がかかっている。明治時代に正式名称が「神田神社」と改められたからだ。でもそう呼ぶ人はみたことない。みな昔

神田明神の一の鳥居には「神田神社」と描かれた扁額がかかっている。門前の天野屋は弘化3年（1846）創業の老舗甘酒屋。その左にある細い道が旧中山道。

崖下から見た明神男坂
急斜面の上に神社が建てられたことがよくわかる。

ながらの呼称で「神田明神」と呼んでいる。

境内は広く、昭和9年（1934）竣工の立派な神殿に加え、最近ガラス張りの文化交流館が建てられて一段とモダンな神社となった。今でも常時賑わっている。

神田明神には昔からもうひとつの参道、**④神田明神男坂**があった。台地の端であり、坂の上からは秋葉原方面を……ビルが邪魔をしてはいるが一望できる。ここに立つと、神田明神は湯島台地の崖の上に鎮座しているのだなということがよくわかるのである。

都会の異世界・赤坂氷川神社の「氷川」はどこから？

江戸の古地図を比べ調べて赤坂氷川神社の驚くべき来歴に辿り着く

謎解きルート

❶赤坂見附駅↓❷一ツ木通り↓❸赤坂不動尊↓❹赤坂通り↓❺赤坂氷川神社↓❻本氷川坂

夏の赤坂氷川神社
鬱蒼として暗くて湿度は高いけど、意外に涼しい日本の鎮守の森感あり。

❖古ながらの日本の神社

東京都港区赤坂。バリバリの都心で昭和の頃は大人の歓楽街ってイメージだったのだが、今でもそうなのだろうか。ともあれ、TBSやその関連施設があるマスメディア・エリアであり、古くからの料亭もあり、オフィスビルも多くある土地だが、そこに**赤坂氷川《ひかわ》神社**という大きな神社がある。

ここが都心部とは思えない渋い場所なのだ。

都心の神社といえば日枝神社や神田明神であるが、それらは現代的な神社というイメージ。伝統を守りつつ現代っぽさを取り入れていて境内はとても明るくて爽やかである。どちらも高台にあって広い境内に陽光が降り注いでいる。対して赤坂氷川神社は、高台にあるのに湿度が高くてジトッとしていて静かで、……昔ながらの日本の神社のイメージそのものだ。境内が土であることや木々が多いことのみなら

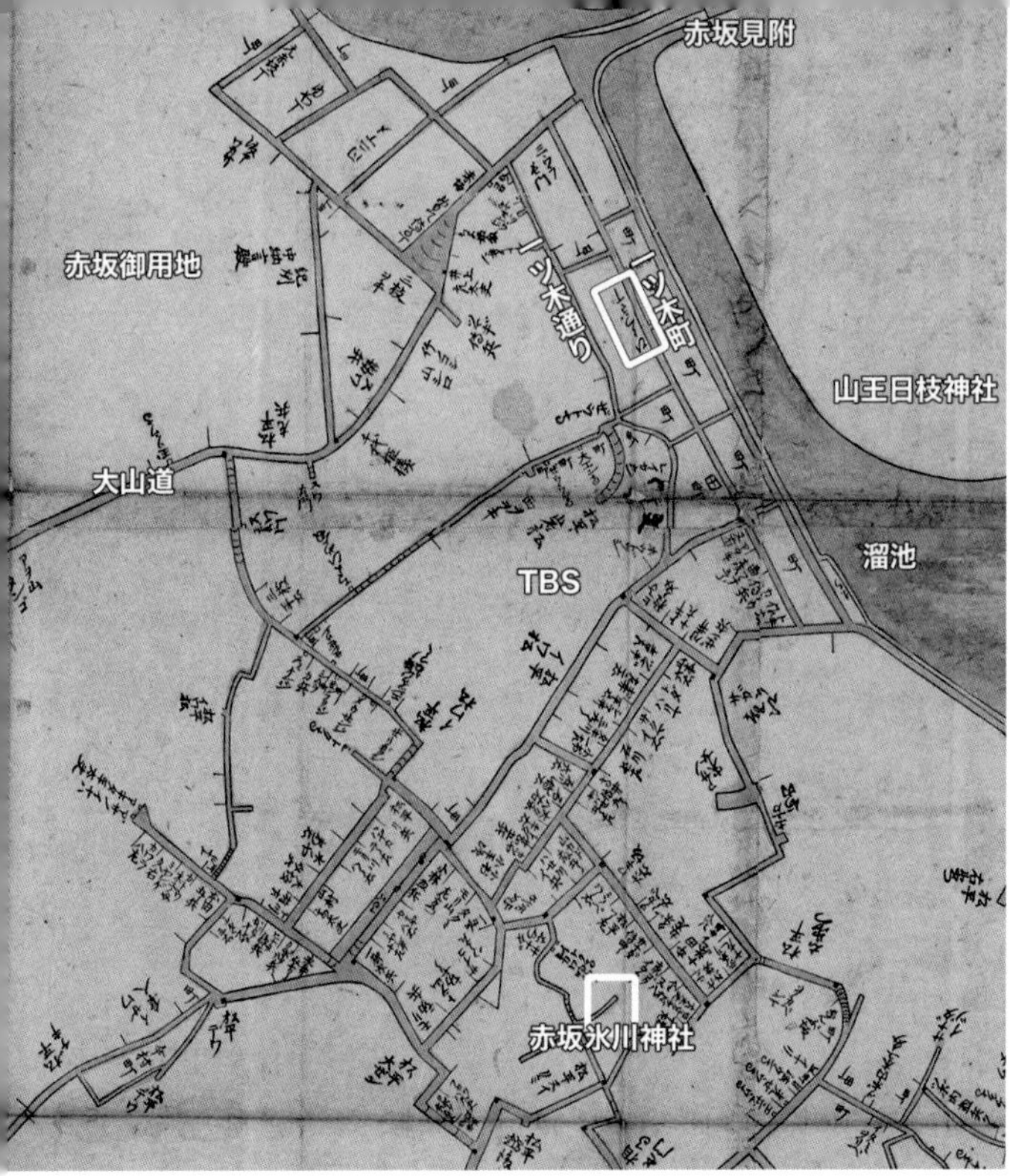

寛文江戸外絵図　寛文11年（1671）（国立国会図書館蔵）
350年前の赤坂。まだ氷川神社は現地にはない。わかりやすいよう、赤坂御用地やTBS、現氷川神社を入れてみた。

ず、南西に日銀氷川寮の長い塀、南東にアメリカ大使館宿舎のいかめしい塀があり、人通りも少なくてたそがれどきにひとりで歩いているとドキドキするくらい。異世界感満載である。

その氷川神社だが、もともと違う場所にあったのが享保《きょうほう》15年（1730）に8代将軍徳川吉宗《よしむね》の命でここに遷《うつ》されたもので、最初は「一ツ木《ひとつぎ》村」にあったそうだ。そうなると旧地がどこにあったか気になるよね。

❖赤坂氷川神社の旧地はどこだ？

まず旧地を探してみよう。
天暦《てんりゃく》5年（951）に一ツ木村に祀《まつ》られたそうだが、一ツ木村って地名は今はない。でも赤坂駅から国道246号（大山道）方面へつながる道が**一ツ木通り**という。それを念頭において寛文江戸外絵図を開いてみる。

右上にある「赤坂」が赤坂見附。そこから出て扇状に広がっている道が大山道だ。その途中から南へ向かう道のひとつが今の一ツ木通りである。

氷川神社らしきものは見当たらないが、近くに「ひとつぎ丁」（丁は町と同じと思っていい）。やはり一ツ木はこの辺なのだ。

分間江戸図　元禄10年（1697）
（国立国会図書館蔵）
元禄10年の地図にははっきり「ヒカワ明神」と書かれている。一ツ木通り沿いだ。

今の赤坂氷川神社がある場所を道筋を手がかりに探すと……何もない。まあここに遷座する60年近く前の地図なのだ。

もうちょっと後の地図を見てみよう。

元禄《げんろく》10年（１６９７）の江戸絵図だ。浅野内匠頭《あさのたくみのかみ》が江戸城の松の廊下で刃傷事件を起こす4年前。

これを見ると、一ツ木町に「ヒカワ明神」がある。寛文《かんぶん》11年（１６７１）の地図だとよく読めなかったところだ。ちょうど大山道と今の一ツ木通りの丁字路だ。一ツ木の氷川明神であるから、これが旧地に違いない。

さらに南へ向かうと有名なあの人の家を発見。「アサノ内匠」……つまり赤穂《あこう》藩浅野家、浅野内匠頭邸だ。浅野内匠頭長矩といえば赤穂事件。元禄14年（１７０１）、江戸城の松の廊下で吉良上野介《きらこうずけのすけ》にいきなり斬りつけた刃傷事件の浅野内匠頭である。浅野内匠頭邸は事件のあとすぐ廃されたのでその名がある地図は貴重かも。

その南には「ナンブ坂と云」とある。**南部坂**である。

赤穂事件で南部坂といえば、忠臣蔵で有名なシーン。大石内蔵助《おおいしくらのすけ》が吉良邸討ち入りの前日に南部坂上の三次《みよし》藩浅野家の屋敷に暮らす瑤泉院《ようぜんいん》（浅野内匠頭の夫人）に会いに行くという「南部坂雪の別れ」。それ自体はフィクションなのだが、この地図を見ると南部坂の上に浅野内匠頭邸があったのが実感できる。

その後赤坂氷川神社になる場所を見ると「アサノ」とある。これが三次藩主浅野家の屋敷だ。赤坂氷川神社は三次藩浅野家の屋敷跡に建てられたというのである。そしてそこは瑤泉院の実家であり、赤穂事件の後に彼女が蟄居《ちっきょ》した場

分間江戸図　元禄10年（1697）
（国立国会図書館蔵）
1697年の赤坂氷川神社あたり。
浅野内匠頭邸もある。

所でもある。

赤坂氷川神社の歴史を古地図で追っていたらなぜか赤穂事件の話になってしまったわけだが、脱線するのもまた楽しい。

さて、三次藩浅野家の裏手にも「ヒカワ明神」がある。

なぜ二つも氷川明神？　もともと赤坂氷川神社の場所に別の氷川神社があった？

そんなわけで、別の江戸絵図を探すと、もっとはっきりと氷川明神が描かれたものを発見。

なんと、一ツ木町の大山街道沿いに「氷川宮」、浅野内匠頭邸は空き地に。今の氷川神

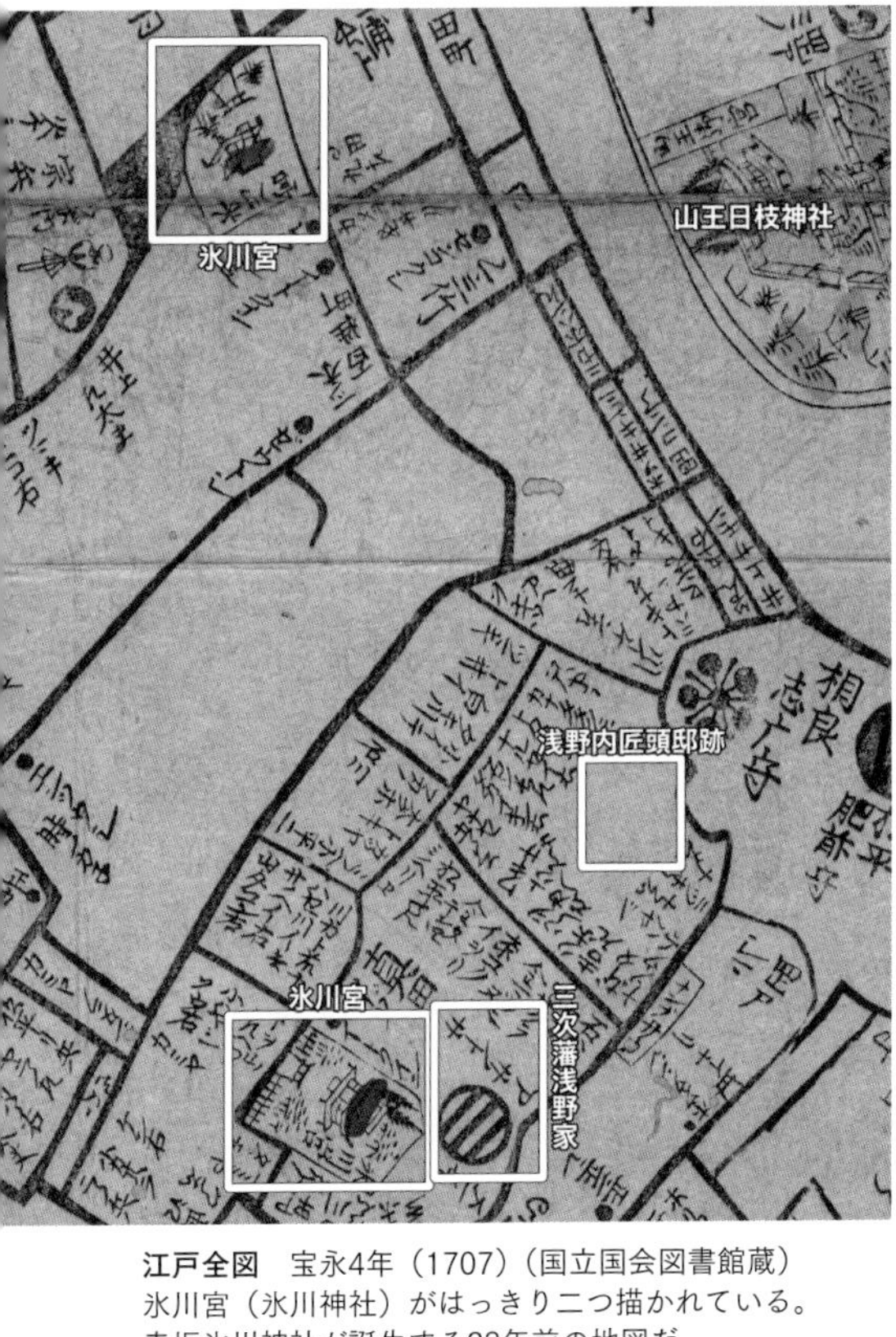

江戸全図　宝永4年（1707）（国立国会図書館蔵）
氷川宮（氷川神社）がはっきり二つ描かれている。
赤坂氷川神社が誕生する23年前の地図だ。

社の場所は「アサノトサ」（つまり浅野土佐守で三次藩浅野家邸）。そしてその裏手にもうひとつ「氷川宮」がある。

ということは、一ッ木村の氷川神社が別の氷川神社の隣にやってきたの？

では二つの氷川明神がどうなったのか、赤坂の氷川神社遷座後の天保《てんぽう》元年（１８３０）の詳細図を見てみよう。

赤地に黒い文字なのでわかりにくいけど、氷川神社はちゃんと今の位置に遷座しているうえに、その裏にもうひとつ氷川明神があるのだ。

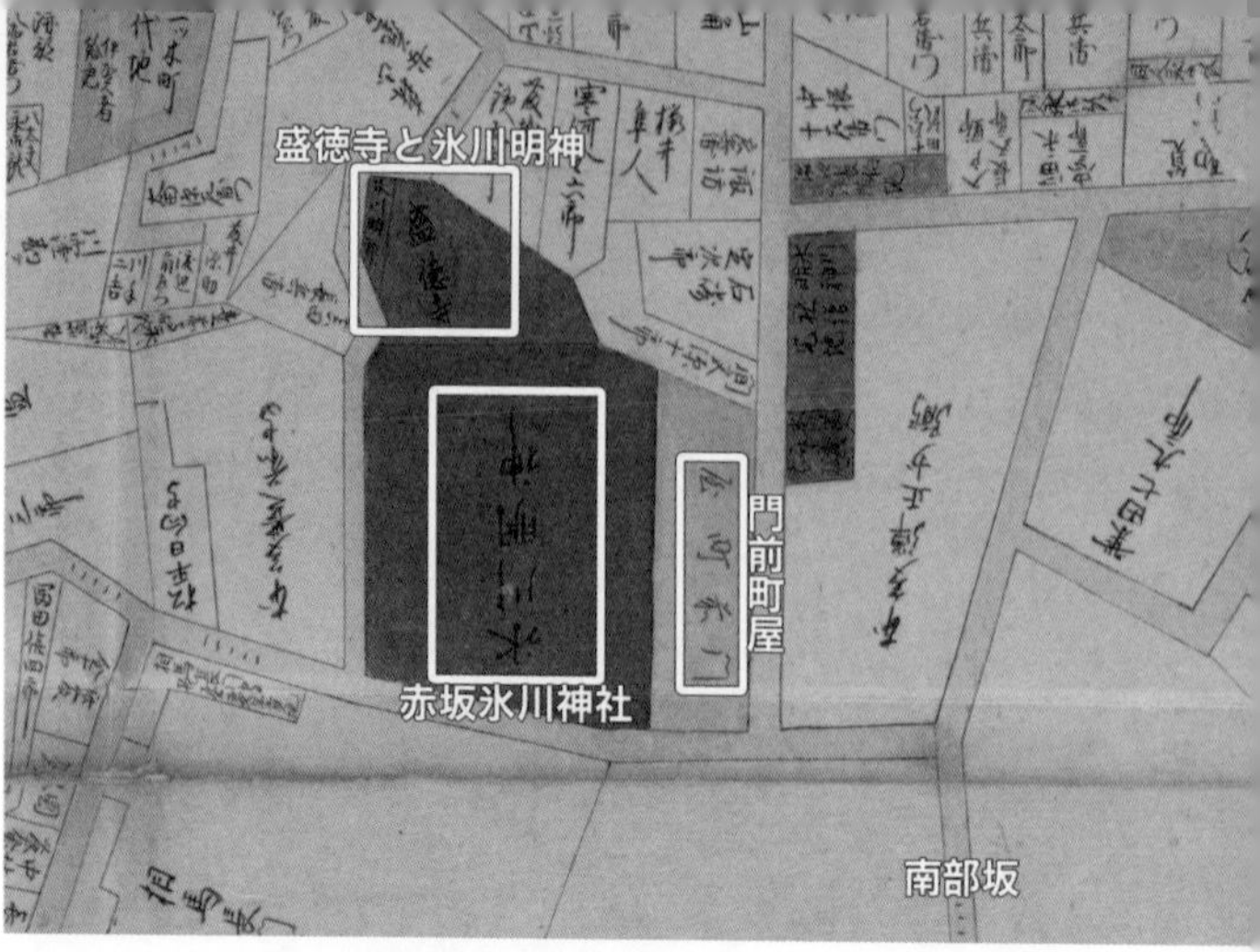

赤坂溜池今井台麻布竜土青山辺一円絵図
天保元年（1830）（国立国会図書館蔵）
赤坂周辺のみを描いた詳細な絵図を見ると、氷川明神の裏にもうひとつ氷川明神が描かれている。同時に存在していたのだ。

❖2つの氷川神社が並んでいた現地へ

ではこのあたりの情報を元に現地へ行ってみよう。①**赤坂見附駅**から国道２４６号を青山方面に歩く。右手奥に豊川稲荷（ここは神社ではなく、茶枳尼《だきに》……正式には豊川茶枳尼眞天を祀る曹洞宗のお寺。明治20年〈１８９７〉にここに遷ってきた）、その奥に赤坂御所が見える。その手前、坂の途中から②**一ッ木通り**がはじまる。

まず地形に注目。赤坂見附あたりの堀は自然河川が作った谷地を利用したもの。だから赤坂見附駅あたりが一番低く、一ッ木通りは坂を少し上った斜面の途中にあるのだ。水害に遭いにくい少し高いところの道沿いというのが古道らしさだ。

その一ッ木通りと大山道の角に赤坂氷川神社の旧地があったのだが、今は何の痕跡もない。江戸時代末期までは氷川神社御旅所《おたびしょ》として使われていたので解説板のひとつくら

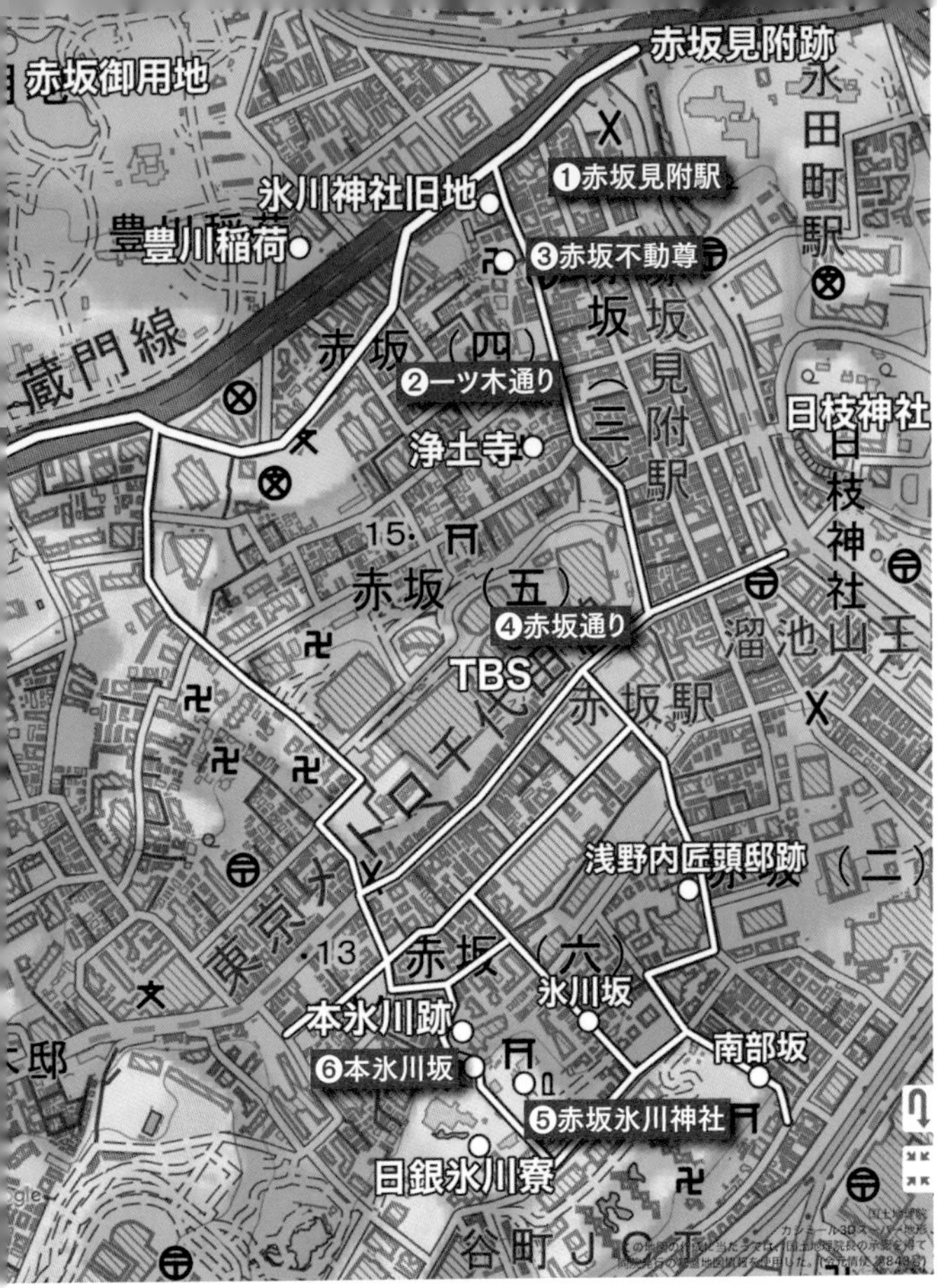

現代の地図に主な古道と関連スポットをプロット
（スーパー地形より）
地形と合わせて見ると興味深いはず。

国道246号から一ツ木通りの入口
この右手のビルあたりが赤坂氷川神社の旧地だ。

いあってもいいと思うのだがどうだろう。

この赤坂見附の谷は、新宿区若葉あたりから流れてくる川の下流で、赤坂御所内を抜けて赤坂見附交差点あたりに抜けており、赤坂川と呼ばれていた。氷川神社旧地は赤坂川が作った谷に面していたのだ。

なぜそこに氷川神社があったのか。

氷川神社といえば総本社は埼玉県さいたま市大宮区の「氷川神社」。氷川神社があるか

さいたま市にある氷川神社の楼門
神池を渡って境内にはいる。

ら大宮だ。だから、氷川神社は関東地方（特に旧武蔵国《むさしのくに》）に集中しており、多くは大宮の氷川神社から勧請している。

氷川の語源は武蔵国 造《むさしのくにのみやつこ》が出雲《いずも》族出身で出雲の「簸伊川《ひいかわ》」だとされることも多いが、氷川神社のＷｅｂサイトには「古語で霊験あらたかな泉を表す氷川」が語源という説も紹介されている。

だが赤坂の氷川神社の由緒に大宮の氷川神社は出てこないのである。

江戸時代前期に書かれた『江戸名所記』によると、天暦年間（９４７〜９５７年）に東国修行のついでにこのあたりで一夜を明かした上人がおり、地中から十一面観音を掘り出して安置したのがはじまり。このときはまだ氷川神社じゃなかったのだ。その後、平安時代末期の治暦《じりゃく》2年（１０６６）、日照りで苦しんでいる際、この社に雨を祈ったらたちまちに雨が降って周りを潤し、「雨をくだして川をなし、万民を助けたもう。故にすなわち神とあがめ、氷川の明神と名づけたてまつる」という。

この赤坂氷川神社の旧地、往古は赤坂川が作った急斜面で水が湧いていたのではないかと思う。古語で「霊験あらたかな泉を表す氷川」が語源なのかもしれない。

そしてなぜそういう場所にあった氷川神社を徳川吉宗が現在地に遷したか。

徳川吉宗は紀伊《きい》徳川家の出で、今の赤坂御所一帯は紀伊徳川家の中屋敷。吉宗の長男はここで産まれ、その産土神が一ツ木村の氷川神社だったのだ。ちょうどその頃、三次浅野家が跡継ぎがいないために絶家となりその広大な敷地が空いており、より広い場所へ立派な社殿を建てたいということだったのかと思う。

一ツ木通りを**赤坂氷川神社**に向かって歩く。右手（つまり斜面の高台側）には、**③赤坂不動尊**（威徳寺）や浄土寺など、江戸絵図にも載っているお寺がいくつか残っている。

2016年に建て替えられた赤坂不動尊
モダンなお寺になった。

一ツ木通りは古道らしくナチュラルにカーブしつつ④**赤坂通り**へ。このあたり、少し低くなっており、赤坂通りを越えるとまた上り坂となる。細かい谷地がある地形なのだ。赤坂氷川公園前を過ぎると右手に特別養護老人ホームサン・サン赤坂がある。ここは旧氷川小学校跡地にして勝海舟《かつかいしゅう》邸跡とあるが、実は浅野内匠頭邸跡でもあった。

ここからちょっと何度か曲がるが坂を上っていくと南部坂上。左手に米国大使館宿舎の塀を見つつ歩くと右手に⑤**赤坂氷川神社**が現れる。南側に大きな鳥居があってそこが表参道なのだが、実は『江戸名所図会』を見るとそこに参道はない。赤坂氷川神社の東側に「氷川坂」があり、その坂の途中に門前町があり、表参道があったのだ。

この参道から入ると鬱蒼《うっそう》とした斜面の左手に侘《わ》びた庭園、右手に多くの摂《せっ》社《しゃ》（多くは稲荷神社で、近隣の屋敷神を含む稲荷が遷されている）があり、階段を上ると境内。参道を右に直角に曲がると社殿があるという構造なのである。

簡単に言えば、赤坂氷川神社は台地

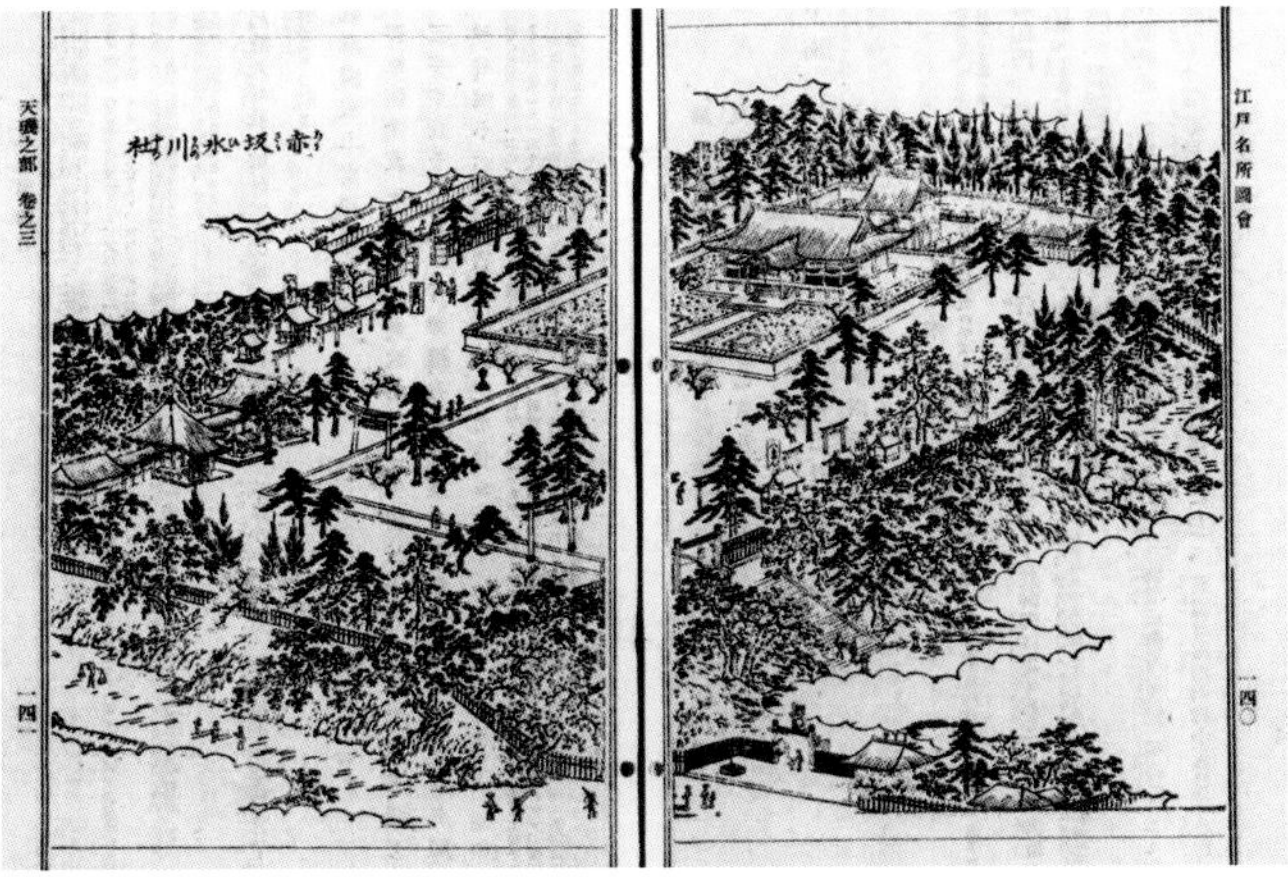

『江戸名所図会』に描かれた赤坂氷川神社（国立国会図書館蔵）
参道が直角に曲がっているのがわかる。今の東参道だ。

赤坂氷川神社の東参道（もともとの表参道）
鳥居を抜けて階段を上ると境内。

東参道から入ると階段の下や斜面にいくつもの摂社がある。

の端に作られており、階段を上って参拝する構造なのである。

　そして江戸時代の社殿が出迎えてくれる。境内でタイムスリップ感を味わうには東の参道から参るべし。

　さて、思い出そう。この裏手にあった氷川神社はどうなったか、どこにあったのか。

　現地へ行くと「隣接していたわけじゃない」というのがわかる。

　赤坂氷川神社の東側にあるのが氷川坂。西側にもうひとつ坂があり、こちらは「**⑥本《もと》氷《ひ》川坂《かわざか》**」と呼ばれている。そこで氷川神社の西から出て折り曲げられた急坂を下りると右手にマンションと氷川神社裏手の崖が見える。

　実はそこに盛徳寺という寺院があり、寺の中に氷川神社があったのだ。平面上では赤坂氷川神社の裏手だが、3次元的には崖の上と下で

赤坂氷川神社の楼門
築地塀に囲まれた中に社殿がある。

別の場所だったのである。

崖上に赤坂氷川神社ができたため、坂下の氷川神社は「本氷川神社」と呼ばれていた。

その本氷川神社は明治16年にとうとう赤坂氷川神社に合祀され（だから今はひとつの氷川だ）、盛徳寺は昭和47年（1972）に相模原《さがみはら》に移転。その名残は坂の名にのみ残ったのである。

赤坂氷川神社という江戸を代表する氷川神社の由緒や変遷を当時の文献や絵図で追っただけで長くなってしまったが、深掘りすると止まらなくなるのである。

本氷川坂
この左手に氷川神社があった。奥に見える森は赤坂氷川神社。高台の氷川と崖下の氷川である。

金王八幡宮

御嶽神社

品川駅創業記念碑

第2章

「目黒筋御場絵図」で江戸の西郊を歩く

東急世田谷線

飯田塚古墳の名残

本章で扱う

江戸近郊を一望できる目黒筋御場絵図とは

江戸から南西方面を渋谷あたりから、品川や世田谷へと足を延ばす

東京には大小含めて無数の歴史の痕跡が眠っている。意図して残された遺構もあれば、地元の人しか知らないような小さな史跡もある。

そういった「点」で残された史跡や伝承を道でつないでいくと「線」になり、線をつないでいくと面になる。そうなると歴史はがぜん面白くなり、どこを歩いても楽しめるようになるのだ。すべての散歩が歴史散歩という感じに。

その手がかりになるのが地図。問題はどうやって地図に当たるかだ。

ありがたいのがIT化。国立国会図書館や国立公文書館、あるいは各自治体などが所蔵する地図をデジタル化してインターネット上で公開してくれているのだ。特に国立国会図書館デジタルコレクションは地図を高解像度でデジタル化してくれているおかげでディテールまで確認し、小さな地名まで（当時のくずし字を判読できるかは別にして）読み取れる。ありがたくてしょうがないのである。専門の研究者じゃなくても、市井の歴史好きにも門戸は開かれているのだ。

本書もそういうデジタルデータに頼っているわけだが、そういう詳細な地図が残って

いるのは「江戸」だから。参勤交代で全国の大名がやってきて江戸に長く滞在しなければならないため、地図のニーズが高かったのだろう。

でも、杉並区に6年、世田谷区に20年以上住んでいる古地図好きとしてはなじみのある場所の古地図も見たいではないか。確かに杉並や世田谷なんて「江戸」から外れた郊外の農村にすぎないのだが、だからといって諦めるのももったいない。

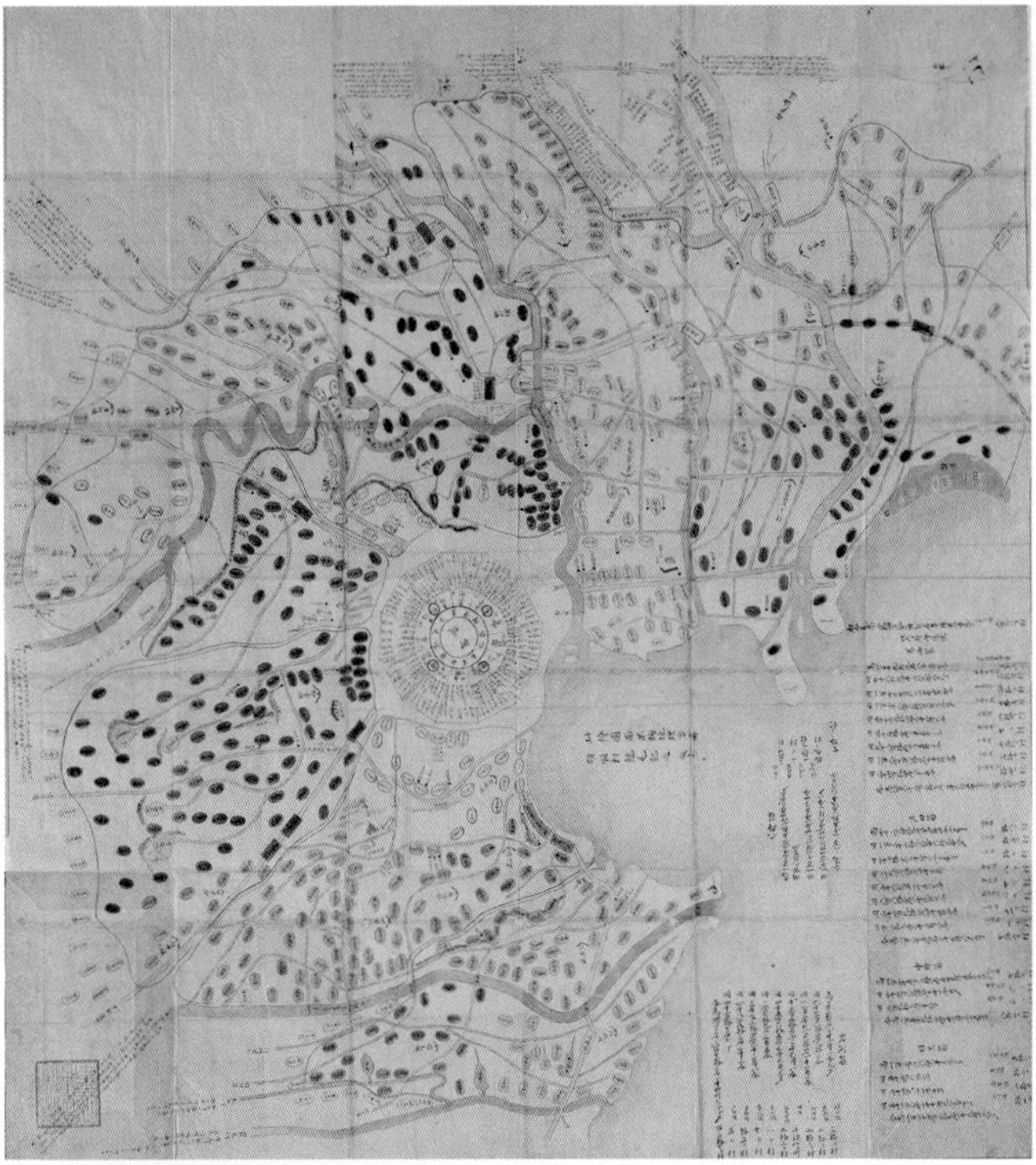

江戸近郊御場絵図
文化2年（1805）（国立公文書館蔵）
将軍家の鷹場を示した絵図というがそれ以上に江戸のみならず、その近郊の様子が描かれているのが魅力的。

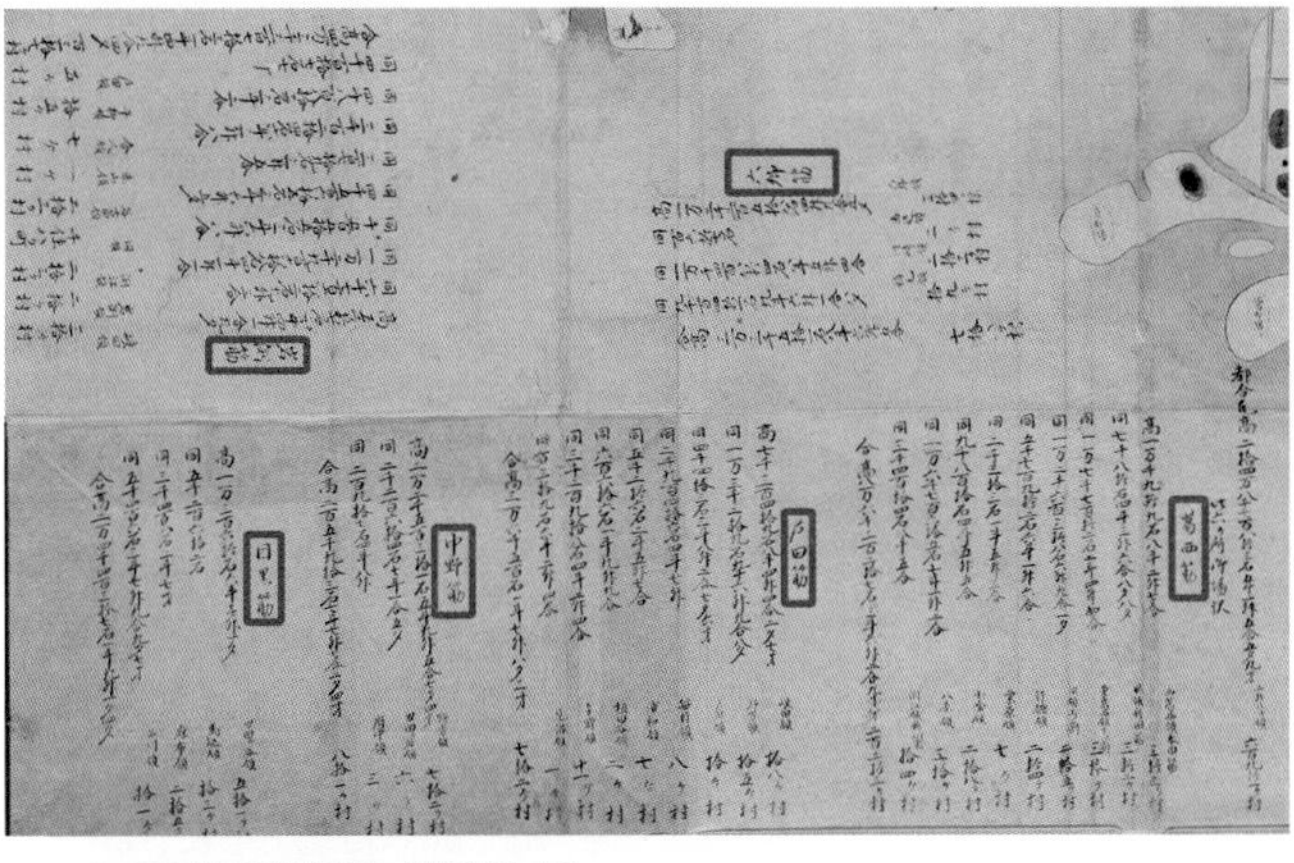

江戸近郊御場絵図（部分拡大）
文化2年（1805）（国立公文書館蔵）
目黒筋、中野筋、岩淵筋、六郷筋、葛西筋、戸田筋の6つのエリアとその内訳が書いてあるようだ。

目黒筋御場絵図
文化2年（1805）（国立公文書館蔵）
大ざっぱに描かれているようだが、意外に道や水路は細かく、寺社と道を丹念に追えばなんとなく当時の様子が見えてくる。江戸近郊をまとめて描いた地図として非常に貴重で魅力的だ。
（北が上となる形で表示）

そんな「今は23区だけど当時は江戸郊外」だったエリアの江戸時代の地図はないかと探してみると、国立公文書館デジタルアーカイブで面白い地図を見つけたのだ。文化《ぶんか》2年（1805）に作られた江戸近郊御場絵図《ごじょうえず》である。

幕府の御鷹場《おたかば》を描いた地図で、江戸を中心に6つの筋（目黒筋、中野筋、岩淵筋、六《ろく》郷《ごう》筋、葛西《かさい》筋、戸田筋）がひとつに描かれている。範囲はおおむね今の東京23区＋埼玉県南部およびその近傍という感じで、実に現代の東京のイメージに近いではないか。

ただ、この範囲を1枚に納めた絵図なので、集落ごとの道のつながりを示す程度で、そのままでは大ざっぱすぎる。もう少しディテールまで描いたものが欲しい。

探してみると御場絵図の6つの筋から、「目黒筋」と「葛西筋」の詳細な絵図もデジタルアーカイブされていたのである。

これが実によい。各集落名のみならず、主な道や寺社、川筋がはっきりとカラフルに描かれているのだ。

ある程度知っている場所で、明治期の地図などもうまく組み合わせれば道の特定もできそうだ。

エリアは六本木あたりから南西方面。東は海岸沿いに鮫洲《さめず》のちょっと南や大井まで。その先は六郷筋になる。南西は多摩川。西は今の狛江《こまえ》市。北は甲州街道の少し南あたりになる。今の港区・渋谷区からはじまり、目黒区・世田谷区・品川区・大田区（の一部）と狛江市が収録エリアだ。

そこで、第2章では「目黒筋御場絵図《めぐろすじごじょうえず》」をメインに江戸から南西方面へ目を向けてみたいと思う。

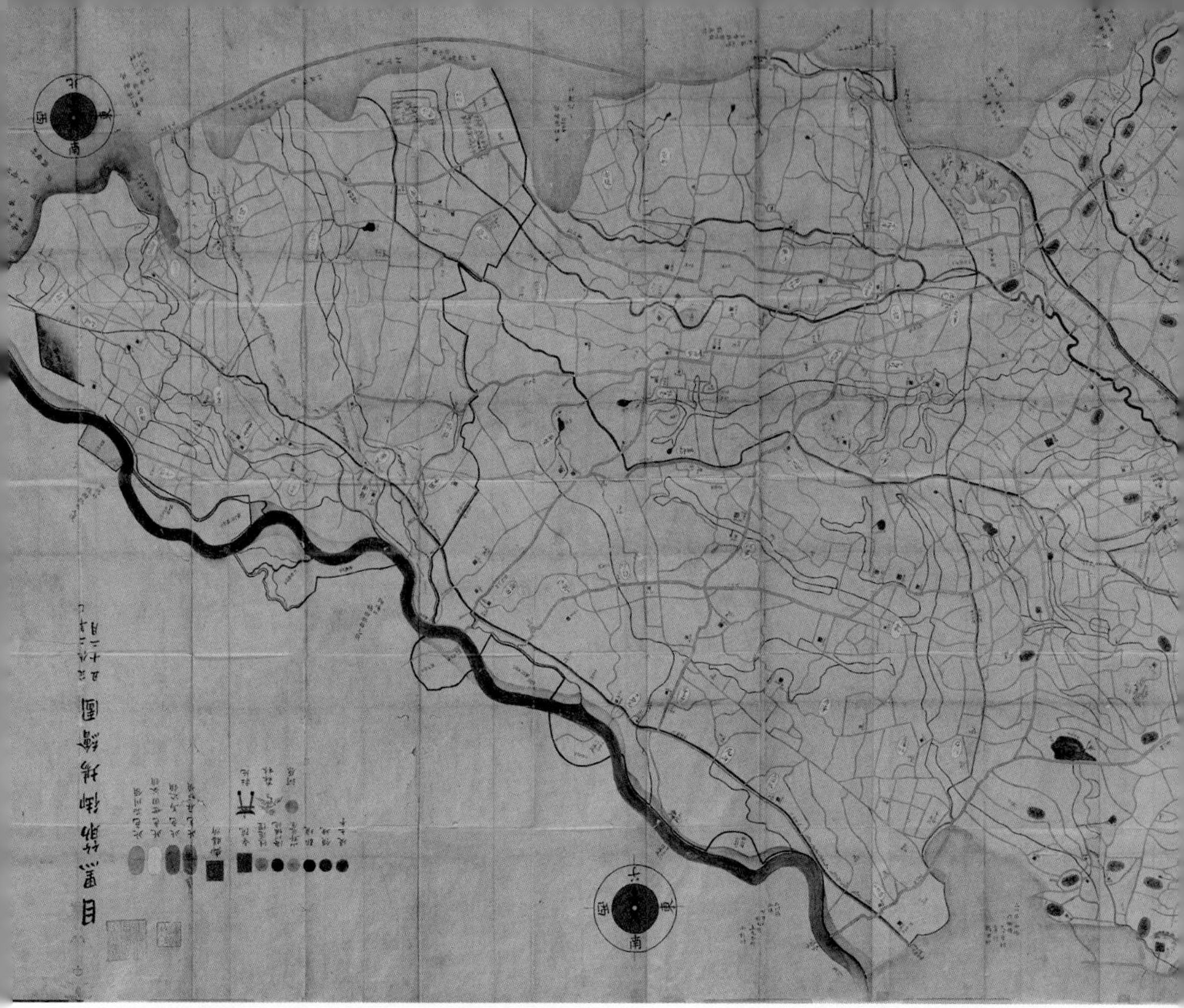

まずは寛文江戸外絵図とかぶる渋谷あたりからはじめ、品川や世田谷へと足を延ばしてみたい。

残念なのは目黒筋と葛西筋以外の御場絵図が見つからなかったこと。どこかにあるのか、作られなかったのか、残存していないのかは知らないけれども、もし知っている方がいらっしゃれば教えていただきたいと思う。特に中野筋御場絵図があるなら見てみたいと思うのである。

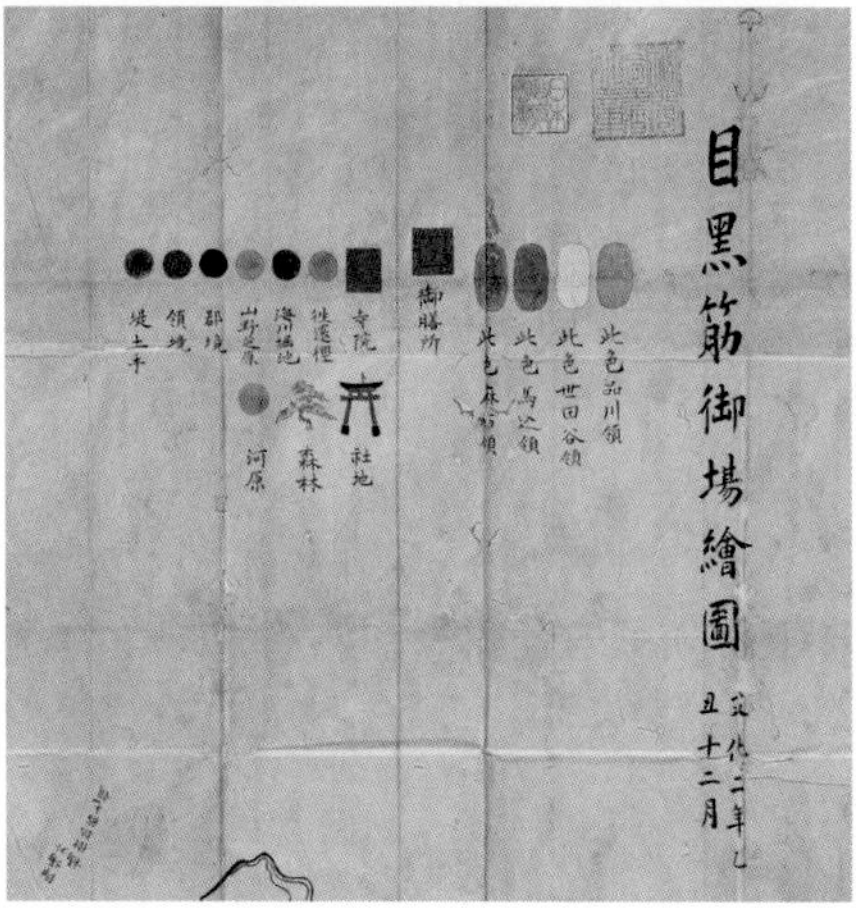

目黒筋御場絵図（部分拡大）
文化2年（1805）（国立公文書館蔵）
今でいう「凡例」。寺社や森林、往還（道）、川や池、郡境などが色分けされていてわかりやすい。

貫く2本の古道、鎌倉街道・大山道と渋谷城址

渋谷の驚くべき歴史の古さと、地形と道の複雑さを江戸の古地図で巡り解いてゆく

謎解きルート

❶渋谷駅前スクランブル交差点➡❷道玄坂➡❸宮益坂➡❹御嶽神社➡❺稲荷橋➡❻並木橋➡❼八幡通り➡❽金王八幡宮➡❾渋谷氷川神社

❖渋谷のややこしさ

渋谷は江戸の内（御府内《ごふない》）かその外か。江戸絵図を見ると、渋谷がなんとか滑り込んでいるものが多い。

文政《ぶんせい》元年（1818）、江戸はいったいどこまでが江戸なのかはっきりしてくれといわれた幕府は公式に御府内……つまり江戸の範囲を示す地図を作成した。江戸の範囲を朱色の墨で描いたので**朱引図《しゅびきず》**という。その地図には同時に黒色で描いた「墨引」もあり、朱引（御府内）が寺社奉行、墨引が町奉行の支配エリア。それで見ると、渋谷は御府内といってよさそうだ。

渋谷氷川神社には土俵がある。例祭の日の奉納相撲は大人気で、江戸郊外三大相撲と呼ばれたという（ちなみに残り二つは世田谷八幡宮と大井鹿島神社）。「江戸郊外」ってことは、江戸っ子にとって渋谷は「郊外扱い」だったのだなとも思う。

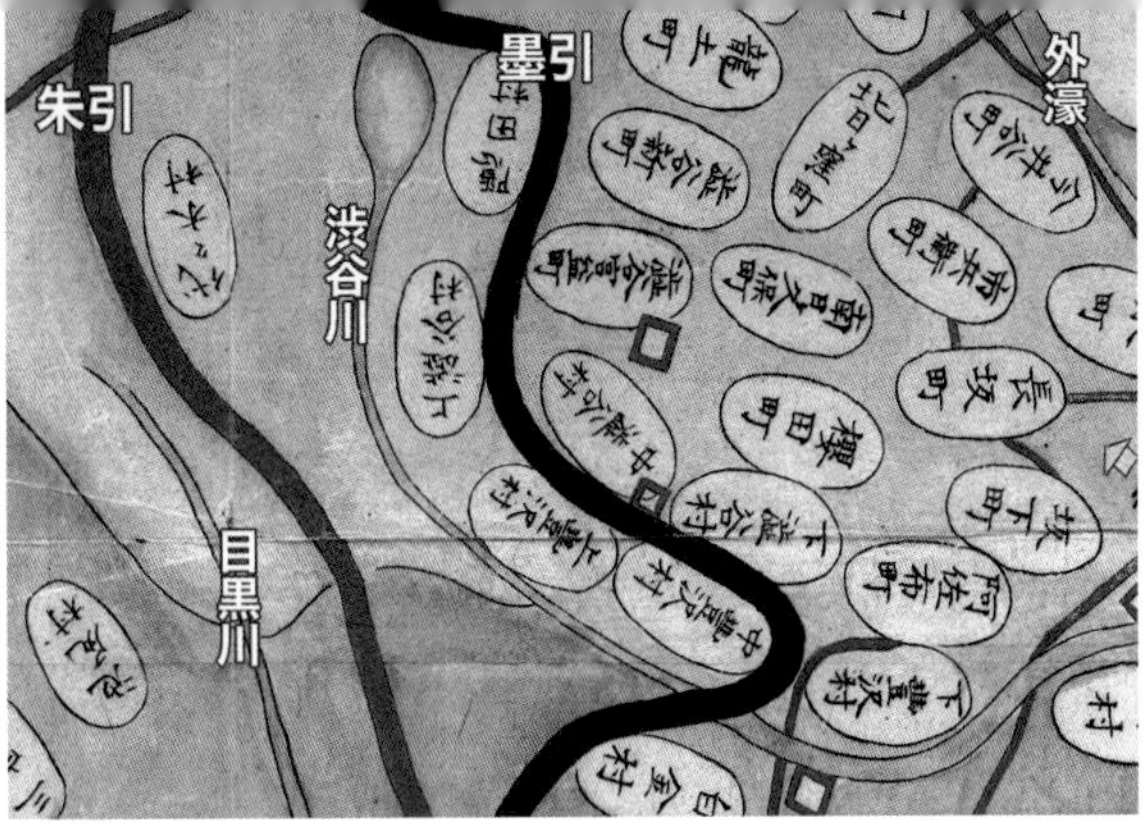

渋谷は朱引の内でギリギリ御府内

旧江戸朱引内図
文政元年（1818）（東京都公文書館蔵）

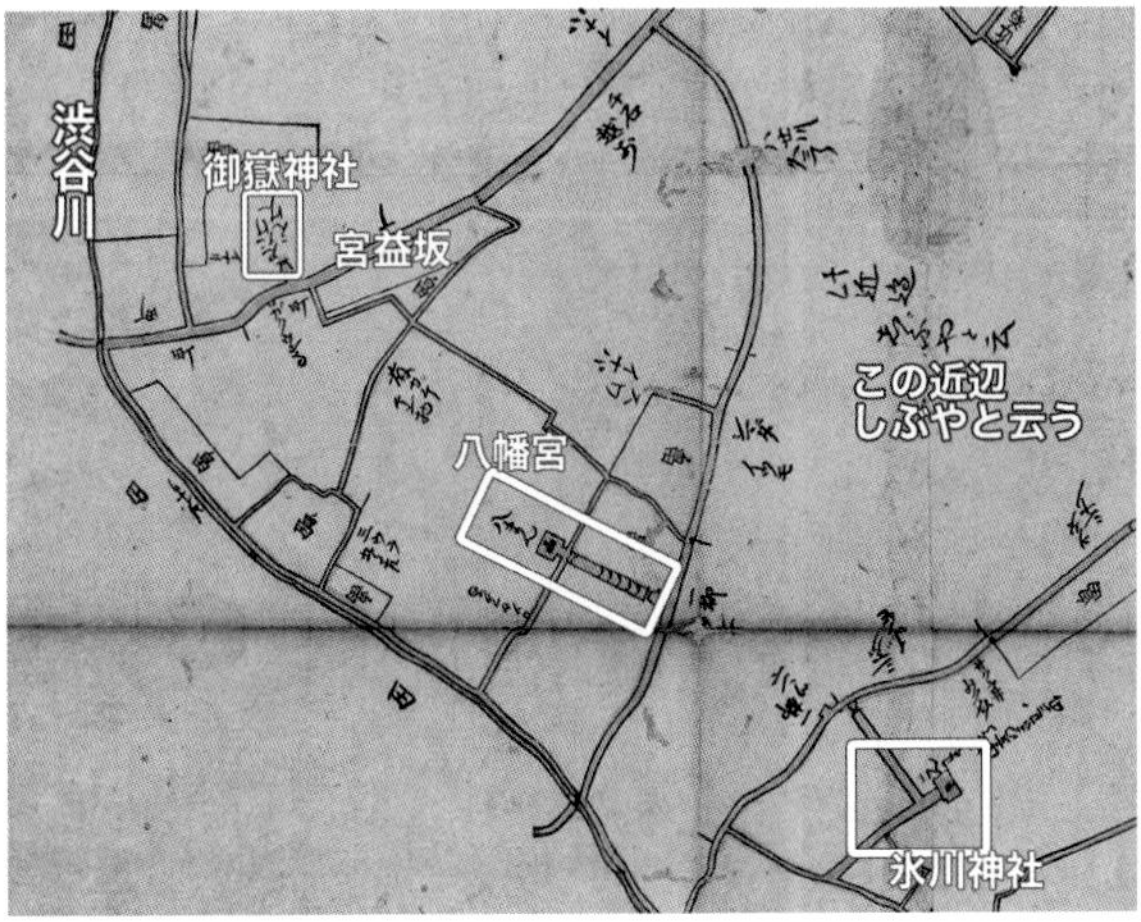

寛文江戸外絵図
寛文11年（1671）（国立国会図書館蔵）
江戸時代前期の渋谷。御嶽神社、金王八幡宮、氷川神社の３つの神社と川沿いの稲荷がしっかり描かれている。現代につながる地図だ。

寛文江戸外絵図を見ると、渋谷川が西の境界となっている。まさにギリギリ江戸扱いしてもらえたってところか。

渋谷はややこしい。だからこそ猥雑《わいざつ》で面白いのだ。

まず歴史が古い。中世には鎌倉街道……つまり北関東と鎌倉を結ぶ街道が通り、渋谷城があり、渋谷氏がいて、源頼朝が鎌倉から桜を持ってきて植えた伝承もある。江戸時代になると大山道を中心に、宮益坂に店が並び、金王八幡宮《こんのうはちまんぐう》の金王桜や、氷川神社の奉納相撲で郊外の町として賑《にぎ》わう。明治以降は鉄道が通り、歓楽街ができ、若者の街となり、高層ビルが立ち、いまだに変《へん》貌《ぼう》の途中だ。

続いて平面的に複雑だ。東西南北に沿った碁盤目状の道がない。まったくない。ほとんどの道が微妙にカーブし、よほどの方向感覚を持った人じゃないと迷う。元々の道を維持しつつ、無秩序に道路が継ぎ足され枝分かれして、複雑化したからだ。

三つ目は地形。渋谷が平面的にややこしいのは地形のせいもある。渋谷川が作った谷地に宇田川が作った谷や鶯谷《うぐいすだに》が加わり、渋谷川の谷地に渋谷駅があり、東の台地から飛び出てきた東京メトロ銀座線は3階に、逆に円山《まるやま》町《ちょう》の台地から飛び出てきた京王井の頭線は2階に突き刺さるという具合だ。そんな高低差がある谷地を覆い隠すかのように高層ビルができ、かつて「渋谷で迷ったらとりあえず坂を下れば駅に出られる」と言われたものだが、今は「一番高いビルを目指せば駅に出る」であり、地形が複雑なのにそれが見えづらくなっている。

❖鎌倉街道と渋谷城と渋谷川

まず古地図と現代地図で位置を確認したい。古地図は**目黒筋御場絵図**と**弘化《こうか》改正御江戸大絵図**だ。

キーになるのは**大山道**。**①渋谷駅前スクランブル交差点**の東西の道だ。江戸時代は大山道（正式には矢倉沢往還）として知られていた。丹沢にある大山阿夫利《おおやまあふり》神社や大山不動尊への参詣道として使われた道で、江戸時代の地図にもはっきりと太く描かれている。

この交差点を西に向かい、SHIBUYA109の左手の坂を上る。**②道玄坂**だ。大《おお》和田道玄《わだどうげん》という山賊がこの坂の窟《いわや》に隠れて旅人から金品を奪っていたのが語源といわれている。大和田道玄は鎌倉幕府の重鎮であった和田義盛《わだよしもり》の一族で、和田一族滅亡の際その残党がこちらに隠れ住んだと『江戸名所図会』にある。あるいは、道玄庵という庵《いおり》があったからとも。

真偽はさておき、道玄坂は西に向かって上る鬱蒼《うっそう》とした坂で日が傾くと早くから暗くなるため、山賊でも出そうな（あるいは本当にいたか）物騒な雰囲気だったのだろう。

弘化改正御江戸大絵図だと道玄坂の北側に町屋がある。大山詣での道として賑わいは

渋谷川が削った谷とその支流を中心に構成された渋谷
（スーパー地形より）
複雑な地形ゆえに東西南北に沿った直線道路が皆無というややこしさを生んでいる。

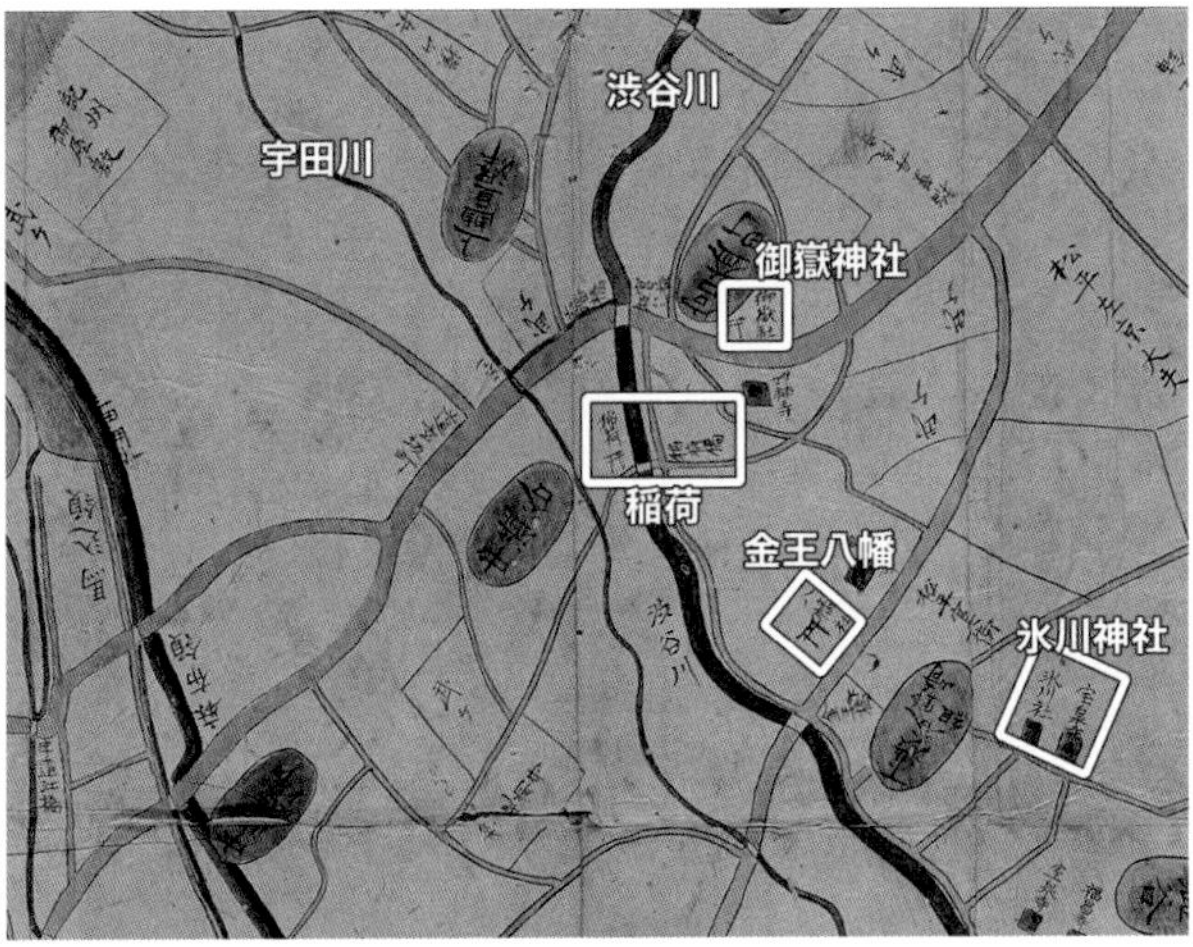

目黒筋御場絵図
文化2年（1805）
（国立公文書館蔵）
3つの神社と稲荷が描かれ、街道が太く書かれているので今の地図と比べやすい。渋谷川と宇田川といった川や橋もしっかり描かれており、実用性が高い地図だったと思う。

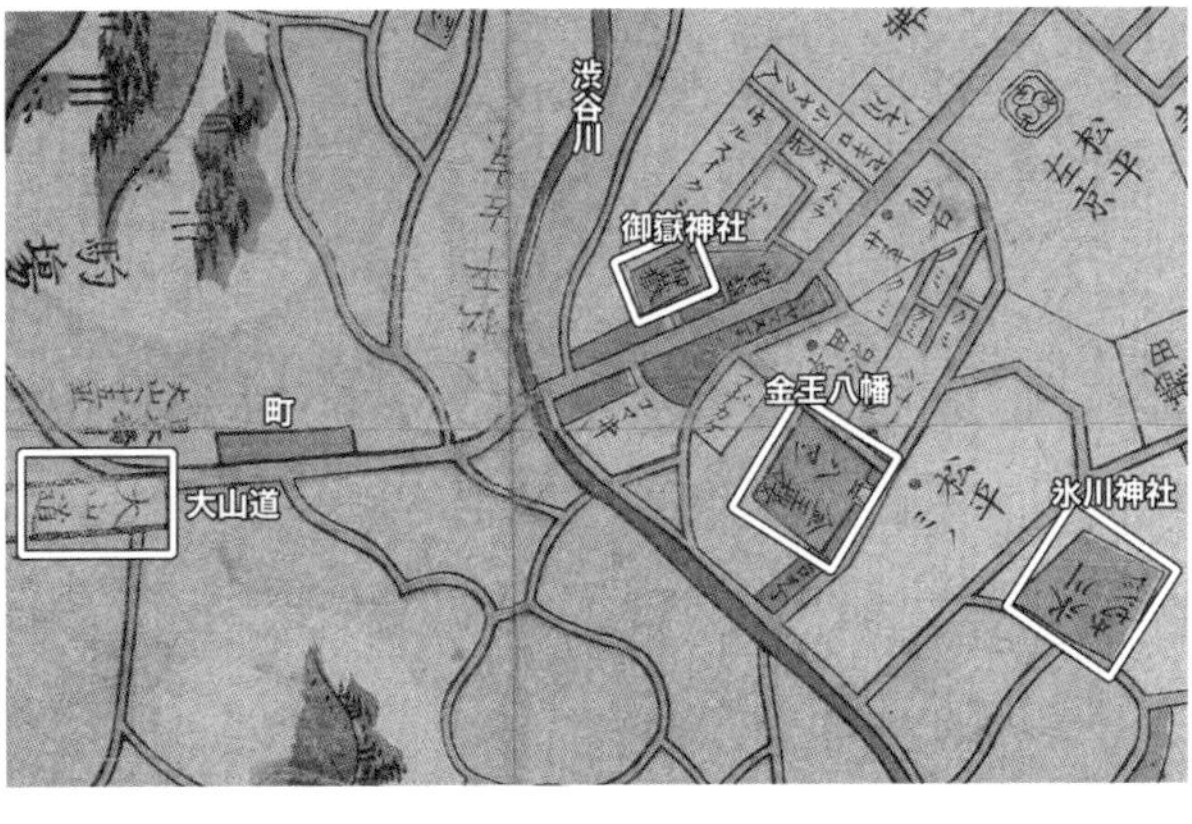

弘化改正御江戸大絵図
弘化4年（1847）
（国立国会図書館蔵）
江戸時代後期の渋谷。金王八幡に「金王櫻」と書かれている点に注目。江戸時代、ここの桜は有名だった。宮益坂と金王八幡の前に町屋ができて賑わっていたこと、道玄坂も片側だけ町がある。松平左京邸が今の青山学院大学だ。

渋谷の地下を流れている渋谷川
渋谷駅東口地下広場の天井に不自然なでっぱりがある。その中が渋谷川だ。

じめたのだろう。

道玄坂上の交差点でこの道は二手に分かれる。今はそこに道玄坂の碑がある。まっすぐ進むのが大山道で、国道246号に合流し、三軒茶屋に向かう。右手に分かれる細い道は江戸時代は**滝坂道**（調布の滝坂で甲州街道に合流するため）、あるいは甲州中出道と呼ばれていた。甲州街道が整備される前には府中と江戸を結んでいた古道だ。

駅前のスクランブル交差点へ戻り、ハチ公をチラ見してＪＲの高架をくぐるとそこは渋谷の谷の谷底。渋谷川が地下を流れている。もはや法的には川ではなく下水であり、地下のコンクリートの囲いの中を流れている下水道だ。駅の地下広場に入ると、水は見えないし、何の案内もないのだが、明らかに渋谷川と思われるコンクリートのでっぱりが頭上にあるので探してみてほしい。

渋谷川を渡る橋、目黒筋御場絵図には「宮益板橋」とある。宮益坂下の交差点を抜けると上り坂になる。それが**③宮益坂**《みやますざか》だ。弘化改正御江戸大絵図や江戸切絵図を見ると坂の両側が町になっており、富士山も見えるし（もちろん今見えるのは真新しい高層ビルだけだが）大山道を行き交う人で賑わったのだろう。

坂の途中には**④御嶽**《みたけ》**神社**がある。これが宮益の「宮」だ。戦国時代創建という古い神社で今は隣接するビルと一体化し、階段を上ったところに社殿と**宮益不動尊**がある。御《み》岳山《たけさん》にある武蔵御嶽《むさしみたけ》神社を勧請《かんじょう》したものだろう。御嶽神社の眷属《けんぞく》である狼の像がある。

❖鎌倉街道と渋谷城址が現存？

大山道が渋谷駅の北の端だ。逆に南の端は現国道246号である。目黒筋御場絵図を

ビルの隙間にある御嶽神社への参道
階段の上に社殿がある。

国道246号の向こうにかろうじて残っている稲荷橋
その奥は「渋谷ストリーム」で、渋谷川はそこから開渠になる。

見るとちょうどその位置に稲荷橋と稲荷がある。渋谷駅の南、駅の真ん前に稲荷があったのだ。この稲荷は古くから有名だったようで、寛文《かんぶん》江戸外絵図にも稲荷だけがぽつんと書かれている。

実はこの⑤**稲荷橋**、現存するのである。渋谷駅の南、最近再開発で「渋谷ストリーム」というモダンな名前になった渋谷川沿いエリアの北の端に橋が残されているのだ。渋谷ストリームのエントランス部分も稲荷橋広場と呼ばれている。

ここにあった稲荷は田中稲荷といい、堀の外稲荷とも呼ばれていた。渋谷川が渋谷城の堀として機能していたからだ。

田中稲荷は国道２４６号の敷地にかぶったため、道玄坂途中にあった豊澤稲荷を合祀《ごうし》し、昭和36年（１９６１）に豊栄《とよさか》稲荷として金王八幡宮の隣に遷座し、生き延びている。

稲荷橋から渋谷川に沿って渋谷ストリームを南下する。かつて東急東横線の高架が通っていた土地で、東横線の地下化に伴って整備された。

しばらく歩くと、⑥**並木橋**にあたる。目黒筋御場絵図に「金王下橋」とある橋だ。狭くて小さな橋だが（今は高架でＪＲ線路を越えるべく新しい大きな橋が主になっている）、実はここ、**鎌倉街道**である。鎌倉からやってき

豊栄稲荷
２つの稲荷がひとつになったほか、近隣の庚申塔も集められているちょっとしたスポットだ。金王八幡宮の隣にある。

た道は**二子《ふたこ》の渡し**（今の二子玉川）か丸子の渡しで多摩川を越え、中目黒を抜けて急斜面を上り、代官山からここに辿《たど》り着いていたと考えられる。

明治通りを渡ると**⑦八幡通り**の1本左にある細い道に入る。こちらが旧道だ。標高差はあまりなくても急な斜面は斜めに入ったりわざと曲げることで斜度を落とし、行き来

並木橋
橋を渡って振り返ると、鎌倉道の解説板がある。

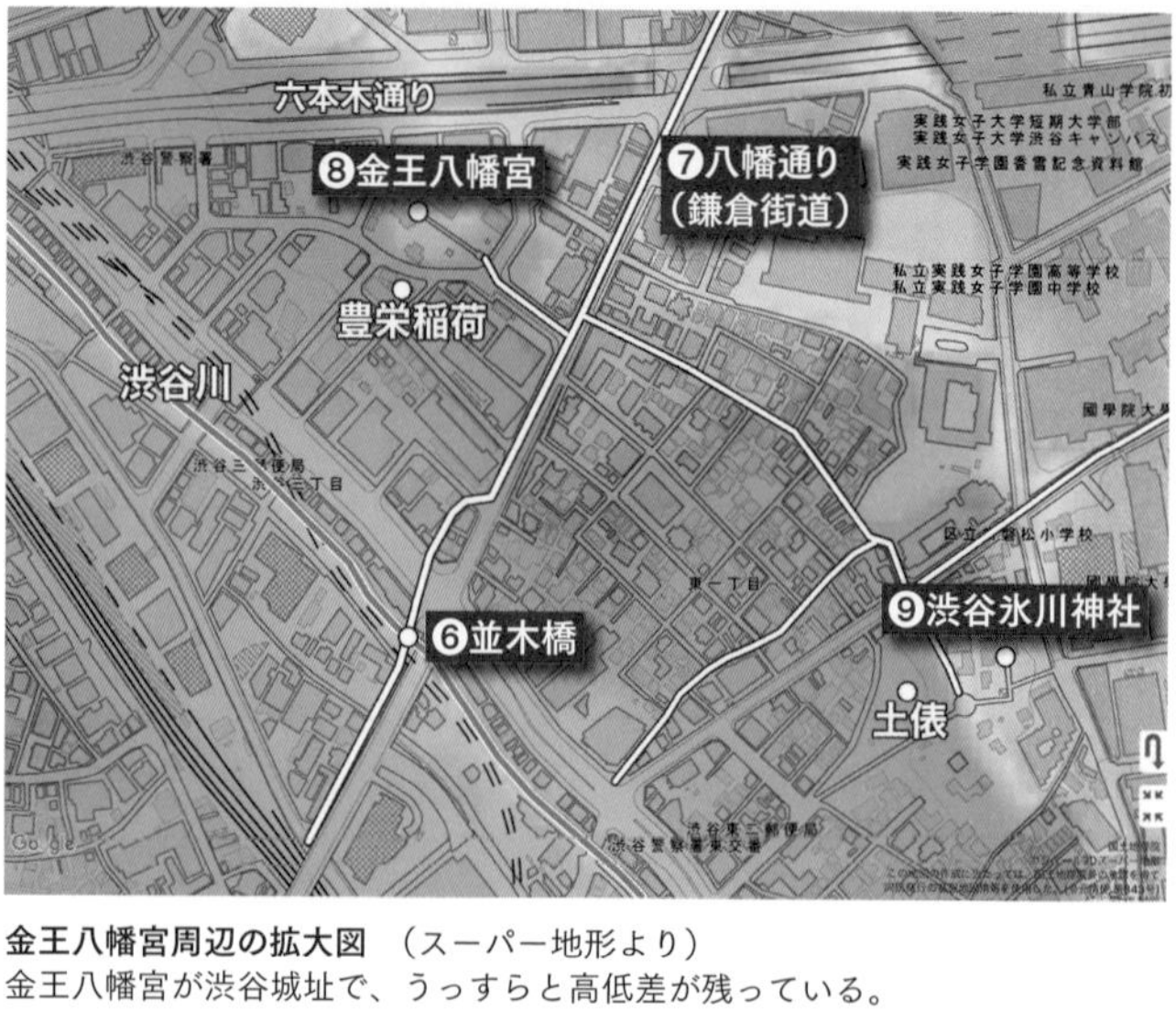

金王八幡宮周辺の拡大図　（スーパー地形より）
金王八幡宮が渋谷城址で、うっすらと高低差が残っている。

しやすくするのが普通だった。ここもおそらくその名残だろう。

その細い道からＷＩＮＳ渋谷前で八幡通りに合流、坂を上るとやがて左手に**⑧金王八幡宮**の鳥居が見える。

鳥居から少し坂を下り、その終点から階段を上ると金王八幡宮（**渋谷城址**）だ。この少し坂を下るのがみそ。ここ、「黒鍬谷《くろくわだに》」という小さな谷があり、渋谷城の堀として使われていたのである。

金王八幡宮は周りより少し高くなっており、中世の城址といわれても納得の場所だ。

金王神社前の交差点に一の鳥居がある。

金王八幡宮の社殿
社殿の奥に森があり、その奥に高層ビルという構成が東京っぽい。金王桜は社殿の右手前に植わっている。

渋谷に新しくできた「渋谷スクランブルスクエア」の屋上「渋谷スカイ」から見下ろした金王八幡宮。鳥居も小さく見える。ビルに囲まれた鎮守の森だ。

その隣には田中稲荷が遷座した豊栄稲荷がある。

金王八幡宮の「金王」は平安時代末期の「渋谷金王丸《しぶやこんのうまる》」伝承がもと。源氏に仕えて戦い、源頼朝がそれを讃《たた》えて鎌倉から桜の樹を植樹したという「金王桜」が有名で、弘化改正御江戸大絵図にもわざわざ「金王櫻」と書いてある。この桜、今でも何代目かが残っているが、ソメイヨシノより早く咲くので花見をしたい人は早めに行くとよい。桜の季節になると近隣の社会人がお弁当を食べたりちょっとした花見をするシーンに出会える。

金王八幡宮によると、平安時代後期の後三年《ごさんねん》の役《えき》に参加した平武綱《たいらのたけつな》（秩父系平氏）の活躍により、源義家が勧請したという。のち、渋谷姓を賜った重家が八幡宮を中心に渋谷城を構えたという。

その渋谷城も大永《だいえい》４年（１５２４）、江戸城を攻めた小田原北条軍の別働隊により落城。境内には「渋谷城砦の石」が置かれているが、当時のこのあたりの城で石垣は使われないし、見たところそこまで古い石には見えないのでちょっと謎である。

ここは宝物殿が必見。渋谷城の模型や鎌倉時代の神輿《しんよ》、江戸時代の算額《さんがく》などが展示されている。

❖奉納相撲が行われた渋谷氷川神社

金王八幡宮の一の鳥居に戻り、八幡通りを渡って東へ道なりに進むと、やがて氷川神社の側面に出る。この⑨**渋谷氷川神社**は21世紀になってなお渋谷という土地に、４０００坪という広大な敷地を持つ古社。斜面の上に社殿があり、長い階段の下には参道脇に相撲場が作られている。ここは江戸郊外三大相撲のひとつ「金王相撲」が行われていた

渋谷氷川神社の社殿
昭和13年（1938）にこちらに作られた。その前はこの右手に社殿があり、旧地の碑が立っている。

場所。『江戸名所図会』に描かれた「氷川明神社」の絵とほぼ同じ場所だ。金王の名を冠しながら金王八幡ではなく氷川神社で開催されたことからも、江戸時代、渋谷は金王の名で知られていたのだなということが想像できる。

氷川神社によると日本武尊《やまとたけるのみこと》が東征の際、素戔嗚尊《すさのおのみこと》を勧請したそうだが、まあそれは伝承として、平安時代に慈覚大師《じかくだいし》（円仁《えんにん》）が別当である宝泉寺を開基《かいき》したというので、その頃かもしれない。『江戸名所図会』には源頼朝勧請という伝承も書かれている。

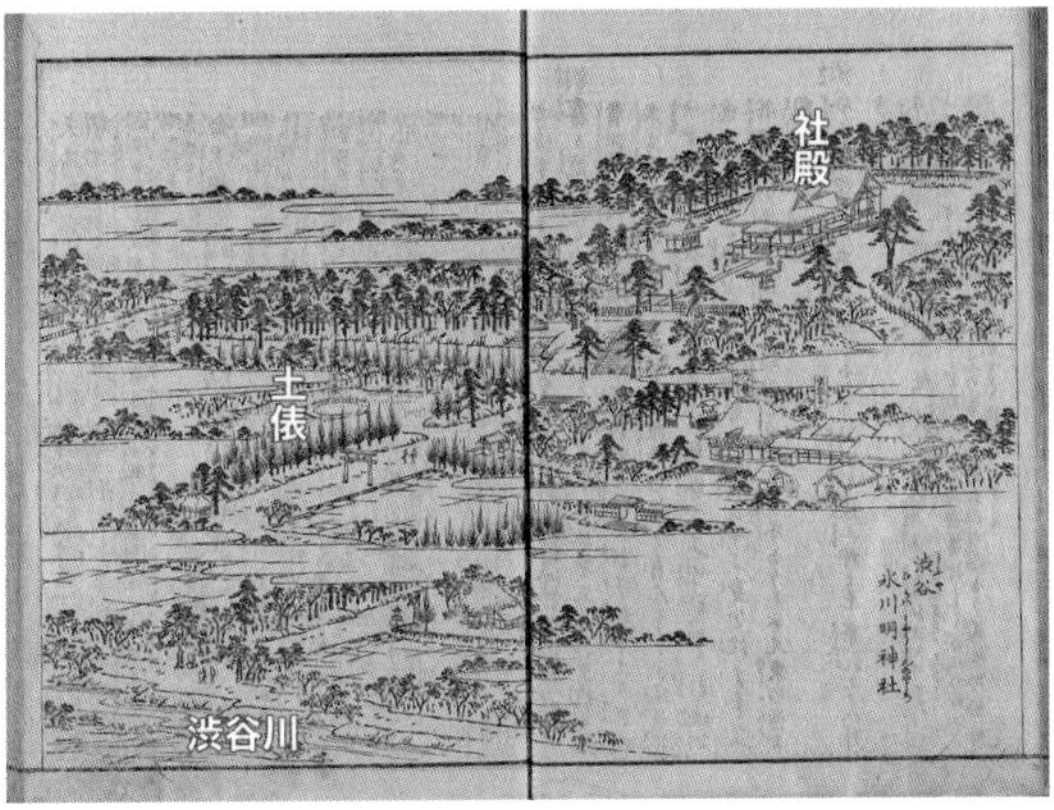

『江戸名所図会』（国立国会図書館蔵）
渋谷氷川明神社として描かれた氷川神社。今も同じ位置に土俵がある。社殿の向きと場所は昭和13年（1938）の遷座で少し変わっている。

さて、八幡通り（鎌倉街道）に戻り、道路を道なりに北上するとやがて高度成長期に作られた六本木通りを越え、道はナチュラルに左にカーブし（このとき、道の左手に浅い谷が見える。黒鍬谷の名残だ）、右手に青山学院大学を見つつ国道２４６号（青山通り）に合流する。

合流した先は原宿経由（原宿駅ではなく、元々の原宿）で国立競技場方面へ北上していくのだが、詳細な道筋は不明だ。

ここまで来たら、宮益坂を下って渋谷駅へ向かうのも、少し足を延ばして表参道駅へ向かうのもいい。

目黒駅から目黒不動への参拝道と2つの坂

古地図に江戸時代の参詣道の賑わいを感じながら目黒不動へと歩く

謎解きルート

❶JR目黒駅➡❷行人坂➡❸大円寺➡❹ホテル雅叙園東京➡❺太鼓橋➡❻大鳥神社➡❼蟠龍寺➡❽五百羅漢寺➡❾蛸薬師➡❿目黒不動尊

❖目黒は江戸の内？

第1章で目白駅と目白不動尊の関係を探ってみたが、目白へ行ったのに目黒を無視するわけにはいかないよね、ということで、今回は目黒。目黒駅と目黒不動尊である。

JR目黒駅といえば、その所在地が目黒区ではなく品川区である、というので有名だ。いや有名といっていいかどうかは難しいところだが、目黒駅は品川区、品川駅は港区にあるのである。

目黒駅があるのは品川区上大崎。改札を出て50mも歩けば目黒区だし、目黒不動尊への最寄り駅でもあるし、まあ目黒の外れではあるけれども、他の名はつけようがなかったかなという気はする。

いやそもそも、目黒ってどこのことだ？　と思って目黒筋御場絵図をひっぱりだしてみる。中目黒、下目黒という地名が川沿いにある。これが目黒川だ。上目黒はもうちょ

目黒筋御場絵図の現目黒駅から目黒不動周辺

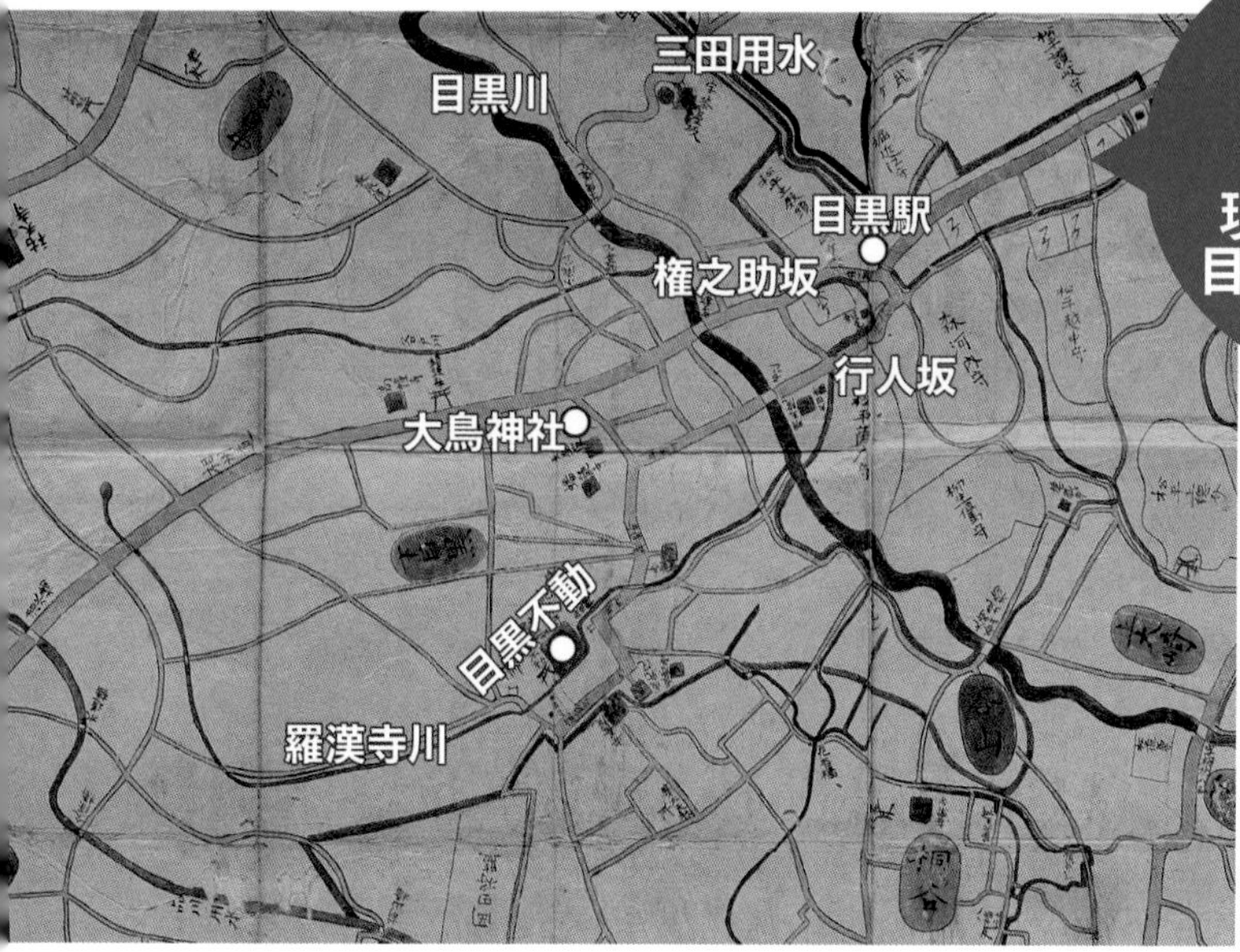

目黒筋御場絵図　文化2年（1805）（国立公文書館蔵）
中目黒村と下目黒村を中心に。目黒駅から権之助坂と行人坂の両方が描かれている。目黒駅があるのは上大崎村。

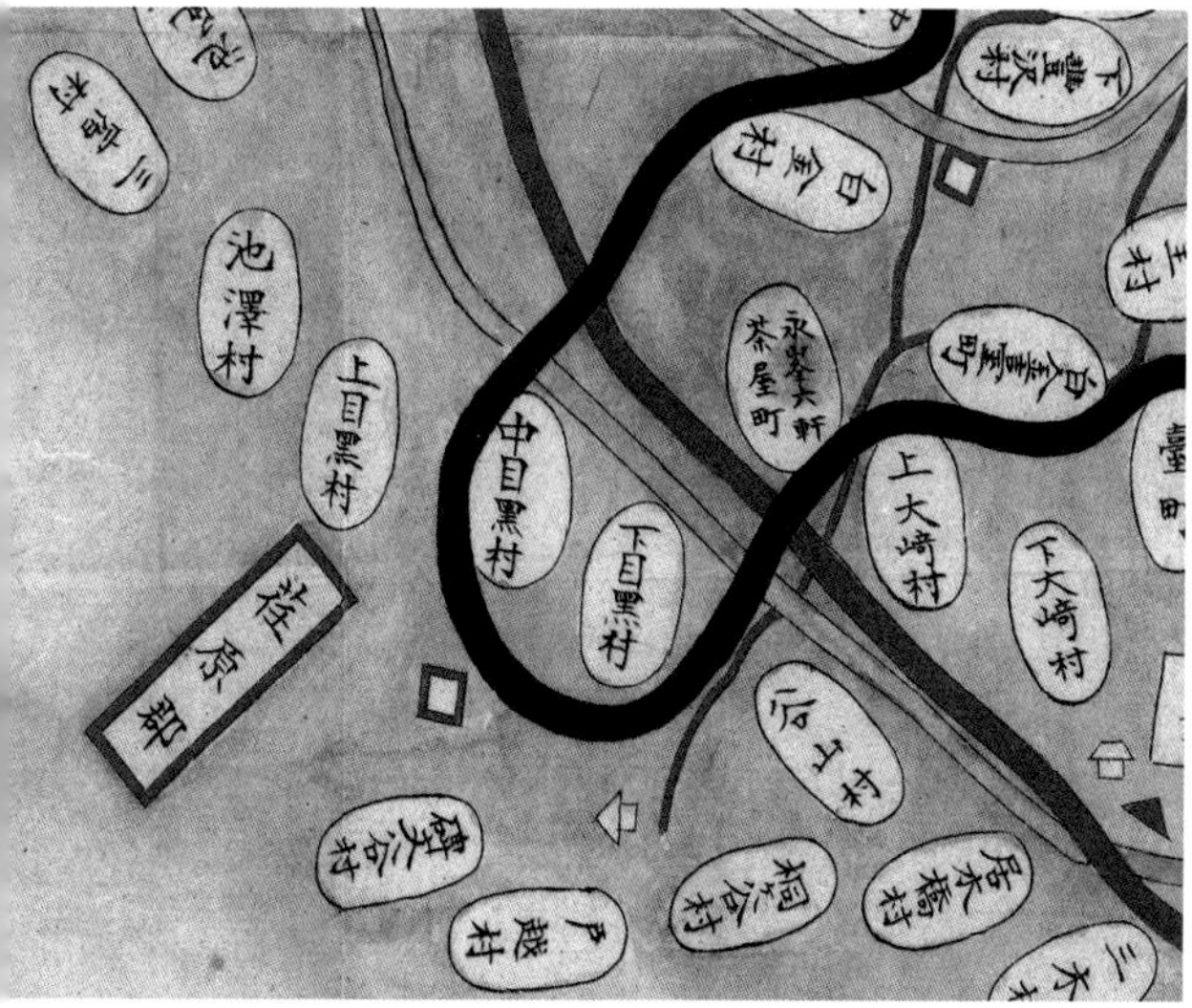

旧江戸朱引内図　文政元年（1818）（東京都公文書館蔵）
中目黒村と下目黒村は門前町を持っており、そこだけ町奉行支配地を示す墨引が朱引を跳び越えている。

っと上流にある。目黒は目黒川流域の地名だったのだ。

目黒川の右上にもう1本水路がある。これは「三田用水」だ。玉川上水の水を引いて三田方面を潤していた。今のJR目黒駅は三田用水が流れていたあたりである。

そんな目黒村は江戸の内（御府内）だったのか、江戸郊外だったのか。

これがまた実に微妙で面白い。

赤い線がいわゆる「朱引線」で文政《ぶんせい》元年（1818）にこの内

側が「江戸」ということになった。黒い墨引が町奉行の支配となる。で、目黒村は朱引線の外なのだが、墨引がぴょこんと飛び出ていて中目黒村と下目黒村だけが含まれている。そのぐらいギリギリ……目黒川を越えちゃっているので江戸の内とはいいづらいと思うのだが、目黒不動の門前町が賑わっており、延享《えんきょう》3年（1746）に町奉行の支配に組み入れられたそうである。

江戸での出来事をまとめた『武江年表《ぶこうねんぴょう》』の寛永《かんえい》6年（1629）の項に「目黒村不動尊、諸願成就するよしにて、にわかに江戸中老若男女群集す」とあるくらい、江戸時代初期から賑わっていたのだ。

❖行人坂を下って大鳥神社へ

では目黒不動尊を目指して①**JR目黒駅**から目黒川へと坂を下りたい。今の地図を見ると、南から順に、**行人坂《ぎょうにんざか》**、**権之助坂《ごんのすけざか》**、権之助坂のバイパスの3本の坂道がある。これ、坂ができた順番だ。

一番北のバイパスは昭和43年（1968）に権之助坂の交通量が増えたため新しく作られた坂。

真ん中が権之助坂。江戸時代中期の中目黒村の名主「菅沼権之助」が由来だ。権之助が幕府に無断で新しい坂を作ったもののそれを咎《とが》められて死刑になり、あるいは権之助が年貢米の取り立てをゆるめてもらおうと訴えたのが罪に問われて死刑になり、などディテールに差はあるが、権之助が坂の名になったという点は共通している。実際、権之助の名が刻まれた庚申塔《こうしんとう》や、菅沼権之助の墓もあり実在したのは確かなようだ。

その権之助坂は今の**目黒通り**で、下ると**目黒新橋**で目黒川を渡る。その目黒新橋が延《えん》

目黒駅から目黒不動尊への現代地図　（スーパー地形より）
白い線が主な古道。行人坂と権之助坂が目黒駅の前で分かれているが、古いのは行人坂。赤い線が区界で右側が品川区、左側が目黒区だ。

宝《ぽう》年間（1673～81年）にはかかっていたそうなので、坂ができたのもその頃の話だろう。古い橋なのに「目黒新橋」なのは行人坂下にある太鼓橋に対して「新橋」だったからだ。一度名づけられたら、古くなっても新橋である。

三つ目が行人坂。江戸時代初期、湯殿山《ゆどのさん》行者が開いた大円寺《だいえんじ》がその名の由来という一番古い坂だ。

では古地図にあたってみよう。

寛文江戸外絵図は目黒までは描かれてないが、延宝9年（1681）の「増補江戸大絵図絵入」になるとギリギリ、しかも目黒不動への道だけ特別に追加しました感があり、江戸からはみ出して描かれている。墨引内なので描く必要があったのか、いや目黒不動への道筋しか描かれてないうえに目黒不動の絵まであるのだから、それだけ目黒不動の需要があったのだろう。

この地図の参詣道を見ると、行人坂はしっかり描かれているのに、権之助坂は申し訳程度で新橋は描かれてない。実は江戸時代後期の地図になっても行人坂の方がしっかり描かれており、目黒不動へ行く人は行人坂、碑文谷《ひもんや》や多摩川方面（目黒筋御場絵図には相州道とある）へ向かう人や地元の人が権之助坂を使う様子を想像できる。

なので、古地図散歩としては**②行人坂**を下りるのである。JR目黒駅前の交差点から西へ、銀行の左にある細い道が行人坂だ。崖上なので非常に眺望が良く夕日や富士山は絶景で、富士見茶屋もあったほど。今でも富士山の頭をちょろっと見ることができるはずである。

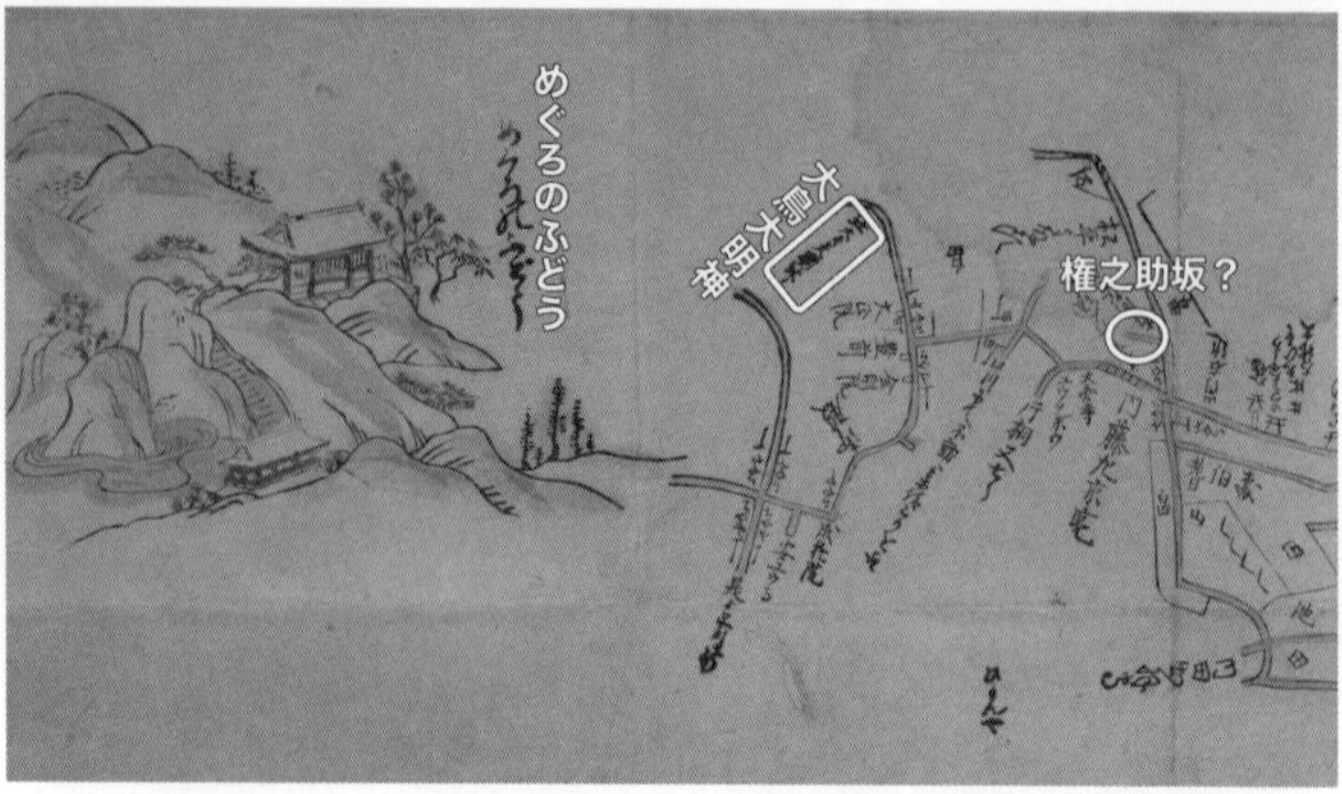

増補江戸大絵図絵入　延宝9年（1681）（国立国会図書館蔵）
行人坂から目黒不動へ至る道筋はかなり正確に描かれている。「めぐろのふどう」の絵にも注目。

行人坂の上から見た夕富士
富士山の頭がちょっとだけ見えているのがわかるだろうか。

行人坂の途中に**③大円寺**があり、今は五百《ごひゃく》羅漢《らかん》をはじめとする石仏群で有名だ。

ここは江戸三大火事のひとつ、明和《めいわ》9年（1772）の大火の火元となった場所で、大火の後しばらく再建が許されず（だから江戸名所図会には描かれてない）、大火で亡くなった方を弔うため五百羅漢が作られた。

国立国会図書館デジタルコレクションにある明和9年に出版された「分間江戸大絵図」には明和9年の大火について朱でメモ書きされている。絵図所有者によるものだろう。

この地図は参詣道以外も描かれていて江戸時代中期の目黒の様子がよくわかるが、「鎮護大明神」（金比羅宮のこと。現存せず）と大鳥《おおとり》明神《みょうじん》の間を（今の）目黒通りが通っていないなど不審な点があるので注意。

さて、行人坂は大円寺前を過ぎるとクランク状にカーブする。延宝9年（1681）の地図と同じだ。

坂下には明王院があったが、今は**④ホテル雅叙園《がじょえん》東京**（かつての目黒雅叙園）。目黒雅叙園は昭和6年（1931）に開業した巨大な木造和風建築の料亭で豪華絢爛《けんらん》な装飾は

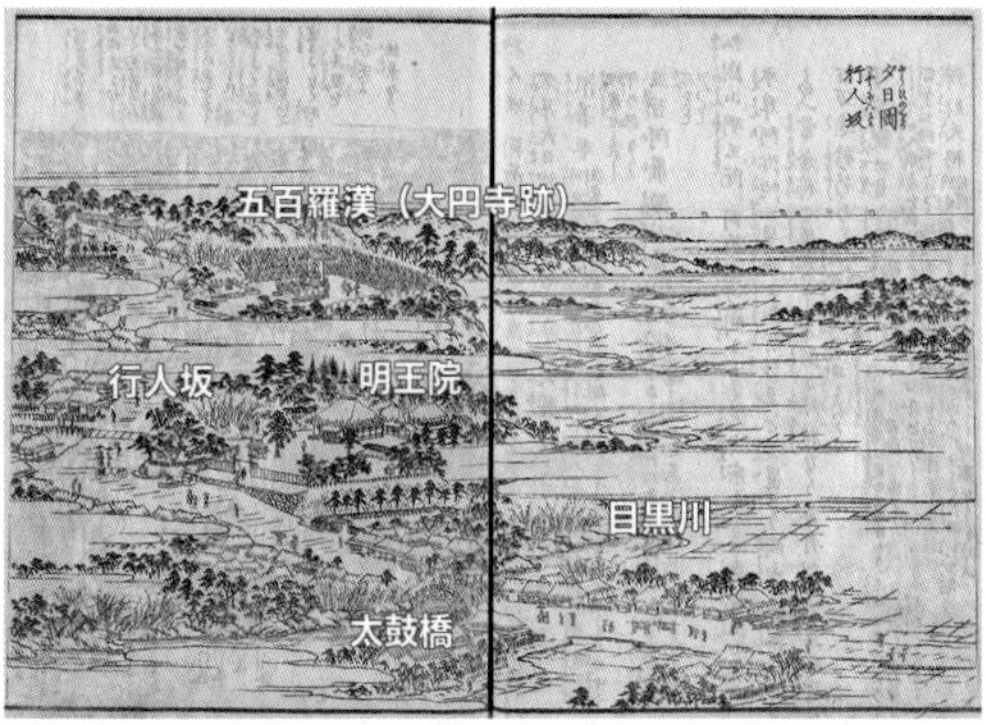

『江戸名所図会』（国立国会図書館蔵）
行人坂を描いた図。大円寺は大火の後しばらく再建を許されなかったので跡地に作られた五百羅漢のみが描かれている。明王院は今のホテル雅叙園東京（旧目黒雅叙園）。

「昭和の竜宮城」といわれたそうだ。今でもホテル雅叙園の内装にそのテイストが残っている。

斜面を利用して昭和10年に建てられた三号館は現存しており、「百段階段」として定期的に見学会が開催されている。わたしも参加したことがあるが、長い階段を上りながら、窓ガラスや明かり、異なったテーマで飾られた広い部屋の天井画や壁の装飾には昭和初期らしいキッチュさを感じた記憶がある。実業家の細川力蔵《ほそかわりきぞう》が「庶民や家族づれのお客様が気軽にはいれる料亭」として、一般の国民が料理とともに贅沢《ぜいたく》や芸術を楽しめるようデザインされており、伝統建築にある重さがないのが逆に良いのである。

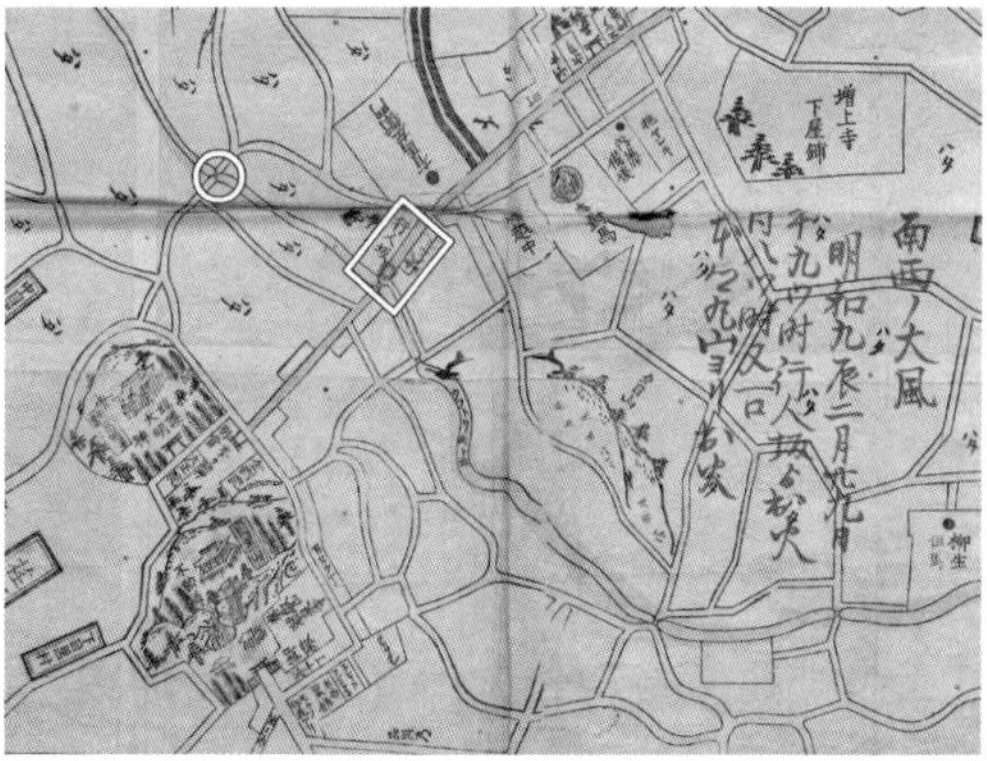

分間江戸大絵図　明和9年（1772）（国立国会図書館蔵）
行人坂の下あたりに「火元」とあり、朱で明和9年2月29日九ツの時、と火事が起こった日時が書いてある。白い○は今の目黒新橋だ。権之助坂も描かれている。

行人坂は坂の下が近づくとクランク状にカーブする。江戸時代から変わらない道筋だ。

ホテル雅叙園東京
坂の下、目黒川沿いにある。左手奥の斜面に百段階段のある旧館が残っている。

目黒一の古社「大鳥神社」
主祭神は日本武尊。相殿に国常立尊と弟橘媛命を祀る。川から少し高くなった所に鎮座。古代から水陸交通の要衝だったのだろう。

雅叙園を過ぎると⑤**太鼓橋**で目黒川を渡る。

目黒川は、明和9年の地図には「ウットリ川と云う」とあり、絵図によっては「コリトリ川」、「この川にて水垢離」と書いてある。コリトリは垢離《こり》取《と》り。目黒不動へ詣でる前にここで水垢離《みずごり》（冷水を浴びて身を清めること）を行ったようだ。ウットリも同じ意味かと思う。

橋を渡ってしばらく歩くと山手通りにぶつかる。ここで右折し、信号を渡ると⑥**大鳥神社**である。

大鳥神社といえば酉《とり》の市《いち》で有名だが、実は目黒最古の神社。なんと12代景行《けいこう》天皇の代にすでに国常立尊《くにのとこたちのみこと》を祀《まつ》った社があり、さらにその息子である日本武尊《やまとたけるのみこと》が東国平定の際、立ち寄って祈願、そののち日本武尊の霊が白鳥として現れたので鳥明神として祀ったというのである。日本武尊は葬られたのち白鳥となって飛んだといわれるのでそれを踏まえた伝説だろう。

かつての奥州道が通っていたという伝承もあって興味深い（今の目黒通りのことか?）。

目黒不動周辺の拡大図
（スーパー地形より）
白い線が古道。山手通りから斜めに入ってクランクしながら目黒不動へ向かう。地形の色を見ると低地を避けるためにカーブしていると想像できる。蛸薬師前の道は中原街道の平塚へつながっている。

❖いよいよ目黒不動へ

大鳥神社前の山手通りを南に向かうと、右手に⑦**蟠龍寺**《ばんりゅうじ》（崖下にあり、岩窟《がんくつ》にある岩屋弁天で有名）、さらに少し進むと不自然に右斜め前に入る道がある。そちらが古道だ。

ここから目黒不動尊までがちょっとややこしい。

三叉路を右に入る。元々の道筋が広い歩道となって残っている。古道の印だ。目印は羅漢像。

道なりに歩くと右手に⑧**五百羅漢寺**。文字どおり500体以上の羅漢像があった（現存しているのは305体だそうな）寺で、明治41年に現地へ羅漢ごと移転してきた。

五百羅漢寺を過ぎると道路は左に曲がる。直進する細い道に「目黒不動」とあるが、誘惑されないこと。江戸時代の参詣道はここを曲がって遠回りするのだ。

丁字路にぶつかると、⑨**蛸薬師**《たこやくし》と呼ばれる成就院《じょうじゅいん》。天台宗の慈覚大師《じかくだいし》（円仁《えんにん》）が天安《てんあん》2年（858）に訪れ蛸薬師如来を納めたのがはじまりという。

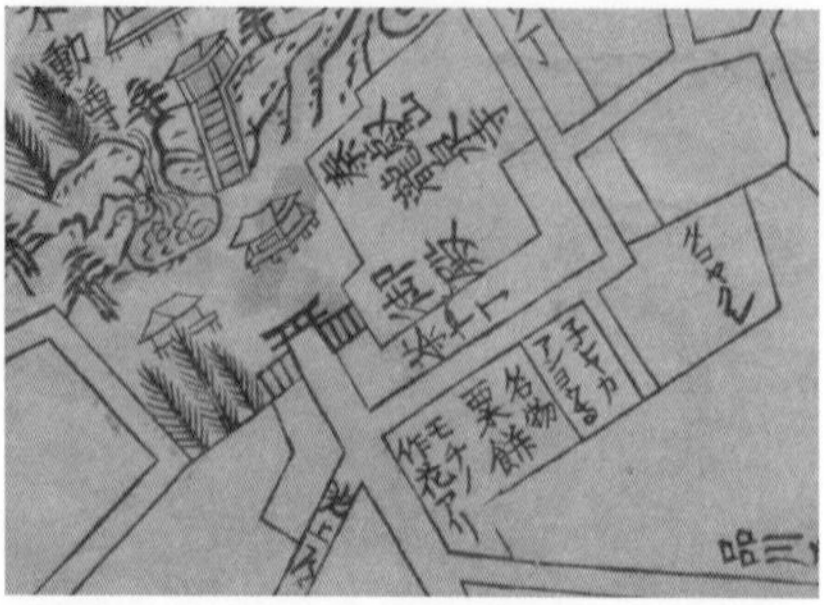

分間江戸大絵図
明和9年（1772）
（国立国会図書館蔵）
目黒不動前の拡大図。丁寧に名物が書いてある。目黒不動の絵もなかなか正確。

参道から見た目黒不動の山門

蛸薬師前を西に進むと十字路がある。ここを右手に入ると⑩**目黒不動尊** 瀧泉寺《りゅうせんじ》だ。実に遠回りして到達する感じだが、江戸からの参詣道はこうだったのである。参道には茶屋が並んでいた。明和9年の地図を見ると蛸薬師の並びに「名物粟餅《あわもち》」や「モチの作花あり」と書いてある。

モチの作花は、新粉（うるち米を乾燥させて挽《ひ》いた粉）を黄・赤・白の3色に練って花の形にしたものという。『江戸名所図会』には「目黒飴」が図入りで紹介されており、桐屋の名物だったそうである。粟餅、餅花、目黒飴。特に後者二つがどんなものだったか気になる。

仁王門をくぐると目黒不動境内。目黒不動尊は平安時代の大同《だいどう》3年（808）、のちの慈覚大師が下《しも》野国《つけのくに》から比叡山《ひえいざん》へ向かう際に立ち寄り、像を彫ったのがはじまりという古刹だ。

左手崖下にある池と滝は昔からのもの。独鈷《どっこ》の滝《たき》（承和《じょうわ》15年〈848〉、慈覚大師が独鈷を投げたところ滝泉が湧き出したといわれる）と呼ばれ、今でも龍口から水が落ちている。良い水が湧く土地は古代から非常に重要であり、古くから集落があったのは確かだろう。

さて、目白は目白坂や目白台など目白不動を由来とする地名がはじまりだった。

では目黒はどうか。目黒不動があるから目黒村になったのか、目黒にあるから目黒不動なのか。『江戸名所記』には「目黒はもとよりこの地の名なり、本尊の名にはあらざるなり」とある。地名が先だったのだ。

その目黒不動だが、目黒駅から不動まで、何度も道を曲がりぐるりと迂回《うかい》して参道に入るルートが興味深い。

遠回りに見えるのは、江戸からのアプローチは考えられてない立地だったからだろう。もともとは品川や中原街道から通じていたのだと思う。

ここまで歩いて疲れたら、目黒不動から渋谷や五反田行きのバスが出ているのでそれに乗るのもよし、東急目黒線の不動前駅へ向かうもよし、である。

独鈷の滝
本堂がある崖の下にある。崖から水が湧いていたのだろう。今でも2カ所、龍口から水が湧いている。水垢離に使われた。

目黒不動の本堂
階段を上ると台地の上に本堂がある。

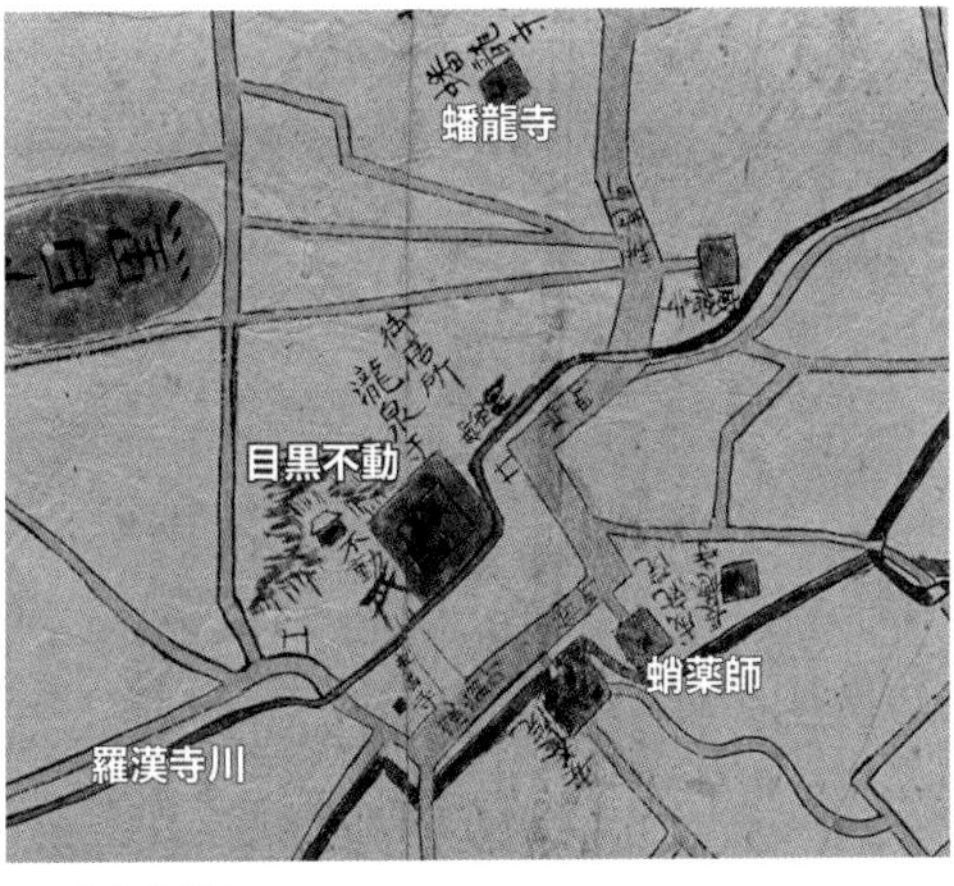

目黒筋御場絵図
文化2年（1805）（国立公文書館蔵）
目黒不動周辺の拡大図。クランク状の参詣道がわかりやすいよう太く描かれている。

江戸時代より中世のほうが賑わっていた！

古地図たよりに品川の北と南の鎮守、中世からの古社古刹を巡り歩く

謎解きルート

❶ＪＲ品川駅➡❷八ツ山橋交差点➡❸利田神社➡❹善福寺➡❺法禅寺➡❻品川宿本陣跡➡❼品川神社➡❽荏原神社➡❾海徳寺➡❿天龍寺➡⓫大龍寺➡⓬天妙国寺➡⓭品川寺➡⓮青物横丁駅

❖品川もギリギリ江戸の内

渋谷、目黒と江戸の内か江戸郊外かギリギリのエリアが続いたわけだが、このギリギリシリーズ最後が品川。江戸朱引図ではギリギリ品川が入っている。例によって朱引図を拡大してみると、墨引の外で朱引の内側。朱引の内側が御府内なのでギリギリ江戸の内だ。

当初の江戸大絵図（江戸全体を1枚の絵図で表した巨大な図）を見ると、東海道は高輪あたりまでで品川は描かれていない。寛文江戸外絵図も「この近辺高輪と云う」でおわっている。

いつから江戸大絵図に品川が含まれるのだろうと探してみたら、目黒不動の項でとりあげた明和9年の分間江戸大絵図で見つかった。ちゃんと目黒川を挟んだ南北の品川宿

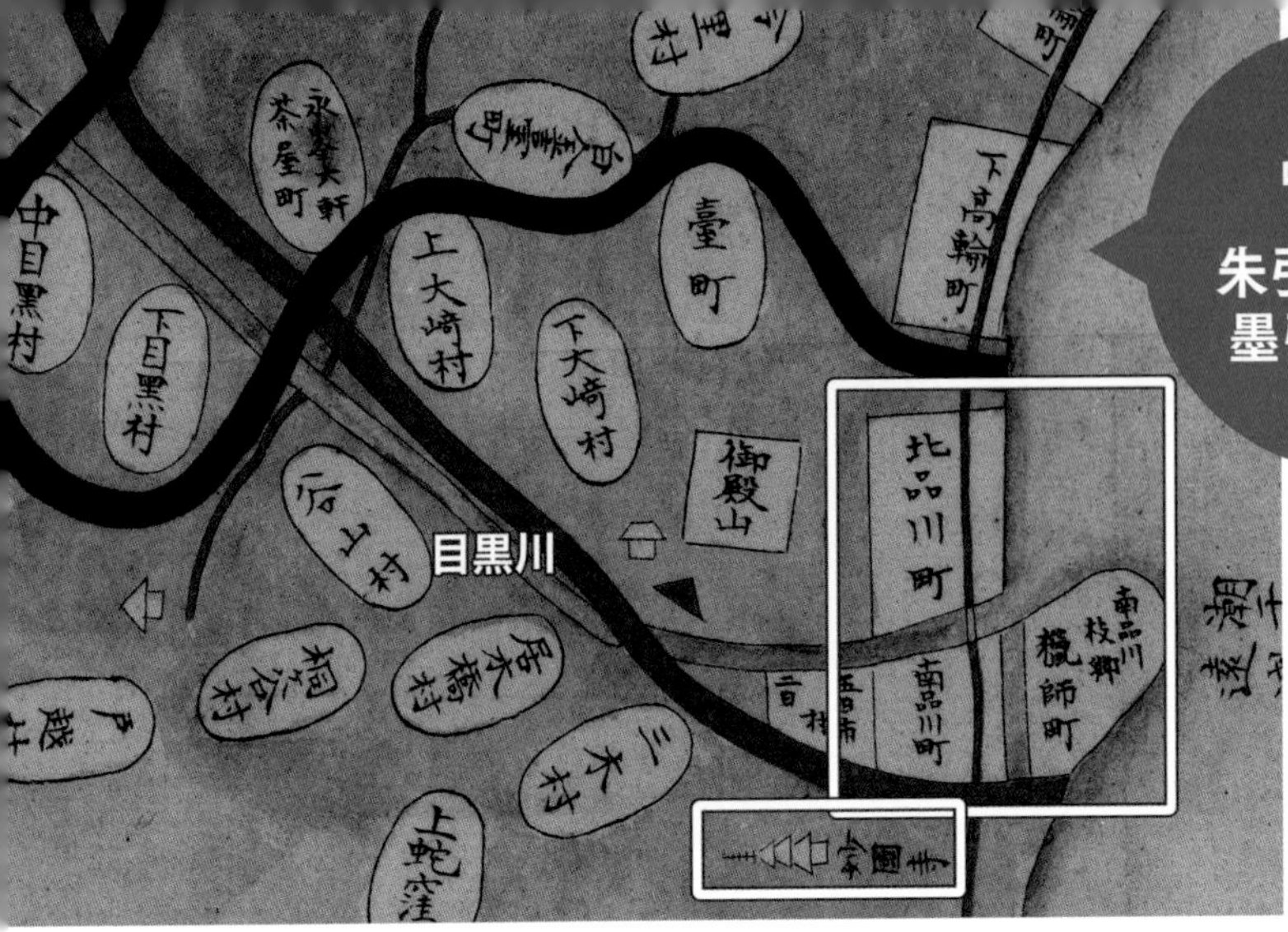

旧江戸朱引内図
文政元年（1818）（東京都公文書館蔵）
北品川町と南品川町を合わせて「品川宿」。目黒川河口の砂州は南品川の一部で漁師町。
上流は目黒村。五重塔が建っていた妙国寺がわざわざ描かれている

分間江戸大絵図
明和9年（1772）（国立国会図書館蔵）
位置関係がわかりやすいよう現品川駅を描いてみた。目黒川を挟んだ南北が品川宿だ。

目黒筋御場絵図
文化2年（1805）（国立公文書館蔵）
御殿山に描かれているのは桜。桜の名所だったのだ。赤い四角が寺院。その寺院の集中の仕方に注目だ。

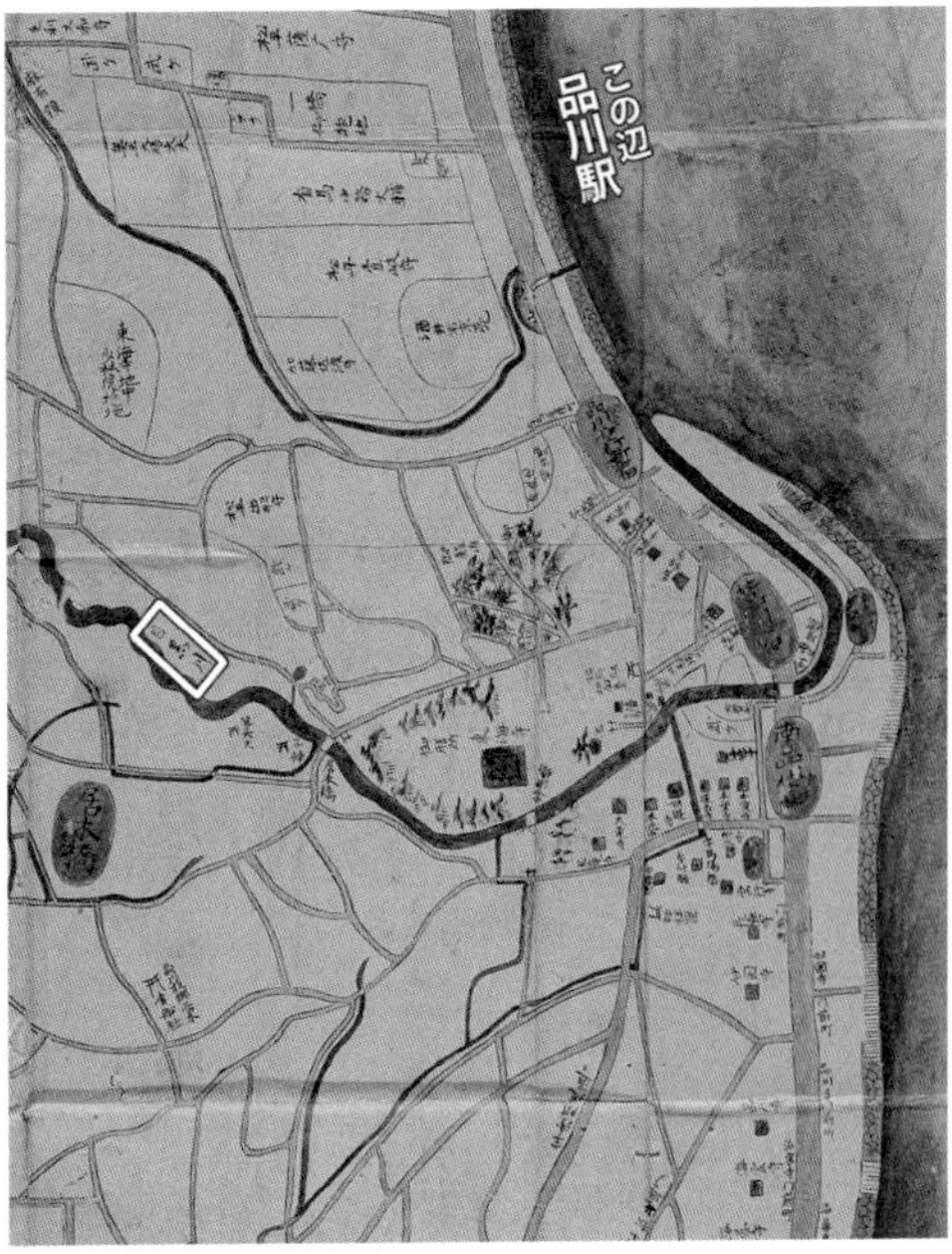

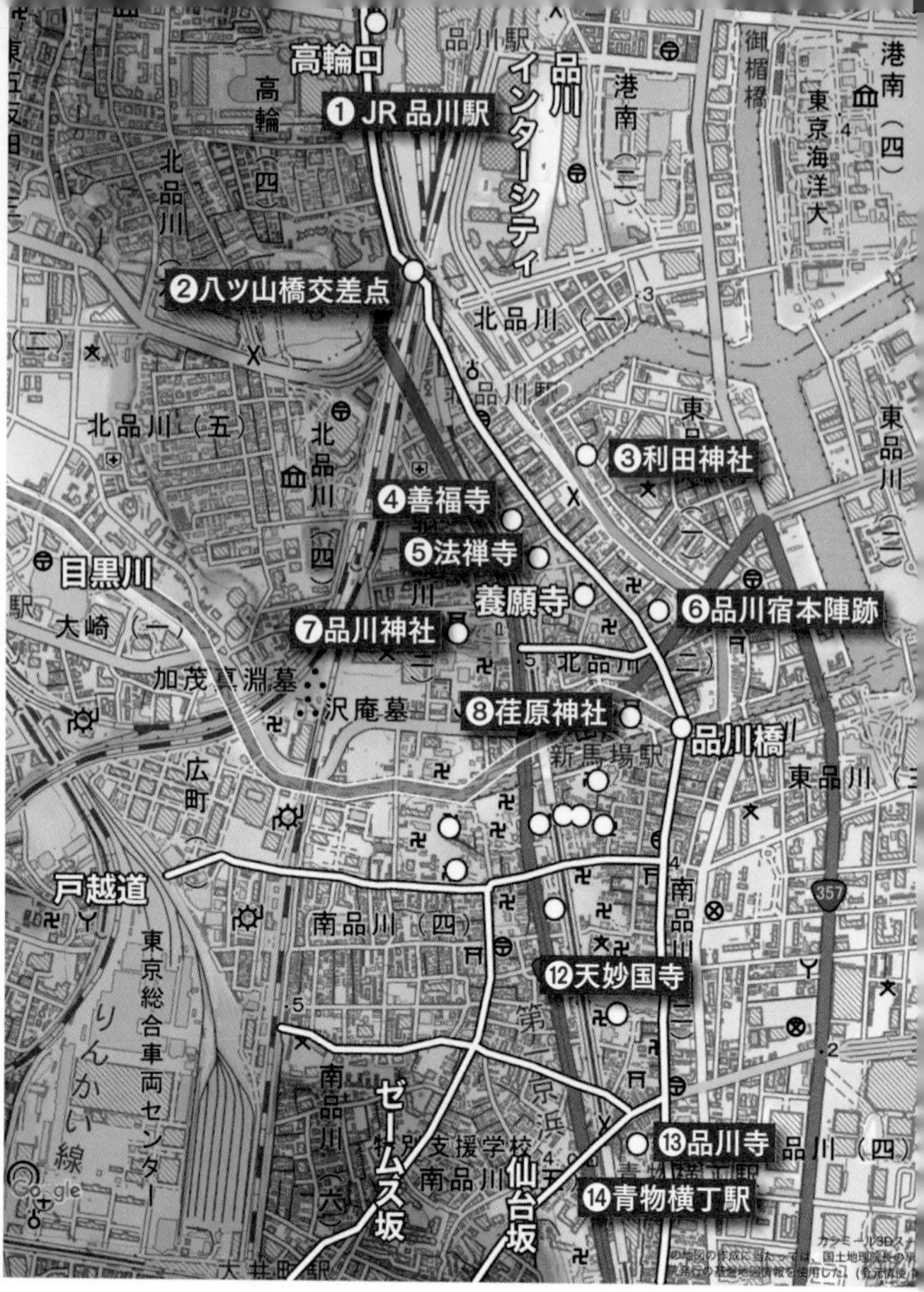

JR品川駅から品川宿への現代地図
（スーパー地形より）
白い線は主な古道。寺社の密集度が高いエリアは、131ページで拡大図を示すのでここでは○だけ打っておいた。水色は目黒川旧流路。

が描かれていてさすがである。

文化《ぶんか》2年（1805）に描かれた目黒筋御場絵図は江戸郊外を描いているので品川周辺の状況がよくわかる。

❖品川駅から北品川宿へ

本来の品川宿は京浜急行北品川駅が北の端で（だから北品川駅なのだが）、そこから新馬場《しんばんば》、青物横丁駅くらいまで。かなり南北に長い。

今、品川といえば①JR品川駅、ということで駅から旧品川宿を目指してみたい。

品川駅の高輪口を出ると、国道15号（第一京浜）が南北に走っている。これが旧東海道だ。第一京浜沿いの目立たない位置に「品川駅創業記念碑」が立てられている。

日本最初の鉄道は、明治5年（1872）の横浜‐新橋間……とされているが、実は品川‐新橋間の工事が遅れ、当初は「横浜‐品川」間で暫定開業したのだ。それについて書かれている。日本最初の鉄道は横浜‐品川だったのである。当時の品川駅は八ツ山橋の近くだった。

分間江戸大絵図や目黒筋御場絵図を見ると、街道と海の間に「石垣」が描かれている。護岸用の石垣が必要だったほど、海ギリギリの所に東海道は通っていたのがよくわかる。

八ツ山橋
「旧東海道」と書かれている。橋の下を JRの各線が走る陸橋だ。奥に見える鉄橋を京浜急行が走っている。

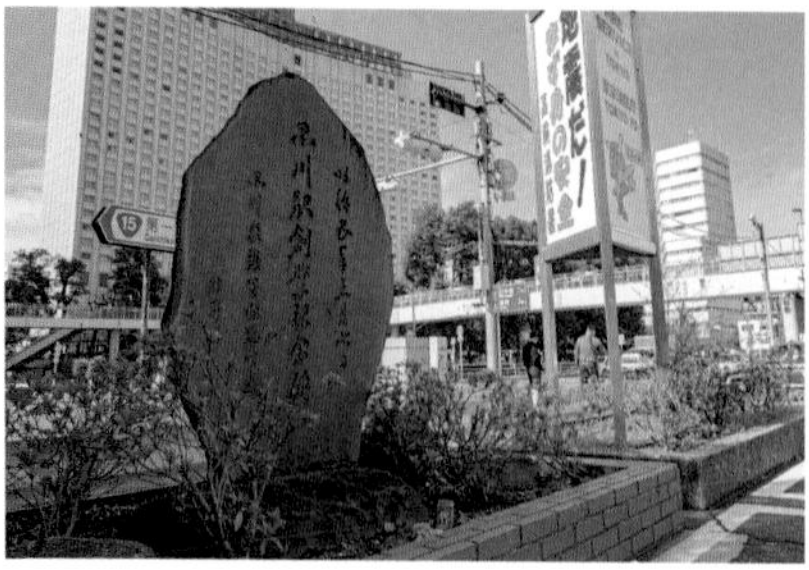

品川駅創業記念碑
JR品川駅高輪口にあり、明治5年5月7日の日付がはいっている。

高輪口（品川駅は品川ではなく高輪だったのだ）を出て左折し線路に沿ってしばらく歩くと、第一京浜と旧東海道が分かれる**②八ツ山橋《やつやまばし》交差点**に出る。左に入る八ツ山橋が旧東海道の道筋だ。

であるが、この橋をそのまま渡ってはいけない。旧東海道に入るには、いったん信号を渡り、橋の右側を通る必要があるのだ。そうしないと旧東海道より1本海寄りの道に導かれてしまう。小さな罠《わな》である。

橋を渡ると、ちょっとしたスペースがあり、旧東海道の案内板が掲げられている。そこからが品川宿だ。

京急の踏切を渡ると、歩行新宿《かちしんじゅく》である。宿場には「歩行役」と「伝馬役」を設ける必要があったが、品川宿の北に新しく設けられた宿は「歩行役」のみだったので「歩行新宿」と呼ばれた。

今でも道の幅やゆるやかなカーブは当時のままで、老舗や史跡を示す案内も残っている。旧道らしく車も少ないのでのんびり散策できるのもよい。

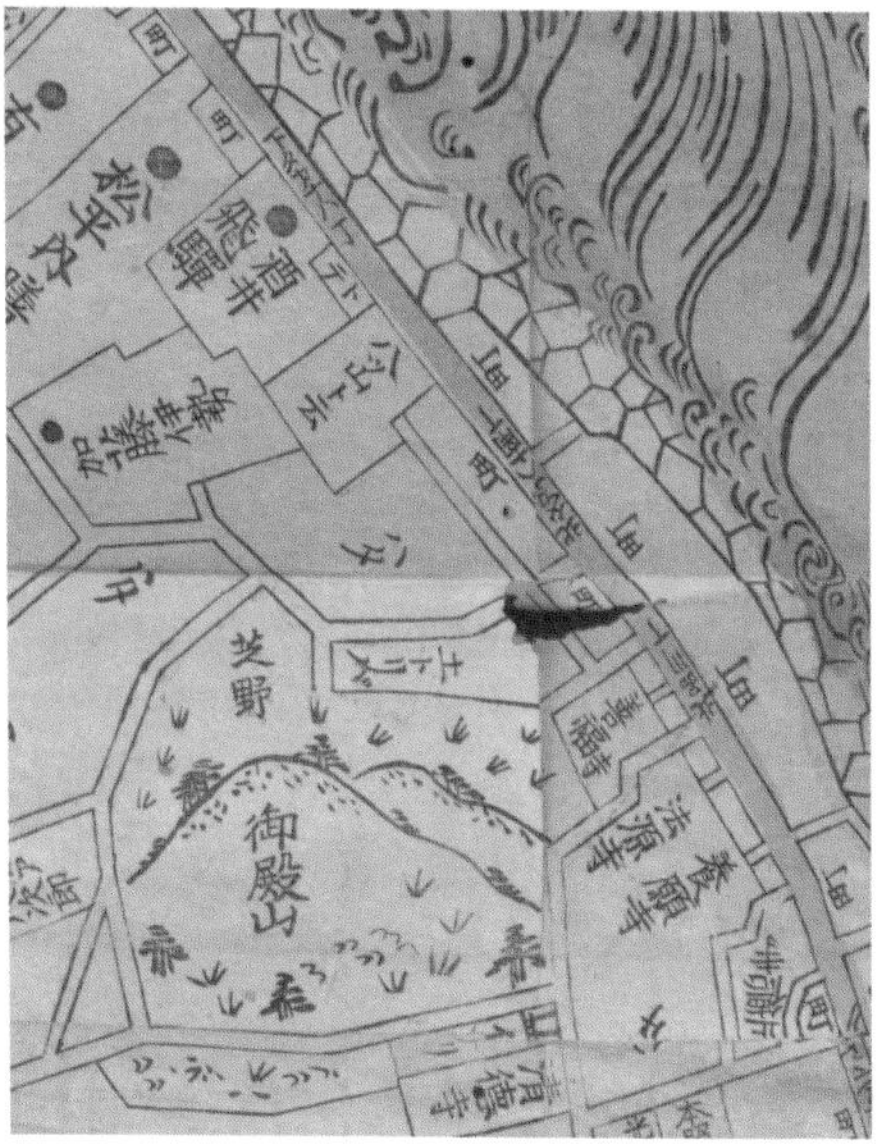

分間江戸大絵図
明和9年(1772)（国立国会図書館蔵）
JRの線路は御殿山、八ツ山を削り海の方に抜けており、八ツ山は橋の名に残った。

この「東海道品川宿まち歩きマップ」が旧東海道への目印。この右にある京浜急行の踏切を渡ると、品川宿歩行新宿である。

夜の目黒川旧河口部。船だまりとして使われている（青く光っているのは出航前の屋形船）。奥に見える高層ビルは品川インターシティだ。

南下しつつ左手を見ると、海側が少し低いのがわかる。そういうちょっとした高低差が江戸時代の街道の名残だ。すぐ横は海……このあたりでいえば目黒川河口だったのである。

今の目黒川はまっすぐ海に注ぐよう改修されているが、当時の流路跡が公園となって残っており、河口部は今でも船だまりとして使われているので立ち寄りたい。１２４ページの現代地図に目黒川の旧流路を描いておいた。

目黒川の河口部が大きく曲がっているのは砂州。長年の砂の蓄積で陸地になったところで、そのおかげで河口に入っちゃえば波の影響も受けず、湊《みなと》として使いやすかったのかと思う。

砂州部分の先端には**③利田《かがた》神社**。当初は州崎弁財天、明治以降利田神社と名前を変えているが、拝殿には福寿弁財天と書かれた提灯があった。江戸時代、鯨が漂着したという記録があり、その碑が立っている。

旧東海道に戻る。東海道は陸地の端を通っていたので古い社寺はすべて内陸側。今でも寺院が多く残っており、古社古刹好きは1日歩き回っても足りないほどだ。

全部見ると数が多すぎてそれだけでページが埋まるので、中世から残る寺社を中心にピックアップしてみた。

夜の利田神社拝殿
福寿弁財天と呼ばれていたようだ。

時宗の**④善福寺**は鎌倉時代の永仁《えいにん》2年（1294）、他阿真教《たあしんきょう》による開創。本堂壁の鏝《こて》絵《え》（名工伊豆《いず》の長八《ちょうはち》によるもの）が剥がれかけていてちょっと心配だ。浄土宗の**⑤法禅寺**は室町時代（南北朝期）の永徳《えいとく》4年（弘和《こうわ》4年。1384）開創（その前から草庵があったという）。天台宗の養願寺は鎌倉時代の永仁7年開創で、江戸時代初期に再興。これだけでもいかに品川が古いかわかるというものだ。

その少し南に**⑥品川宿本陣《ほんじん》跡**がある。

第一京浜越しに見た品川神社階段の左手にあるのが富士塚（品川富士）。見てのとおり、海から少し離れた高台の端に鎮座している。

本陣跡を過ぎると、右手に北馬場参道通り。品川神社への参道だ。参道に入り、京浜急行の高架をくぐると、第一京浜の向こう側、台地の上に**⑦品川神社**が現れる。高台からの眺望や龍が彫られた鳥居、男坂脇の富士塚（明治時代初期築山）など見どころが多い。

実は品川神社、江戸絵図を見るとたいてい「稲荷」と小さく書いてあるだけ。ときどき「稲荷／天王」と併記してある。元は稲荷だった？　と調べてみると、予想以上に古い歴史が出てきた。

創建は鎌倉時代草創期の文治《ぶんじ》3年（1187）、源頼朝が安房国《あわのくに》洲崎明神（千葉県館山市）の天比理刀咩命《あめのひりとめのみこと》を祀ったのがはじまりと

品川富士山頂からの眺め
京浜急行を見下ろす感じで今は建物に隠れているが昔は海がきれいに見えたろう。

いう。海が近い場所であるし、中世には品河湊《しながわみなと》として発展したと聞くので、航海の神様として勧請《かんじょう》されたのだろう。

その後、文保《ぶんぽう》3年（1319）に宇賀之売命《うがのめのみこと》を祀り（ここで稲荷が加わる）、室町時代の文明《ぶんめい》10年（1478）に太田道灌《どうかん》が牛頭天王《ごずてんのう》を勧請した（ここでさらに天王が加わる）という。だから主祭神はこの3柱なのだ。江戸時代後期から天王が中心になっていったようだ。

❖南品川の鎮守は平安時代創建？

品川橋の下を流れるのは目黒川。品川という「川」は目黒川の下流域を指しており、平安時代の終わり頃から見られる古い地名だ。川を境に北品川と南品川に分かれている。北品川の鎮守が品川神社なら、南品川の鎮守は**⑧荏原《えばら》神社**。江戸時代は貴船明神社。荏原神社と改称したのは明治8年のことだ。

南品川の鎮守だが、なぜか目黒川の北側にある。神社が動いたのか？いや、動いたのは川の方だった。もともと南品川にあったのだが、昭和初期に川の流路が変えられたせいで「川が神社の南側に移ってしまった」のである。

江戸絵図を見ると荏原神社（貴船明神）は川の南側にあったことがわかる。だから参拝するときは南品川から鎮守橋を渡りたい。

荏原神社も品川神社と同じような古い歴史を持っている。まずは和銅《わどう》2年（709）に貴船神社創建。貴船神社の総本山は京都にあるが、こちらは奈良の丹生川上《にうかわかみ》神社から勧請したという。祭神は高龗神《たかおかみのかみ》で水を司《つかさど》る神様。実はちょっと内陸に入った三ツ木（現住所は西品川）に同じ和銅2年創建伝承を持つ貴船神社があり、荏原神社の旧地がここ

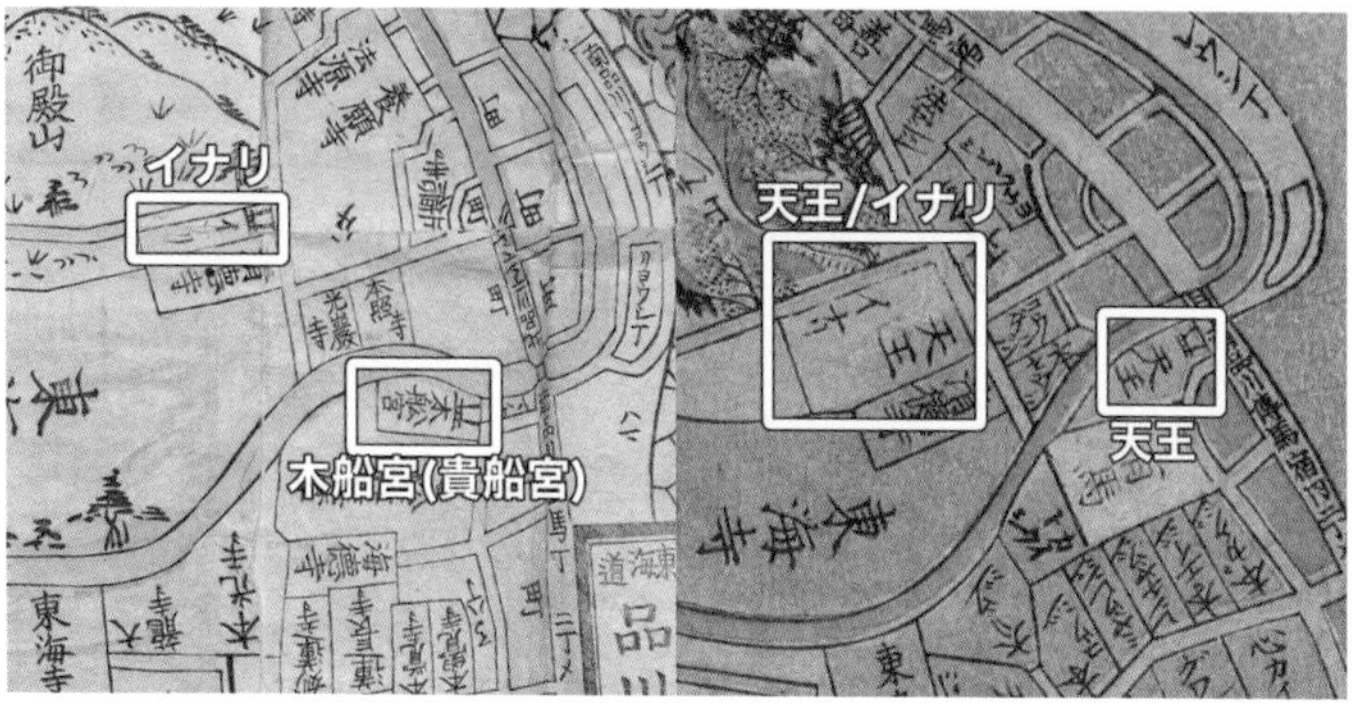

左：分間江戸大絵図　明和9年（1772）
右：弘化改正御江戸大絵図　弘化4年（1847）（ともに国立国会図書館蔵）
江戸時代中期と後期の品川。稲荷と描かれていた品川神社は後期には天王が併記され、木船宮（貴船宮）と書かれた荏原神社は後期には天王に変化している。貴船神社はこのとおり目黒川の南側にあった。

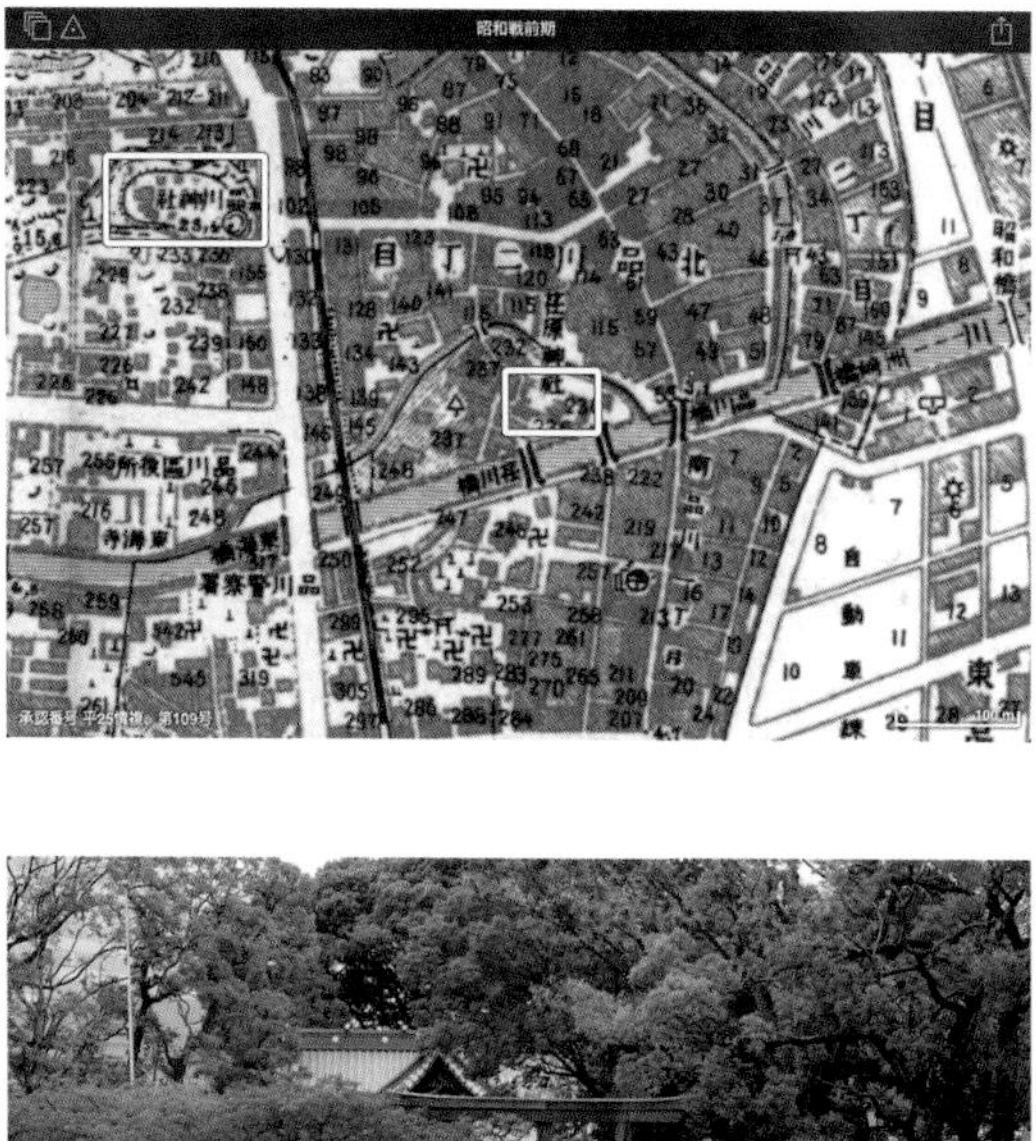

東京時層地図 for iPad
（日本地図センターより）
昭和初期の品川神社と荏原神社。目黒川の新流路が作られた時期で、旧流路もまだ残っている。荏原神社が旧流路と新流路に挟まれている時期の地図だ。

目黒川越しに見る荏原神社
赤い橋は「鎮守橋」で南品川から荏原神社への参道となっている。

ではないかといわれているが、荏原神社に尋ねたところ関係ないという。1300年前の伝承をどうこういうのはアレだが、高台にあった貴船神社が湊の近くに遷座するのはありそうではある。

荏原神社はその後、長元《ちょうげん》2年（1029）に神明社が、寛元《かんげん》5年（1247）に午頭天王が勧請されて3柱となり、北の天王（品川神社）、南の天王（荏原神社）と呼ば

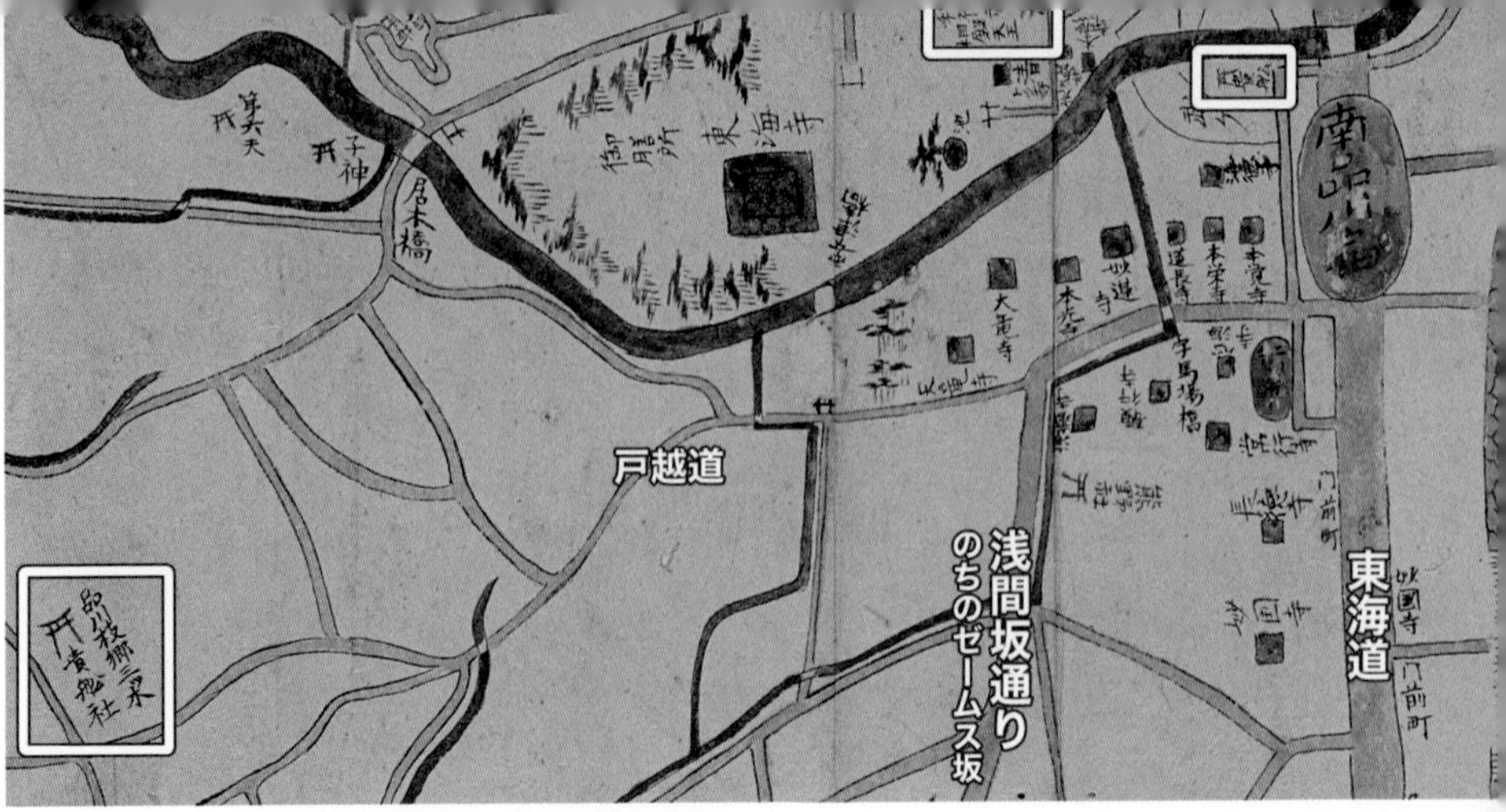

目黒筋御場絵図　文化2年（1805）（国立公文書館蔵）
南品川の貴船神社と三ツ木の貴船社（地図左の方）の位置関係。道でつながっているのがわかる。

れるようになった。

では南品川の中世からの古刹をいくつか巡ろう。

目黒川沿いの⑨**海徳寺**は戦国時代の大永《だいえい》2年（1522）創建の日蓮宗の寺院。

東海道から西に延びる、品川と大井や戸越・目黒をつなぐ道（分間江戸大絵図には「戸越道」とある）に入ると、北側には本覚寺（元亀《げんき》3年〈1572〉。天台宗）、本栄寺（天正《てんしょう》2年〈1574〉。日蓮宗）、蓮長寺《れんちょうじ》（弘安《こうあん》年間〈1278～87年頃〉。日蓮宗）、京浜急行の高架をくぐって妙蓮寺（文明19年〈1487〉）、その向かいに願行寺《がんぎょうじ》（文明年間〈1469～87年頃〉。浄土宗）と古刹集中地帯である。どれも江戸時代以前の寺院だ。

第一京浜を渡り、さらに西へ進むと曲がり角に曹洞宗の⑩**天龍寺**（天正9年〈1581〉）、その奥に黄檗宗《おうばくしゅう》の⑪**大龍寺**（寛正4年に時宗の東光寺として開創）がある。

曲がって南に向かう道はゼームス坂通りで江戸時代末期から明治にかけてこの坂に住んでいたイギリス人の「ゼームス」（今ならジェームズだ）が私財を投じて坂を改修したためその名がついた。江戸時代は浅間坂で、大井と品川を結ぶ古道だ。

曲がらず天龍寺脇をまっすぐ西へ進むと三ツ木の貴船神社近くを通り、戸越や目黒不動方面へつながっていた。

東海道に戻り、南下するとやがて右手に赤門のお寺が現れる。⑫**天妙国寺**《てんみょうこくじ》（江戸時代は妙国寺）である。弘安8年（1285）に日蓮の直弟子である天目

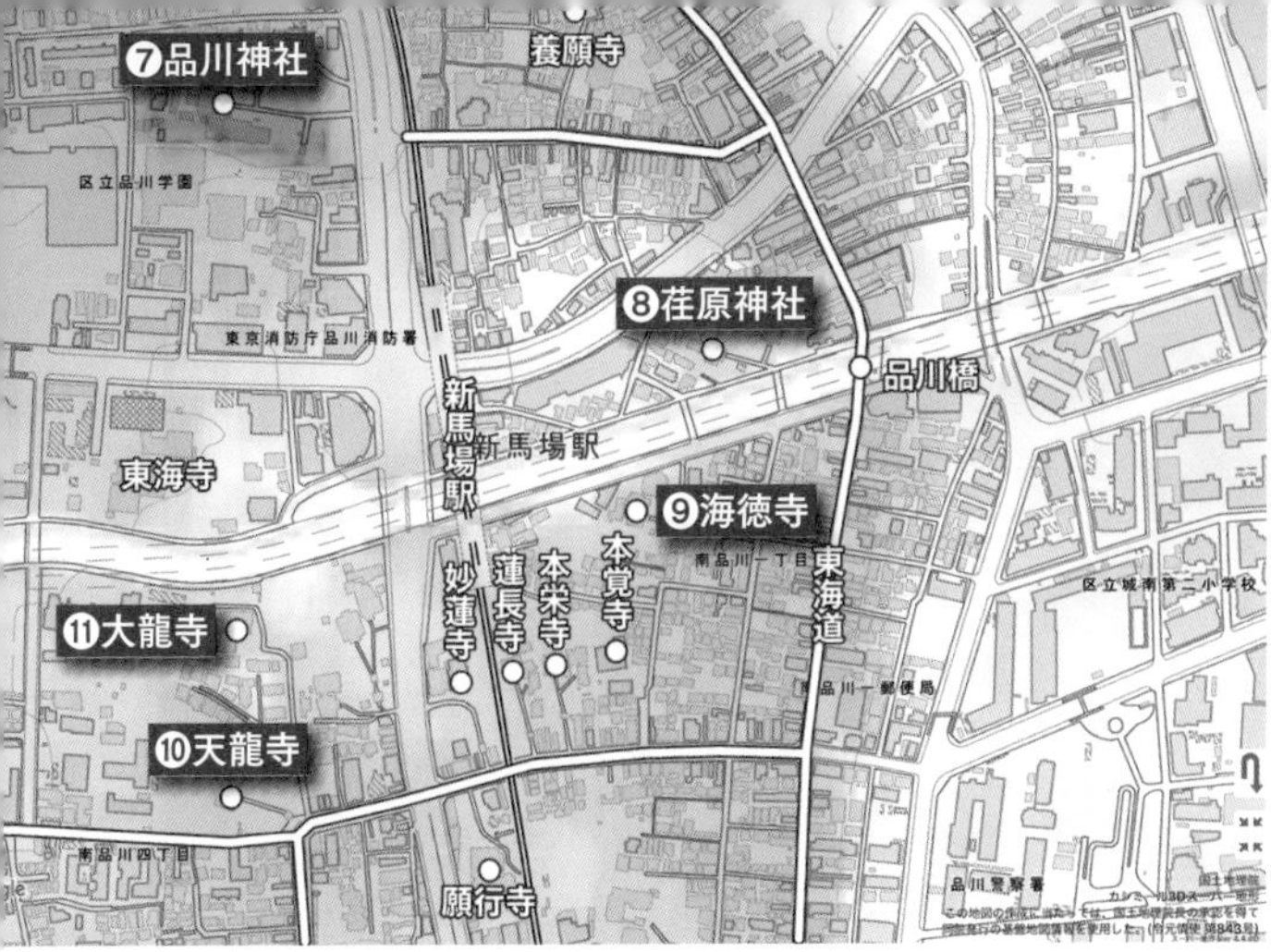

南品川の各社寺
（スーパー地形より）
微妙な高低差で色をつけてある。白いところは低地。目黒川の旧流路が周りより少し低いこと、東海道の道筋は東側より少し高いことがわかる。

上人が開いたという日蓮宗の古刹で室町時代には七堂伽藍《しちどうがらん》を備え、江戸時代中期に焼失するまでは五重塔も建っていたというほどの大寺だった。今は顕本法華宗《けんぽんほっけしゅう》。

さらに南下すると真言宗の**⑬品川寺**（「しながわでら」ではなく「ほんせんじ」）。平安時代の大同《だいどう》年間（806〜810年）創建という古刹で、江戸時代に再興された。門前には銅造の地蔵菩薩《じぞうぼさつ》像がある（宝永《ほうえい》5年〈1708〉に江戸の入口6カ所に建てられた地蔵菩薩坐像のひとつ）。ここまでくると京浜急行**⑭青物横丁駅**はすぐだ。

と、古刹を並べるだけで終わってしまったが、それでも割愛した寺社がまだいっぱいある。

赤門の天妙国寺
かつては七堂伽藍を備え、その様子を描いた絵も残っている。

「東海道の品川宿」を歩くつもりが気がついたら中世の鎌倉街道と品川湊に辿《たど》り着いてしまった感が否めないが、つまるところ、南北の品川は中世から湊として水運の要衝として栄え、大井を経由した鎌倉街道が通じて品川宿ができて水陸の要衝となり、江戸時代に東海道が通って宿場町としてさらに発展し、明治以降はその北に品川駅ができて駅を中心とした交通の要衝として栄えるという長い繁栄の歴史を持つエリアだったのだ。品川の歴史は古くて深いのである。

「彦根県世田谷」とは？ 世田谷城址周辺の歴史秘話

室町時代の世田谷城下の宿場の賑わいを偲び歩き、豪徳寺で招き猫に癒される

謎解きルート

❶世田谷城址公園➡❷常徳院➡❸勝光院➡❹勝国寺➡❺実相院➡❻豪徳寺➡❼世田谷八幡宮➡❽ボロ市通り➡❾代官屋敷

世田谷城址
少しだけ高台になっている。階段や石垣は近代のもの。空堀や土塁が周辺にかなり残っている。

❖世田谷に残る古城址

江戸時代後期、寛政《かんせい》6年（１７９４）に古川《ふるかわ》古松軒《こしょうけん》が記した『四神地名録《ししんちめいろく》』というユニークな書物がある。その「世田ヶ谷村」にはこうある。

「世田谷の地は吉良《きら》氏の時代は城下の市中で、荏原《えばら》郡・多摩郡の中では第一の交易所として商人も多数いる繁盛した場所だったけど、吉良家が没落し、かつ江戸城が中心となったときから自然に衰え、商人の分は江戸へ場所を変えたため今のような辺鄙《へんぴ》の僻地《へきち》となったという」（現代語に意訳）

「辺鄙の僻地となりし」とはひどい言われようだが、古松軒は各地を取材しながら書いたようで、当時の世田谷はそう感じさせたのだろう。室町から戦国時代、世田谷には吉良氏の世田谷城があり、小田原北条氏の時代は城下町の宿場に楽市が開かれ市場として大変賑わっていた記憶が世田谷に残っていたのだ。

三軒茶屋から世田谷周辺の街道筋

やがて江戸時代になると商人たちは江戸へ移り、世田谷は江戸郊外の農村となった。その頃の様子は目黒筋御場絵図に描かれている。わかりやすいようちょっと広域で切り取ってみた。

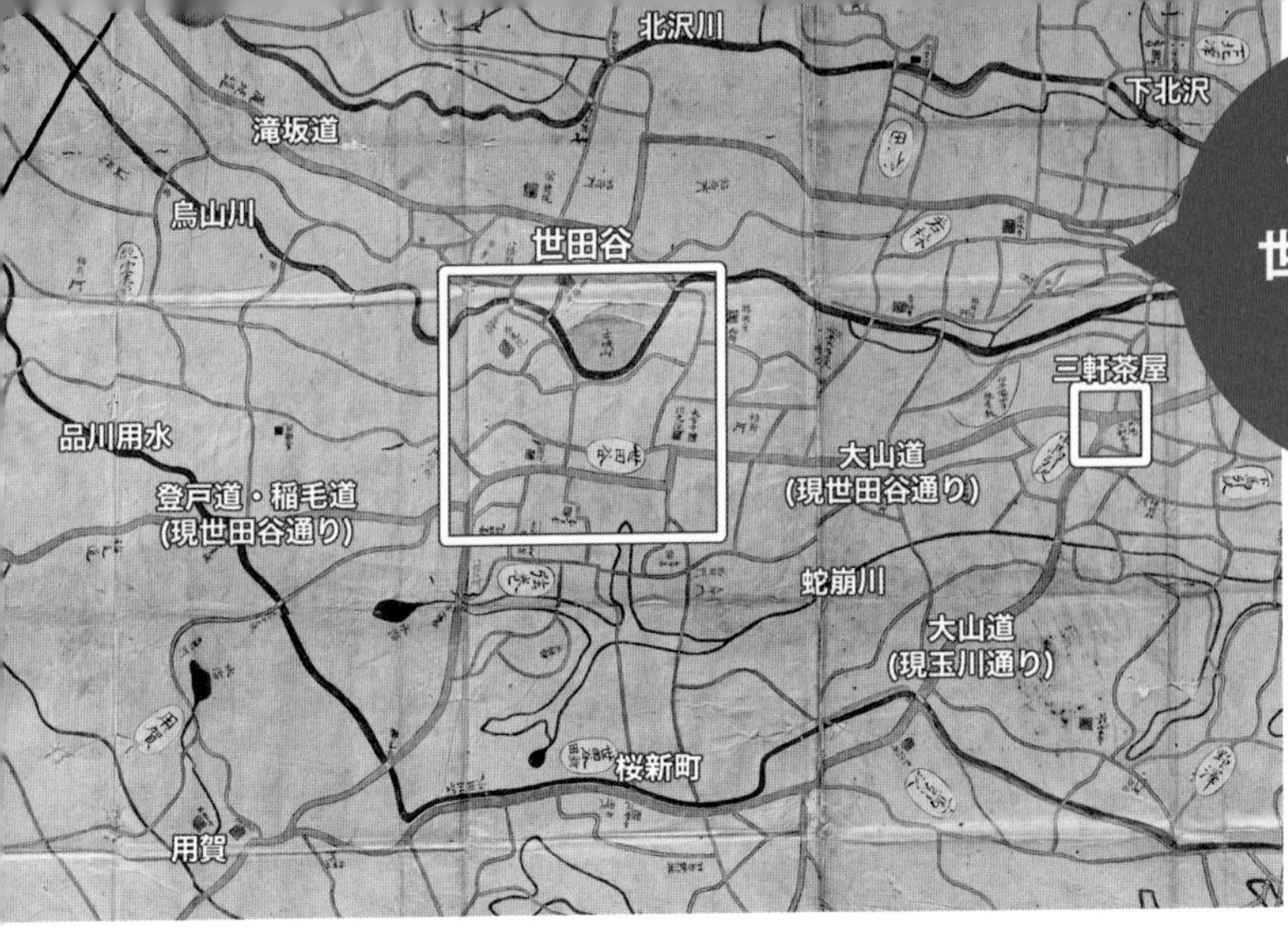

目黒筋御場絵図　文化2年（1805）（国立公文書館蔵）
渋谷から続く大山道は三軒茶屋で二手に分かれるのは今も同じ。右手を曲がると世田谷へ続く。滝坂道は渋谷の道玄坂から分かれて甲州街道へつながる道。

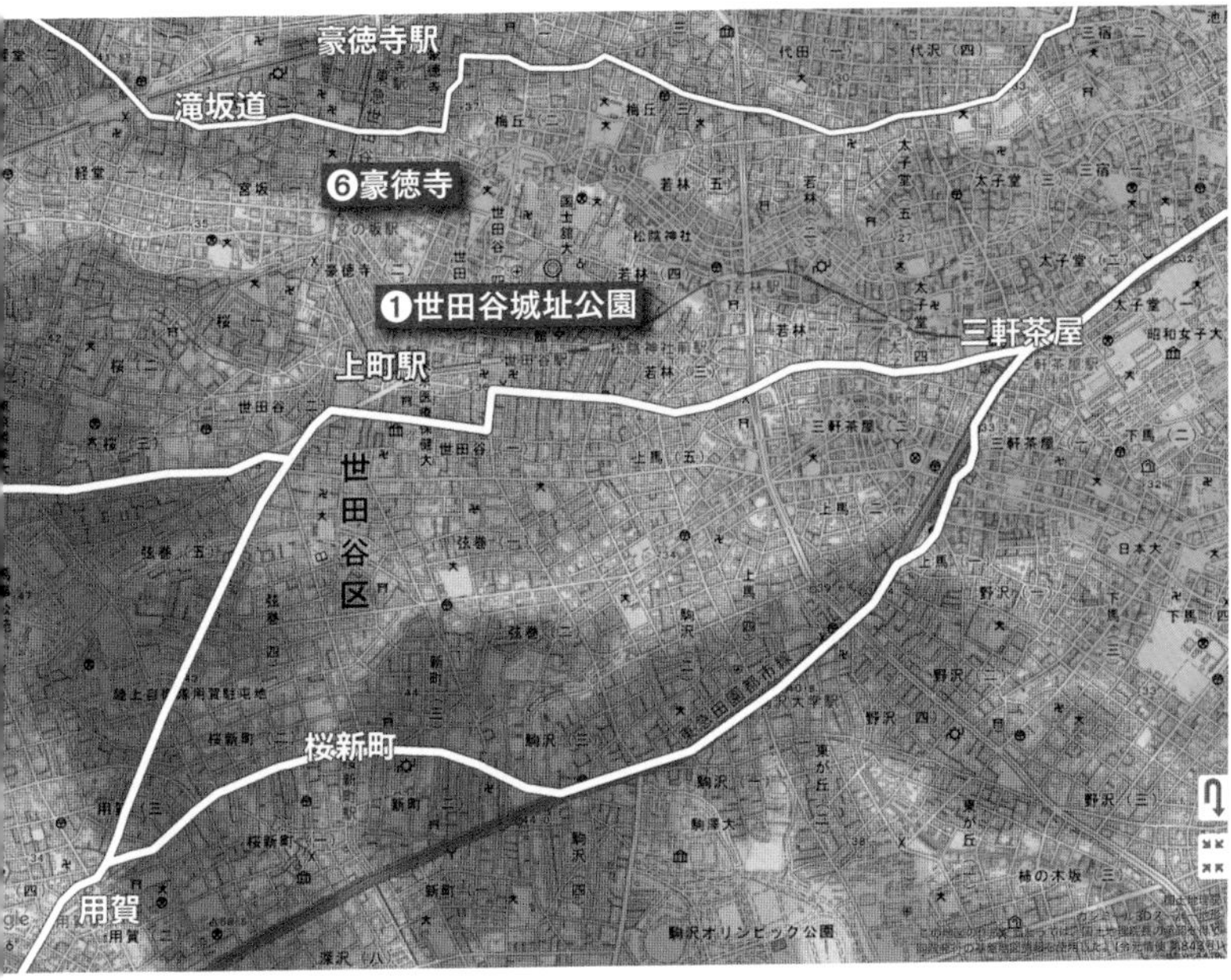

三軒茶屋から世田谷城址へ　（スーパー地形より）
今でも残る当時の道筋を現代図に白い線で描いてみた。滝坂道も大山道も辿ることができる。

江戸時代後期の道標
三軒茶屋の分かれ道に残る。左 相州道／大山道、右 富士／世田谷／登戸道と書いてある。「大山道」の文字の大きさに注目。

渋谷を抜けた**大山道**（現国道246号。玉川通り）は上空に首都高速を仰ぎつつ西へ向かい、**三軒茶屋**で二手に分かれる。首都高とともにゆるく左へ曲がる道が「大山道」（国道246号）、三叉路をまっすぐ進むのが**世田谷通り**。江戸時代の道標が今でも同じ場所に残っているのだ。大山道は「大山不動尊」や「大山阿夫利神社」へ向かうための道。江戸時代、多くの信仰を集めた。

世田谷通りを進むと、やがて室町時代の世田谷城の城下町「世田谷区世田谷」だ。

今の世田谷通りはそのまま狛江を抜けて多摩川を渡り登戸へ至るが、目黒筋御場絵図を見ると世田谷から南西へ斜めに向かう道も描かれている。大山道の旧道がこちらだ。

江戸時代前期までは、渋谷から世田谷を経由して瀬田《せた》河原（今の二子《ふたこ》玉川）へ向かうのが大山道だったが、農村になった世田谷に用はないとばかりに三軒茶屋から最短距離で瀬田河原へ向かう新しい道が開かれ、今の国道246号の原型が作られたのだ。

❖世田谷通りの旧道に彦根藩世田谷領の代官屋敷が現存！

ということを頭に入れて昔の世田谷へ旅してみたい。目指すは旧世田谷城と城下町だ。目黒筋御場絵図を見ると、世田谷からまっすぐに北に延びる細い道があり、その奥に「古城山」とある。世田谷城の址《あと》が江戸時代後期になってもこのように伝えられていたのである。

今の地図と並べてみると、当時の細い道がそのまま残っていることや、当時のクランク状の道を残しつつ新しく道路を敷いたことで、道がややこしくなっていることもわか

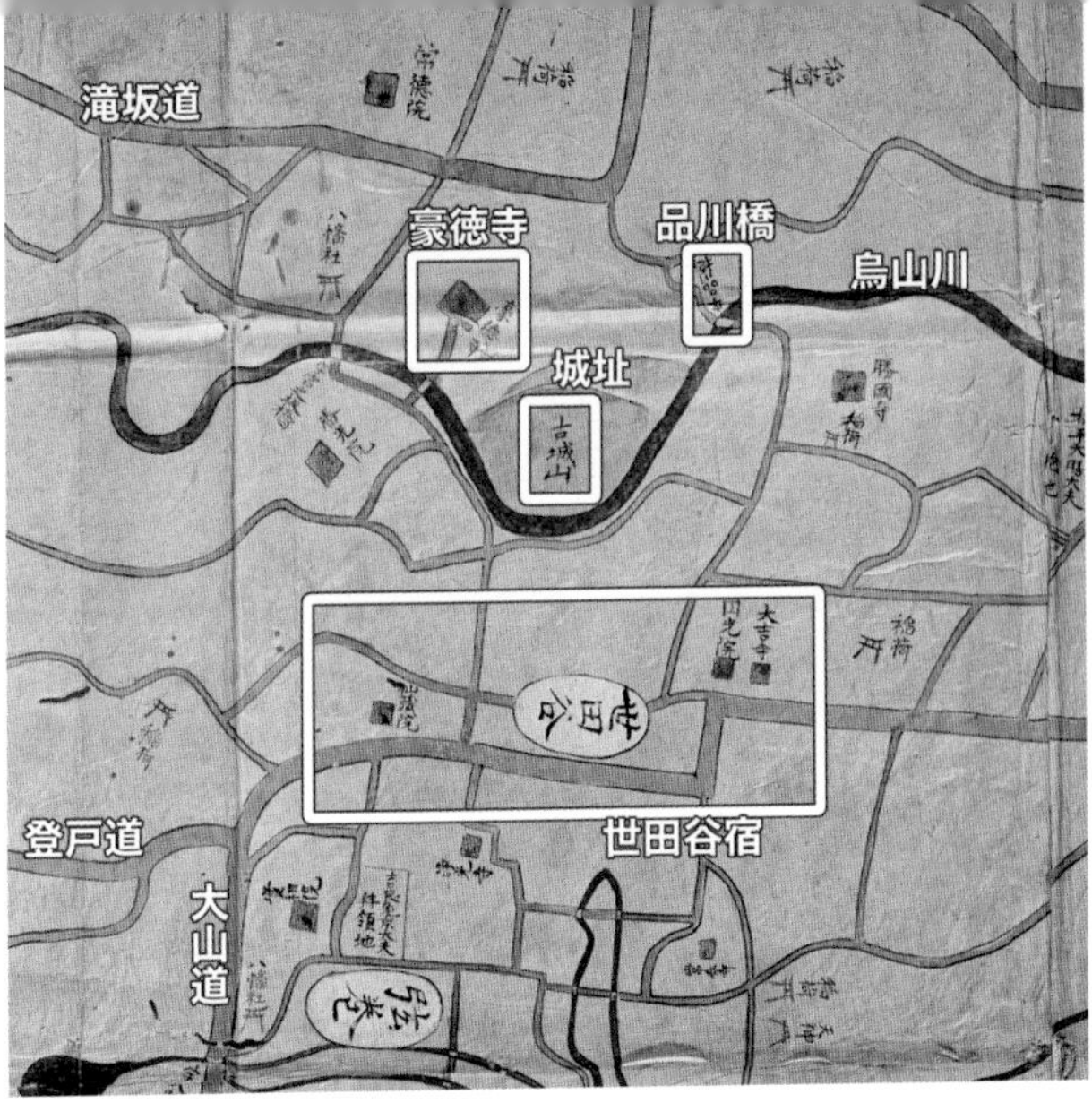

目黒筋御場絵図
文化2年（1805）
（国立公文書館蔵）
世田谷周辺の拡大図。城址の周りを寺院（赤い四角）が囲んでいるのがわかる。

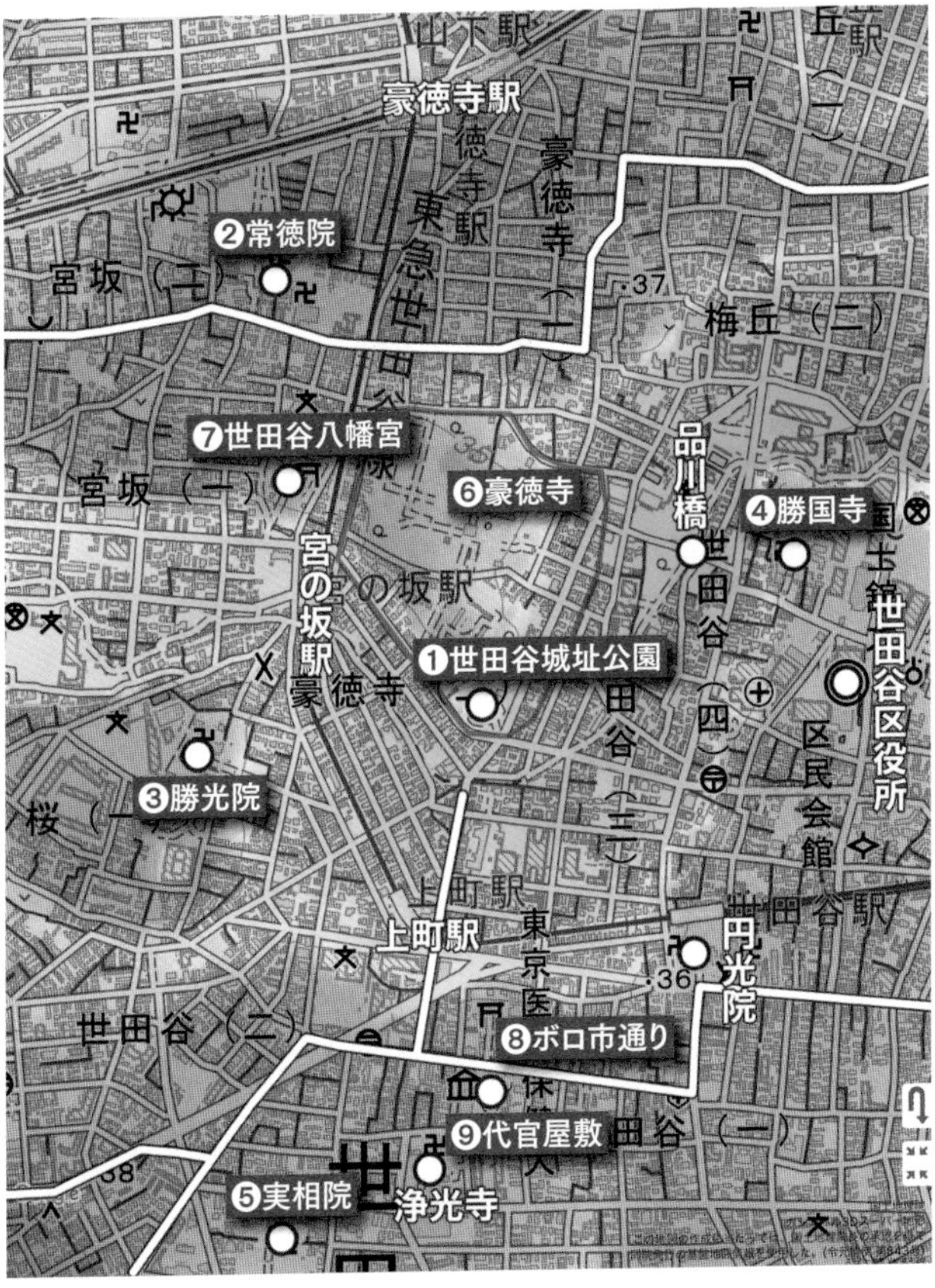

現代の世田谷拡大図
（スーパー地形より）
青い線は世田谷城の範囲（推定）。白い線は主な古道の道筋。

る。

この絵図から世田谷城が残っていた当時の世田谷を思い浮かべることができる。

古城山は今の**①世田谷城址公園**。江戸時代の城址がそのまま維持されて今は公園になっているのだ。表に見える石垣は近代に作られたものでちょっと残念ではあるが、

周辺に残る世田谷城の
土塁跡のひとつ。

少し奥へ入ると当時の空堀や土塁がけっこう残っていて中世の城好きにはたまらない場所だ。

古城山と豪徳寺《ごうとくじ》のあたり一帯が世田谷城で、南側をU字型に流れているのが烏山川《からすやまがわ》、これが天然の堀になっていた。

古城山の周りには豪徳寺へ向かう橋（おそらく清涼橋）と東側の「品川橋」の二つしかない。烏山川とその周辺の湿地帯は城の防御になっていたのだから、橋も少ないのだ。

品川橋の名が気になるが、小田原北条氏の時代、世田谷城主の吉良氏の勢力範囲は目黒や品川にまで及んでいたと聞く。烏山川を使った水運が品川まで通じていた（品川を流れる目黒川の上流は烏山川と北沢川）のか、この橋から品川への街道が通じていたのかわからないが、何らかのつながりがあったことと、橋の名からして世田谷城時代からあった橋ではないかと思う。

さてその世田谷城主だった吉良氏。吉良氏といえば誰もが思い浮かべるのが、赤穂《あこう》浪士事件で四十七人の浪士によってたかって斬り殺された（今の感覚だと逆恨みで殺されたとしか思えないのでこんな記述に）吉良上野介《こうずけのすけ》が有名だが、その吉良と世田谷城の吉良は遠い親戚だ。

鎌倉時代、幕府の有力御家人であった足利義氏《あしかがよしうじ》の息子二人がそれぞれ三河国《みかわのくに》の吉良（今の愛知県西尾市にある）を領し、東吉良を領していた方はのちに奥州管領《おうしゅうかんれい》になり、その子孫の吉良治家《はるいえ》が世田谷を領して世田谷吉良氏がはじまる。

もう一方の吉良はそのまま三河の吉良に土着し、その子孫が吉良上野介。というわけでほんとに遠い親戚筋なのだ。足利氏の子孫ということは源氏なわけで、武家としての血筋は非常によい。

吉良氏の墓所が残る曹洞宗の勝光院
少し高台にあり、非常に静かな落ち着く場所だ。

その吉良氏も、戦国時代には、最終的には小田原北条氏の下につき、世田谷は城下町として発展したのだ。

世田谷城を中心に目黒筋御場絵図を見ると、赤い四角が各方向に配置されている。そのほとんどが、吉良氏の時代に創建されたお寺で禅宗だ。北東にある**②常徳院《じょうとくいん》**は滝坂道沿いにあり、曹洞宗《そうとうしゅう》。西にある**③勝光院**は室町時代創建、のちに曹洞宗となり、戦国時代以降の吉良氏の墓所がある。

東の烏山川を挟んだ高台にある真言宗の**④勝国寺**はちょうど世田谷城の北東にあたる鬼門にあり、吉良氏5代目の政忠《まさただ》が世田谷城の砦《とりで》としても使えるよう創建したと伝わる。この台地は以前から「元宿」と呼ばれており、区役所のあたりが当初の世田谷宿だった（つまりこの頃の街道は元宿を抜けて北に通じていた）と考えられている。

南東にある円光院も吉良氏の祈願所として創建。南西にある仙蔵院は明治期に廃寺となったため詳細は不明だ（今の桜小学校）。

道路がクランク状になった世田谷宿（世田谷新宿と呼ばれていた）の南には、天正《てんしょう》16年（1588）創建という日蓮宗の**⑤実相院**、嘉吉《かきつ》4年（1444）創建という浄土宗浄光寺《じょうこうじ》がある。

室町〜戦国時代に城を守るように取り巻いたいくつもの寺院があり、それが今まで残っているのだ。世田谷の原型ができたのは室町時代なのだなと思わせてくれる。

そして**⑥豪徳寺**。そこには室町時代の文明《ぶんめい》12年（1480）、城主吉良氏の吉良政忠が叔母にあたる弘徳院《こうとくいん》のために城内に創建した庵があり、世田谷城落城以降荒れていた。発展したきっかけは井伊《いい》家。徳川四天王のひとり井伊直政《なおまさ》が彦根藩主となり、2代目藩主の井伊直孝《なおたか》の寛永《かんえい》10年（1633）、世田谷が彦根藩世田谷領となったのだ。その井伊直

豪徳寺仏堂前には延宝5年（1677）建立の古い石灯籠もある。

豪徳寺境内の招福観音堂脇に納められた招き猫たち
各サイズそろっており、寺務所で購入できる。観光客に人気のスポット。

孝がそこを江戸の菩提寺《ぼだいじ》にしたのである。世田谷城址という場所が魅力的だったのかもしれない。

井伊直孝が亡くなったとき、直孝の法名から「豪徳寺」と名を改め、延宝《えんぽう》5年（1677）、直孝の娘が父の菩提を弔うため仏堂などを建立した。そのときの仏堂と、法名が刻まれた石灯籠は現存している。

境内には直孝から、桜田門外の変で殺された井伊直弼《なおすけ》の墓まで井伊家の墓所があり、幕末好きには欠かせない場所だ。

さて豪徳寺といえば**招き猫**だが、井伊直孝が鷹狩りの途中、僧侶が飼っていた猫に招かれて落雷を避けたという伝承が元となり、願いが成就したら招き猫を奉納する（境内で販売されている）という慣習ができ、招福観音堂脇には奉納された招き猫が所狭しとならんでいる。その猫のエピソードを元に生まれたのが、彦根市のキャラクター「ひこにゃん」であるから、世田谷が彦根藩に所属していた時代の、そこでのエピソードが彦根市のキャラクターにつながっていると思うと面白い。ちなみに明治4年（1871）7月の廃藩置県では、藩をそのまま県に置き換えたので、世田谷（世田谷区のうち20カ村）は彦根県だった。まあその4カ月後に見直されて東京府に移管されたのだが、一時

世田谷八幡宮
世田谷の鎮守で、豪徳寺とは世田谷線と宮の坂を挟んだ反対側にある。

期彦根県世田谷だったのかと思うとちょっと不思議だ。

豪徳寺の西には八幡社がある。これが今の⑦**世田谷八幡宮**。八幡宮と豪徳寺の間にある道が「宮の坂」でこれを北上すると小田急線豪徳寺駅に至る。

世田谷八幡宮は社伝によると寛治《かんじ》5年（1091）に源《みなもとの》義家《よしいえ》が勧請したとなっているが、実際には吉良氏が創建したと思ってよさそうだ。天文《てんぶん》15年（1546）に世田谷城主の吉良頼康《よりやす》が社殿を修復したという記録がある。

ここ、社殿へ上る斜面の途中に土俵がある。渋谷の項でも出てきた（110ページ）江戸郊外三大相撲のひとつが行われていたのだ。土俵は常時置かれており、毎年秋の例大祭ではきれいに掃き清められ、東京農大相撲部による奉納相撲が開催されている。

秋の例大祭で開催される奉納相撲の様子
土俵は常時公開されており、いつでも見ることができる。

❖世田谷新宿にある江戸時代の代官屋敷

世田谷城と豪徳寺、というのは定番のスポットだが、もうひとつ世田谷新宿も押さえておきたい。江戸時代の地図にある「クランク状」の道がそのまま⑧**ボロ市通り**と名を変えて残っているのだ。世田谷城址公園から南へまっすぐ向かい、東急世田谷線

ボロ市通りを背に北を見ると、世田谷線と世田谷城址公園の森がきれいに見えるスポットがある。これも古い道だ。

上町駅を越えて現世田谷通りを越えて少し坂を上ったところの古い通りだ。

世田谷城とボロ市通り（往古の街道）の間は烏山川が作った低地で、川の北の舌状《ぜつじょう》台地《だいち》に城を構え、川沿いの湿地帯はおそらく水田で、反対側の高台に寺社や街道、市場があったと想像しながら歩くとより楽しい。

高度成長期の頃までクランク状に曲がった道が使われていたが、さすがに自動車の時代にそれは危険ということで新しくショートカットする道路（世田谷通り）が作られた。おかげで古い道筋が保存されたのである。

このボロ市通りは、小田原北条氏時代の世田谷の中心街。世田谷新宿として整備され、**楽市**《らくいち》が開催されて賑わったのだ。今は「ボロ市」という名で年に2回開催されているほか、ローカルな商店街としても楽しめる。

その通り沿いに**⑨代官屋敷**が残っている。代々彦根藩世田谷領を治めた大場家の屋敷。大場家はなんと室町時代に吉良四天王といわれた家臣のひとりで、吉良氏没落後は土着して帰農していたが、井伊家によって代官に指名されたのだ。現存するのは元文《げんぶん》2年（1737）築の屋敷。裏手にはまだ大場家の居宅がある。室町時代からずっと続く名家だ。

さらに代官屋敷の脇には世田谷区郷土資料館があり、世田谷の歴史がぎゅっと詰まっている。

代官屋敷も郷土資料館も無料で公開されているので、豪徳寺と世田谷城址を訪れるなら、その周辺の吉良氏ゆかりの寺院や代官屋敷にも訪れたい。全体を回るなら東急世田谷線が最適だ。専用軌道を走る路面電車なので、そのローカル線ぶりも味わえるし、運がよければ「まねきねこ車両」と出会えるかも。

元文2年（1737）に建てられた代官屋敷　（国指定重要文化財）
この横に世田谷区郷土資料館があり、世田谷の歴史を見せてくれる。

東急世田谷線
1編成だけ招き猫をモチーフにしたラッピング電車（幸福の招き猫電車）が走っている（ただし、世田谷線 50周年記念企画のひとつであり、終了時期は未定）。

古道と古墳群が示す都内有数の歴史をもつエリア

古地図を見ながら狛江の古墳群を巡り府中への古道ルートを探ってゆく

謎解きルート

❶玉泉寺→❷猪方小川塚古墳→❸前原塚古墳→❹庚申塔→❺泉龍寺→❻亀塚古墳公園→❼田中稲荷→❽経塚古墳→❾駄倉塚古墳→❿松原東稲荷塚古墳→⓫飯田塚古墳→⓬白井塚古墳→⓭庚申塔→⓮伊豆美神社→⓯兜塚古墳

世田谷から西への広域図

❖二手に分かれる大山道

目黒筋御場絵図の北の端はおおむね甲州街道。その北側は「中野筋」となる。西の端はほぼ多摩川。多摩川を渡るとそこは「御場外」となる。

前項の続きでいうと、渋谷から南西へ向かう大山道は三軒茶屋で二手に分かれた後、用賀で再び合流。そこから斜面を多摩川に向かって下り、二子《ふたこ》の渡しで対岸へ渡る。

目黒筋御場絵図には「瀬田・二子渡船場」とある（一般には「二子の渡し」）。今「二子」といえば「二子玉川駅」が有名だが、もともとそこは単なる多摩川の河原で瀬田村の一部。「二子」という地名は実は多摩川を渡った川崎市側の地名なのだ。でも今や二子といえば二子玉川の方が有名になってしまった。駅名の力は強いのである。

世田谷から登戸《のぼりと》へ向かう**登戸道**（世田谷通りの前身）は「登戸の渡し」で多摩川を渡

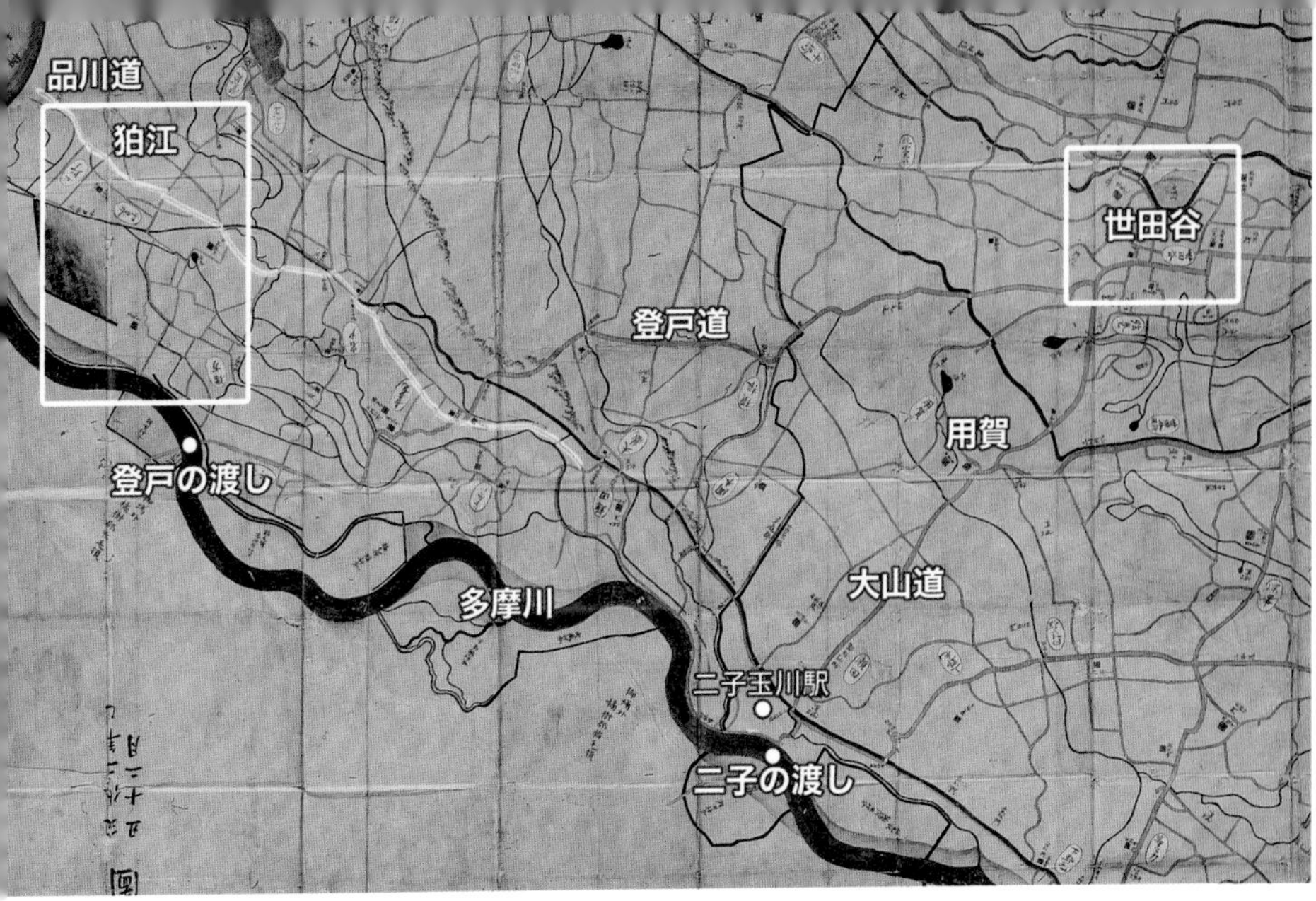

目黒筋御場絵図
文化2年（1805）（国立公文書館蔵）
世田谷から二子の渡し、登戸の渡しへ道が延びているのがわかる。そして西の端は狛江。

っていた。

登戸道（世田谷通り）や大山道（国道２４６号。玉川通り）は多摩川を渡って相模国《さがみのくに》へ向かう道だが、多摩川を渡らない道もある。その行き先は**府中**だ。甲州街道は府中経由で甲州へ向かうし、府中と品川を結ぶ**品川道**もあった。

目黒筋御場絵図の北西の端は府中へつながる品川道が描かれた**狛江**《こまえ》で終わっている。そこで第2章のラストは「狛江」へ行きたい。

❖狛江の鎌倉街道と古墳群

その狛江市、調布市と世田谷区と多摩川に挟まれた小さな市だが、訪れてみるとなんとも古い歴史を持つエリアなのである。

古いところからいくと、都内有数の古墳群を持つ土地だ。狛江市のＷｅｂサイトによるとかつて「狛江百塚」と呼ばれたほど多くの古墳があり、１００は大げさとしても昭和51年（１９７６）の調査では51基、さらにその後の発掘調査で見つかった古墳もある。

ひとつひとつはそれほど大きくなく円墳が中心だが、現存する古墳も10基以上あり、どれも住宅や農地と共存しているのが素晴らしい。個人的に好きなエリアで何度も訪れている。

その中を古い道が2本通っている。

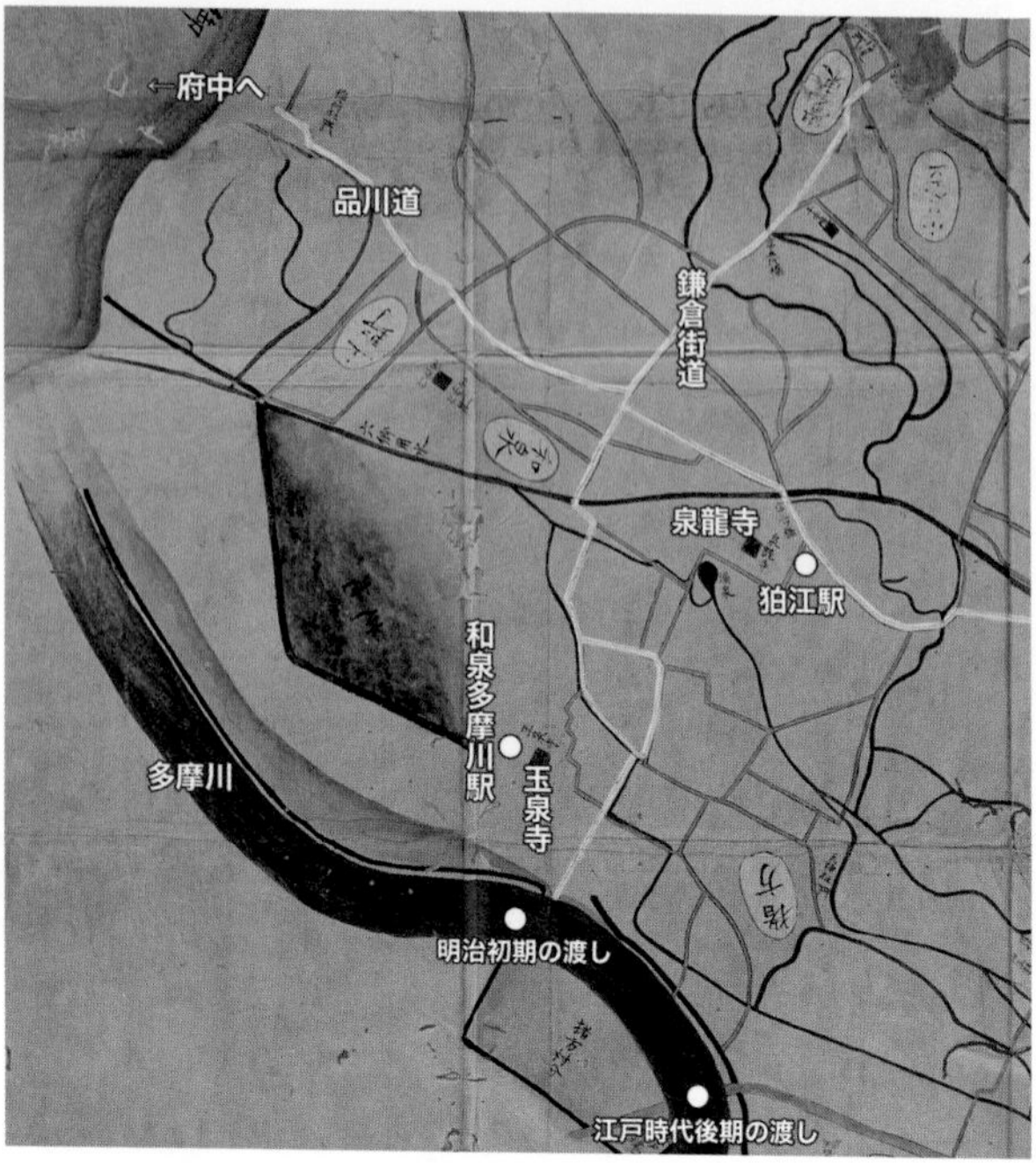

目黒筋御場絵図
文化2年（1805）（国立公文書館蔵）
狛江付近の拡大図。位置関係がわかりやすいよう、小田急線和泉多摩川駅と狛江駅の場所を大まかに書き込んでおいた。和泉多摩川駅前の玉泉寺と狛江駅前の泉龍寺がランドマークだ。

ひとつは**鎌倉街道**で、登戸の渡しから北に延びる道に鎌倉街道伝承（総じて中世から使われていたという道）が残っている。

もうひとつは**品川道**。往古から府中と品川を結んでいたといわれる古道だ。かつて多摩川が削り残した立川段丘《だんきゅう》の高台を多摩川に沿って府中と品川を結んでいた。世田谷から品川まではよくわかってないが、江戸時代は奥多摩から切り出した木を筏《いかだ》に組んで河口部に卸したあと、歩いて戻るときに使った道として「筏道《いかだみち》」の名が残っている。

多摩川沿いの狛江は古くから交通の要衝だったのだ。

では古地図を見ながら狛江を歩いてみたい。

さすがに目黒筋御場絵図だけでは情報が少なすぎて現代地図とのギャップが大きすぎるので、間を埋めるものとして、明治14年（1881）の迅速測図（旧日本陸軍によって作成。俗に「迅速図」という）を用意してみた。

絵図を見ると、多摩川の近くに二つの寺院がある。これでだいたいの位置を特定できる。

目黒筋御場絵図にある①**玉泉寺**《ぎょくせんじ》は小田急線**和泉**《いずみ》**多摩川駅**の裏手あたりにある古刹。ここから話をはじめたい。

明治前期フランス式彩色迅速測図
明治13〜14年（1880-81）
（日本地図センターより）
目黒筋御場絵図にある道に白く色をつけて比較しやすくしてみた。渡しの位置が江戸時代とちょっと違うのは多摩川が頻繁に流路を変えていたせいだろう。地図に描かれている塚にマークをつけておいた。六社明神はおそらく「六所神社」の間違いだ。

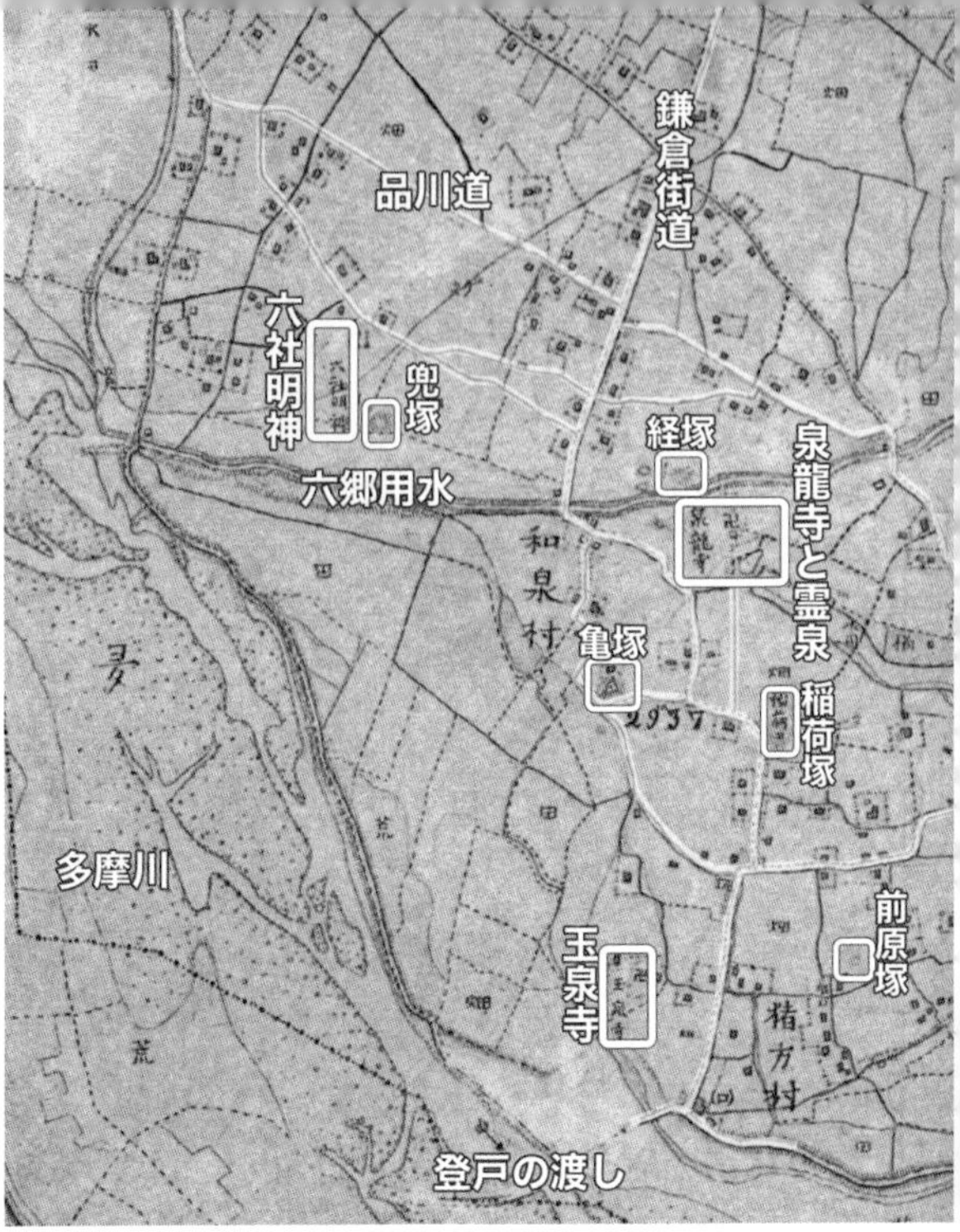

現代の狛江中心部
（スーパー地形より）
白い線は古道。伊豆美神社はかつての六所神社。●は文中に出てくる現存する古墳。古墳や石仏が多く残っており、史跡散歩好きにはたまらない。

往古は大輪寺といい、開創は舒明《じょめい》天皇6年（634）。当初は多摩川の対岸にあったという。多摩川の洪水により被害を受け、文亀《ぶんき》4年（1504）に現在地に再興して玉泉寺とした。舒明天皇は古すぎるとしても、多摩川は暴れ川で幾度となく流路を変えており、それにともなって移転したという話はありそうだ。

円墳の一部だけが残っていた猪方小川塚古墳
アクリル板の奥に石室が展示されており、古墳内部を見学できるなかなか贅沢な場所だ。上部はすでに削平されており、失われている。

畑の中にこんもりと残っている前原塚古墳
公開はされてないが、南から畑越しに眺められる。

玉泉寺前の参道を東へ向かうと南北のバス通りに出る。この道が鎌倉街道伝承のある道。北から来た鎌倉街道はこの先で多摩川に達し、登戸の渡しで対岸へ渡っていたのだ。

玉泉寺のあたりは多摩川低地より少しだけ標高が高い立川段丘で安定した土地だったのだろう。

鎌倉街道を挟んだ反対側に古墳がある。現存するのは2つ。**②猪方《いのがた》小川塚《おがわづか》古墳**と、**③前原塚古墳**だ。猪方小川塚古墳は民家の庭に高さ1mほどの墳丘が残っており、宅地造成にともなって2011年から発掘調査が行われていたもの。かなり削られていたが石室が残っており、それが狛江ではじめて見つかった横穴式石室《よこあなしきせきしつ》墳（古墳は遺体を上から納めるか横から納めるかで違いがある）で、古墳時代後半の7世紀のものと考えられている。そこが2020年に「猪方小川塚古墳公園」として整備された。住宅街の真ん中のわかりづらい場所だが、本物の石室を間近に見られるので一見の価値有り。

前原塚古墳は農地の真ん中にぽつんと残る塚。詳しい調査はなされてないが、縦穴の埋葬施設が二つ確認されている。

泉龍寺の山門から鐘楼を望む
山門は安政6年（1859）、鐘楼は天保15年（1844）に再建されたものだ。

元禄時代の弁財天の祠
このあたりは浅い谷で池がいくつもある湧水ポイントだったようだ。

さて鎌倉街道を北上し、世田谷通りを渡ると左手に**④庚申塔**が現れる。実はこのあたりに古墳と思われる塚が三つあった。今は残ってないが、庚申塔のあたりに熊野、反対側に諏訪《すわ》と稲荷。それぞれ塚の上に神社が勧請されていたのである。塚の間を街道が抜けていたわけで、街道の目印として使われていたことが想像できる。稲荷は明治前期の地図にかろうじて描かれている。

さらに北上すると丁字路がありそこを左折して小田急線の高架をくぐると右手は**⑤泉《せん》龍《りゅう》寺《じ》**への参道だ。鎌倉街道から山門までちょっと距離があるけど、昔は街道までが寺域だったのじゃないかなと思う。

このあたりを「和泉」というが泉龍寺がその大元。名前からして「泉」で「龍」なのだから豊富で良質な水が湧いていたのだ。天平宝字《てんぴょうほうじ》9年（765）に良弁《ろうべん》僧正が創建し、天暦《てんりゃく》3年（949）に天台宗となり、戦国時代に曹洞宗へ改宗した。

その湧水は泉龍寺門前の弁天池。水量が豊富でどんな干魃《かんばつ》があっても涸れなかったという（でも高度成長期の荒波には耐えられず、今は深井戸からポ

亀塚古墳公園
通路を辿るとかろうじて残された前方部とその上の亀塚の碑を散策できる。

鎌倉街道とそこにかかっていた鎌倉橋の欄干
水路が暗渠化されたとき欄干だけ残しておいたのだろう。

ンプで汲《く》み上げている)。その水の恵みを中心に寺院ができ集落ができ、街道が通ったのだろう。往古からこの水が重宝されていたのだ。

江戸時代前期、このあたりを領していた旗本の石谷《いしがや》氏が池に弁財天を祀り、石の祠《ほこら》を置いた。その祠は現存。中に納められていた弁財天は泉龍寺の仏教文庫内に保管されており、開館日は見学できる。

鎌倉街道に戻り、西へ歩くと丁字路があるので右折する。すると右手に**⑥亀塚古墳公園**が現れる。これも2020年に整備された新しい公園だ。

江戸時代から「亀塚」として知られていた古墳は、戦後、宅地化の際に調査の後削平。帆立貝型前方後円墳の前方部だけが四方を住宅に囲まれながらポツンと残されていたのだが、2020年に古墳を囲んでいた宅地の一角が公園となり気兼ねなく訪問可能になった。亀塚は古墳時代中期の5世紀末頃の盟主の墓と考えられている。

街道に戻り、北上すると「鎌倉橋」と書かれた欄干が道の端に置かれている。かつて流れていた水路にかかっていた橋で、鎌倉街道伝承から「鎌倉橋」と呼ばれていた。

やがて**⑦田中稲荷**に至り、田中橋交差点を渡る。この道は江戸時代に開かれた六郷用水(次大夫堀《じだゆうぼり》)の流路跡。鎌倉街道は交差点を渡って北上して調布市の入間《いりま》方面へ通じている。

右に曲がって道路沿いに歩くと、マンションに挟まれた⑧**経塚《きょうづか》古墳**がある。もともと泉龍寺の境内にあった5世紀後半の円墳だが、中世には墳墓として再利用されており、墳頂には板碑《いたび》が置かれていた。入口に鍵がかかっているが、右隣のマンションの管理人にお願いすると墳頂に上がらせてもらえる。

❖狛江駅から品川道を辿る

もうひとつの古道、品川道へ移ろう。狛江駅の北口を出て高架に沿って北東方面に歩くと、最初の十字路で品川道と交差する。右へ向かうと二子玉川方面、左へ向かうと府中方面だ。

左折して狛江市役所前の信号を北西へ渡り最初の道を左に入る。これが品川道。左手、塀の向こうに塚がある。これが⑨**駄倉塚《だくらづか》古墳**。私有地にある古墳だが、ビルの管理人室に断れば見学OK。やや削られてはいるが墳頂へ上ることもできる。

品川道を道なりに府中方面へ歩くと右手に⑩**松原東稲荷塚古墳**（私有地で勝手に入ることはできない。墳頂に稲荷の祠

田中稲荷
田中稲荷を鎌倉街道側から撮影。神社右手の道路は六郷用水跡だ。社殿裏手に田中橋の親柱や庚申塔も置かれている。

駄倉塚古墳
隣接するビルの2階から撮影した駄倉塚古墳。ビルの管理人に断って見学させてもらったときのもの。墳丘には祠があり、屋敷神として使われていたのかもしれない。

飯田塚古墳の名残
かろうじて墳丘の一部とそこに祀られていた稲荷が住宅と住宅の隙間に残っている。

きれいに残っている白井塚古墳
墳頂にあるのは白井家の屋敷神だ。ひとこと断って見せていただいた。

がある）。

　さらに歩くと交差点があり、信号で先ほどの鎌倉街道を渡る。品川道を西へ向かう前にちょっと寄り道。

　この信号を左手に曲がるとコンビニエンスストアがあり、裏手あたりに小さな塚に乗った稲荷があるのだ。それが⑪**飯田塚古墳**。近年住宅地として開発され、かろうじて墳頂にあった稲荷だけが残った感じだ。

　品川道に戻り西へと向かう。この飯田塚と隣接する土地にもうひとつ古墳があり、それはほぼ現存している。品川道を西へ歩き、次の道を左に入ると東側に「白井造園」がある。そこの敷地に⑫**白井塚古墳**が残っているのだ。白井家の方にお願いして見せてもらったところ、墳頂の稲荷は白井家の屋敷神で今でも一族でそこに集まることがあるそうだ。立派な円墳である。道路からも見ることはできる。

　ここで品川道に戻らず、南へ向かう。丁字路に当たって右に曲がると別の道に合流し、そのY字路に⑬**庚申塔**がある。その台石は道標を兼ねており、右・当村地蔵尊／玉川渡し場道（地蔵尊は泉龍寺。渡し場は登戸の渡し）、左・江戸

伊豆美神社
伊豆美神社に残る江戸時代の石鳥居。慶安4年（1651）に石谷氏が奉納した狛江市最古の鳥居。

Y字路の庚申塔
三ツ又の中央に道標を兼ねた庚申塔が立っている。庚申塔横にある卵形の石は近年道標として置かれたもの。

兜塚古墳
兜塚古墳全景。墳丘全体が史跡公園として残されている。公園への入口の門は閉ざされているが、鍵はかけられてないので開けて入ることができる。

青山・六郷道（江戸青山とあるのは品川道。喜多見を経由して登戸道に入ると、三軒茶屋から渋谷に出て青山につながる。品川道をそのまま進むと多摩川沿いに六郷へ至る）、西・府中道とある。江戸時代の道しるべだ。

府中方面へ向かうと左手にこのあたりの鎮守、⑭**伊豆美《いずみ》神社**がある。伊豆美は「和泉」のこと。もともとは六所宮《ろくしょのみや》（府中の大国魂《おおくにたま》神社を勧請したといわれる）といった。参道に小ぶりな石造りの鳥居がある。江戸時代前期の慶安《けいあん》４年（１６５１）に領主石谷氏の三男が奉納した古いものだ。

この伊豆美神社の南東に⑮**兜塚《かぶとづか》古墳**がある。史跡としてフェンスに囲まれているが、門に鍵がかかってないので自由に入ることができる。かなり大きめの6世紀前半の円墳で、亀塚古墳の次の世代の盟主の墓と考えられているそうだ。

とこれだけで駅から歩ける古墳が9基である。もはや東京の古墳銀座と呼んでいいくらいだ。それらがかつては農地の中に、今は住宅地の中に何気なく残っており、古墳時代から中世、江戸時代、さらに現代まで一緒に味わえる貴重なエリアなのだ。古墳好きはぜひ訪問してほしい。

薬師堂

国府八幡宮

新田義貞の像

第3章

江戸以前の武蔵国の中心地・府中周辺を歩く

高安寺

関戸古戦場跡の碑と下の地蔵

本章で扱う

武蔵国府が置かれた府中の歴史を辿る

府中は古代から中世まで交通の要衝だった

武蔵国府の国司館復元模型（国司館と家康御殿史跡広場）
奈良時代の国司が赴任したときの儀式だそうである。

東京の中心は江戸である。よく考えたらおかしな言い方なのだけど、まあ、江戸城を中心とした江戸が今の東京の基本で、江戸城は皇居となり、東京都庁は新宿にある。どっちにしろ、江戸から発展したのが東京だ。

東京という名は明治以降のもの。それ以前、今の東京都にあたるエリアは**武蔵国**《むさしのくに》の一部だった。武蔵国が誕生したのは奈良時代になるちょっと前のこと。そのとき、**国府**《こくふ》（今でいう県庁所在地）に定められたのが府中だ。国府だったから「府中」って名前になったので順番が逆なのだけど、東京都府中市である。武蔵国時代の政治の中心があった場所だ。

場所は新宿から西へ直線で約20㎞、甲州街道に沿っていくと約22㎞。電車で行くなら京王本線で新宿から20分から25分弱。準特急か特急に乗ること。間違っても所要時間45分の各駅停車に乗ってはダメ。

そんな場所だ。実際に国府があったのは府中駅から少し南、今なお巨大な境内を持ち、5月の「くらやみ祭」では無数の参拝客で賑《にぎ》わう**大国魂神社**《おおくにたま》周辺である。

ビルの屋上から見た大国魂神社一帯
古代の国衙はこの敷地より広い範囲にあり、大国魂神社はその中の武蔵総社だった。

大国魂神社の東側の「武蔵国衙跡」の史跡公園
国衙の建物跡が発掘された場所で、赤い柱はその跡を示している。

平安時代までは国府として、中世には鎌倉街道沿いの軍事拠点として、江戸時代は甲州街道府中宿として長く交通の要衝として栄えていた。

そこで第3章では府中方面の過去を旅してみたい。

国府の時代

国府の中でも特に官庁街がある一角を**国衙**《こくが》という。そして政務を行う建物を国庁。これは今の県庁と思っていい。

武蔵国の国衙があった場所は発掘によってわかっている。今の大国魂神社とその東側だ。北の端が旧甲州街道。そこから大国魂神社の大きな社地がある。その一帯である。

なぜ広大な武蔵国の国府がそこに置かれたのか、もともと多摩に**屯倉**《みやけ》（天皇や朝廷の直轄領）があった、武蔵国の当時の有力豪族に対する政治的な理由があったと言われているけれども、地形的にも多摩川が削ってできた立川段丘の南端で安定した土地であり、広い水田を設けられることや、多摩川が近くて水運にも恵まれていたのは大

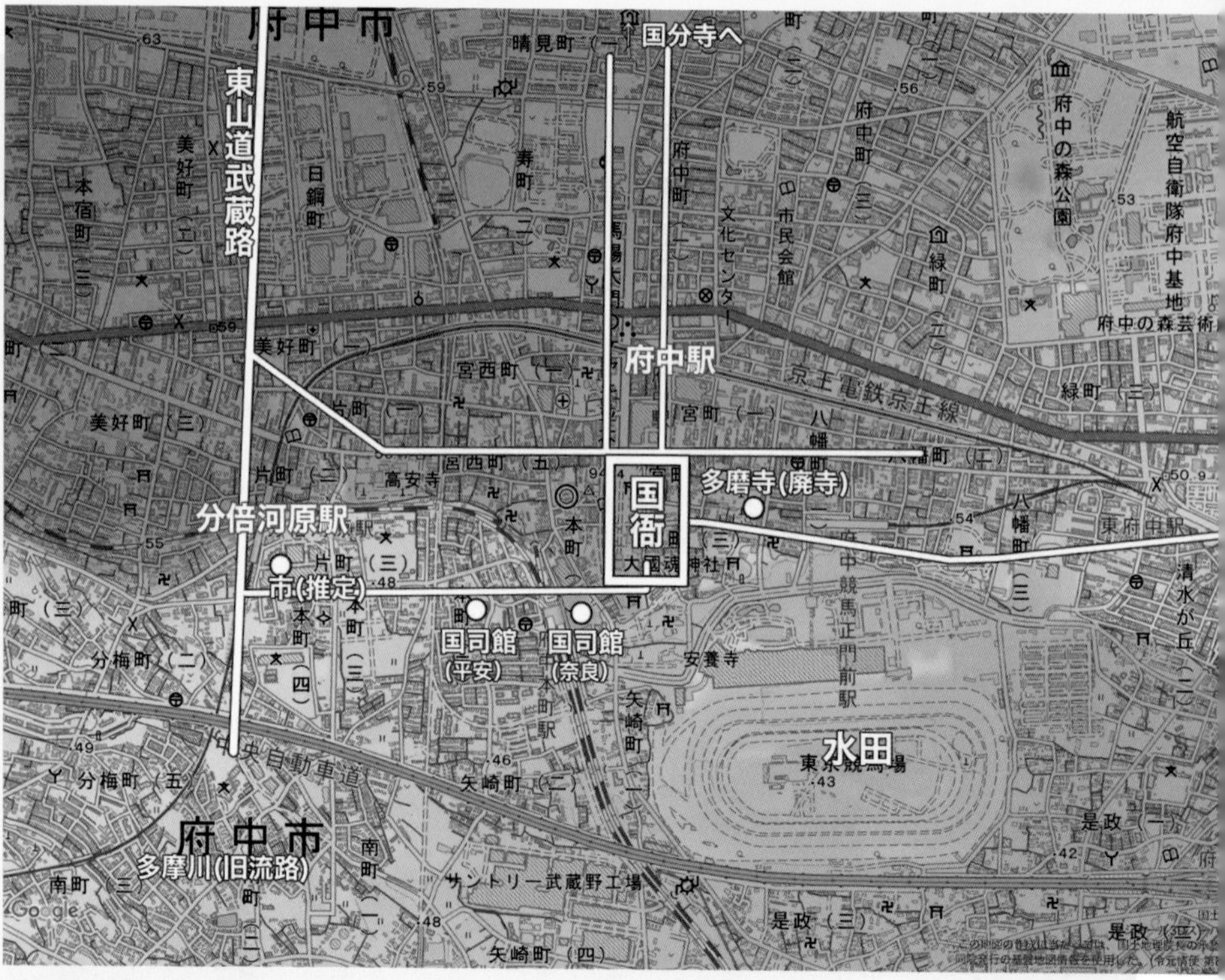

古代の府中（スーパー地形より）
〔府中郷土の森博物館展示解説シート、『武蔵府中まちの歴史物語』（府中市）、『ふちゅう地下マップ』（府中市）などをベースに作成〕
国衙は今の大国魂神社とその東側のスペース。道路は主なもの（推定）のみ書き入れた。
国府の西を南北に東山道武蔵路が貫き、そこから国府への道がある。

きいと思う。

大化の改新後、天皇を中心とした中央集権国家を作ろうとしていた朝廷は、全体を60以上の国に分け、各国に国府を置き、その長である国司《こくし》（今でいう県知事）に任期を決めて朝廷から派遣した。**五畿七道**というのはおなじみの**東海道**や**東山道**。これは「道」の名前であると同時に地方の名前でもあった。初代東海道は今の愛知県から静岡県とおなじみの太平洋沿いの国が並び、相模《さがみ》・上総《かずさ》・下総《しもうさ》ときて終点は常陸《ひたち》（今の茨城県）と、各国の国府を結ぶ官道で、朝廷からの使者や派遣される国司などが使うための古代の幹線道路だった。

実はそこに武蔵国は入ってない。実は相模国では鎌倉から横須賀方面へ行き、**走水**《はしりみず》から房総半島へ船で渡り、北上して常陸国へ行くというルートだったのだ。武蔵国無視である。

武蔵国はというと、東山道に属していたのである。今の岐阜県（美濃《みの》と飛騨《ひだ》）から長野県（信濃《しなの》）、そして碓氷《うすい》峠を越えて群馬県（上野《こうずけ》）から栃木県（下野《しもつけ》）へ抜ける道だ。武蔵国（特に国府）はそこからちょっと外れているので、上野国から南下し

大国魂神社の随神門と拝殿

て武蔵国府へ行き、さらに北上して今度は下野国へ向かうというなんとも遠回りなルートだったのだ。そのときの東山道と武蔵国府を結んでいた**官道**《かんどう》（**東山道武蔵路**《むさしみち》と呼ばれている）はところどころ発掘されており、幅12mほどで排水機構も備えた直線路だったことがわかっている。起伏ある土地を直線で結んでいたのだ。中央集権パワーである。

でも普通に考えて、群馬県から府中へ行ってまた北上して次は栃木県ってめちゃ遠回りだ。

ということで人々はもっと楽な道を使いはじめ、奈良時代の宝亀《ほうき》2年（771）には無事東海道に変更され、相模（神奈川県西部）から北上して府中へ向かうようになったのである。

鎌倉街道の時代

平安時代も後半になると中央集権国家も崩れていき、国府も弱体化。その代わり伸びてきたのが国府の六所宮《ろくしょのみや》……今の大国魂神社だ。

平安時代以降、国司は諸国の一ノ宮から六ノ宮までを回って神事などを執り行う必要があったがそれは大変なので、各神社の分祀《ぶんし》をひとつにまとめた総社を国府の近くに作っていた。武蔵国の場合は大国魂神社で、江戸時代までは武蔵総社六所宮や六所大明神などと呼ばれ、明治になって大国魂神社と改名したのである（今でも拝殿には「総社六所宮」と書かれた扁額《へんがく》がかかっている）。

多摩市にある小野神社
「武蔵一之宮 小野神社」とある。
今は小野神社と氷川神社の両方が武蔵国一ノ宮と名乗っているのだ。

大国魂神社の北に延びる馬場大門ケヤキ並木
この並木の奥に甲州街道が走り、それを渡ると大国魂神社の境内に入る。

その六所は次のとおり。

・一ノ宮：小野神社。多摩川対岸の多摩市にある。
・二ノ宮：二宮《にのみや》神社（小河《おがわ》神社）。あきる野市にある。
・三ノ宮：氷川神社。さいたま市大宮の氷川神社。
・四ノ宮：秩父神社。秩父市にある。
・五ノ宮：金鑚《かなさな》神社。埼玉県児玉郡神川町にある。埼玉県北部で群馬県に近い。
・六ノ宮：杉山神社。神奈川県横浜市緑区。（大国魂神社はここを六宮の杉山神社としているが、横浜市には杉山神社が多数ある。）

意外なのは「武蔵一宮」を標榜《ひょうぼう》する氷川神社が「三ノ宮」とされていること。この六つの中で一番大きいのは明らかに氷川神社だ。調べてみると、鎌倉時代の文献に小野神社を一ノ宮とする文書が残っているので、室町時代くらいに氷川神社が一ノ宮になったという説の信憑性《しんぴょうせい》が高そうだ。

宮之咩神社に奉納された底のないひしゃく
願いがかなうと、この底が抜けたひしゃくを奉納する。

この大国魂神社、もともと南向きだったが、永承《えいしょう》6年（1051）に源《みなもとの》頼義《よりよし》が北向きに改めたという伝承がある。もともと国庁（今の都庁や県庁）は南向きであったが平安時代後期になって国府が弱体化していき、何らかの理由で北から長い参道を通って参拝するようになったのだろう。

神社の歴史は非常に古い。社伝によると創建は景行《けいこう》天皇41年……日本《やまと》武尊《たけるのみこと》が東国征討をしていた時代で古墳時代より前じゃないか、であるが、深くは突っ込まないことにする。

主祭神は「大国魂大神」で出雲《いずも》の「大国主神《おおくにぬしのかみ》」と同一神。のちに国衙が置かれるこの場所に大国魂大神が祀《まつ》られておりそれが六所宮とされたのか、国衙の中に新たに六所宮を祀ったのが長年のうちに古い伝承ができたのか、詳細は江戸時代初期（正保《しょうほう》3年〈1646〉）の火災でほぼ焼失したのでわからないのが残念であるが、どんなに新しく見積もっても平安時代、古ければ飛鳥《あすか》時代くらいは遡れそうな古社だ。

古くて大きな神社なので境内社は非常に多いが、なかでも大国魂神社と同じ頃創建と伝わる古社がある。「宮之咩《みやのめ》神社」である。「咩」は羊の鳴き声（めぇめぇ）を表す文字だが、「比咩」（ひめ）＝姫を表す言葉としてよく使われており、『江戸名所図会』では「宮之姫」と書かれている。祭神は「天鈿女命《あめのうずめのみこと》」。北条政子の安産を祈願したのもここで、安産の神として、子宝に恵まれるよう「穴の空いたひしゃく」が奉納されている。

さて中世になると、古代の東山道武蔵路の道筋は徐々にずれていき、のちに**鎌倉街道**と呼ばれる軍事道となった。ここの鎌倉街道は主に北関東の

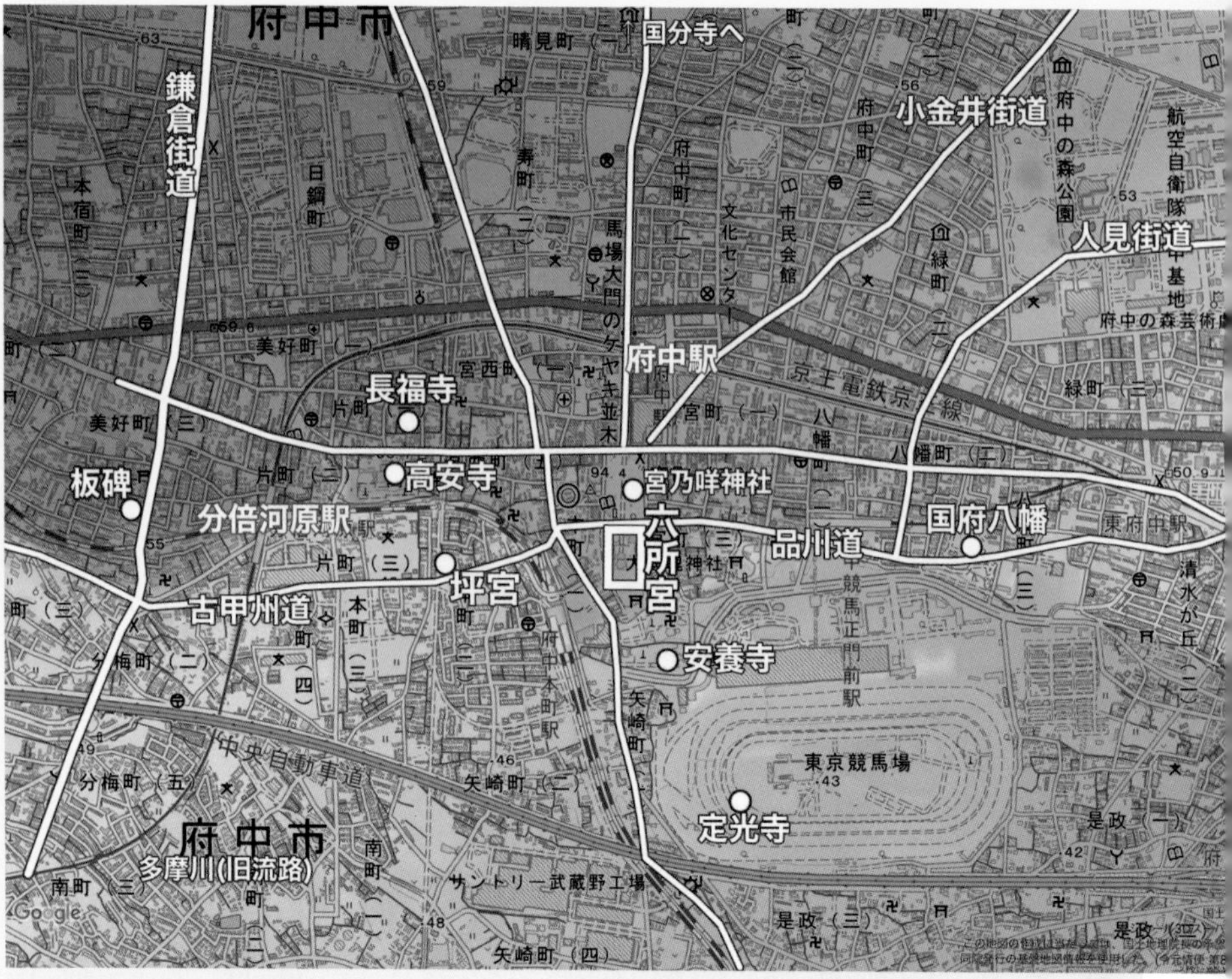

中世の府中（スーパー地形より）
〔『武蔵府中まちの歴史物語』（府中市）、『武蔵府中と鎌倉街道』（府中市郷土の森博物館）などを参考に作成〕。六所宮（大国魂神社）を中心に鎌倉街道や品川道など江戸時代を経て今につながる道もできている。鎌倉街道から分かれて大国魂神社へ向かう道（今の府中街道）はこの頃からの道だ。

武士たちが鎌倉と行き来するための道。北関東の武士といえば、室町幕府を開いた足利《あしかが》氏や鎌倉幕府を滅ぼした新田《にった》氏の本拠でもあり、「ザ・鎌倉街道」といっていいくらいの主要道だった。

特に分倍河原《ぶばいがわら》では何度か大きな合戦が行われている。一番有名なのは、新田義貞《よしさだ》が鎌倉幕府を滅ぼすために南下したときのもの。府中を抜けた鎌倉街道は関戸《せきど》の渡しで多摩川を渡り、多摩丘陵を越えて鎌倉へと通じていた。鎌倉幕府としては広大な多摩川が北の防衛ラインであり、その合戦で勝利した新田義貞はそのまま鎌倉幕府を滅亡させたのだ。

府中から東西に延びる街道も重要だ。

東へは**人見《ひとみ》街道**と**品川道**。人見街道は甲州街道の北側を東へ向かう。「下総道」とも呼ばれていたそうで、江戸を越えて下総国へつながっていたのだろう。「大宮道」とも呼ばれており、この「大宮」が杉並区にある大宮八幡宮を指すのか（今の人見街道は大宮八幡宮までつながっている）、さいたま市の大宮の氷川神社を指すのかはわからないが、古道なのは確かだ。

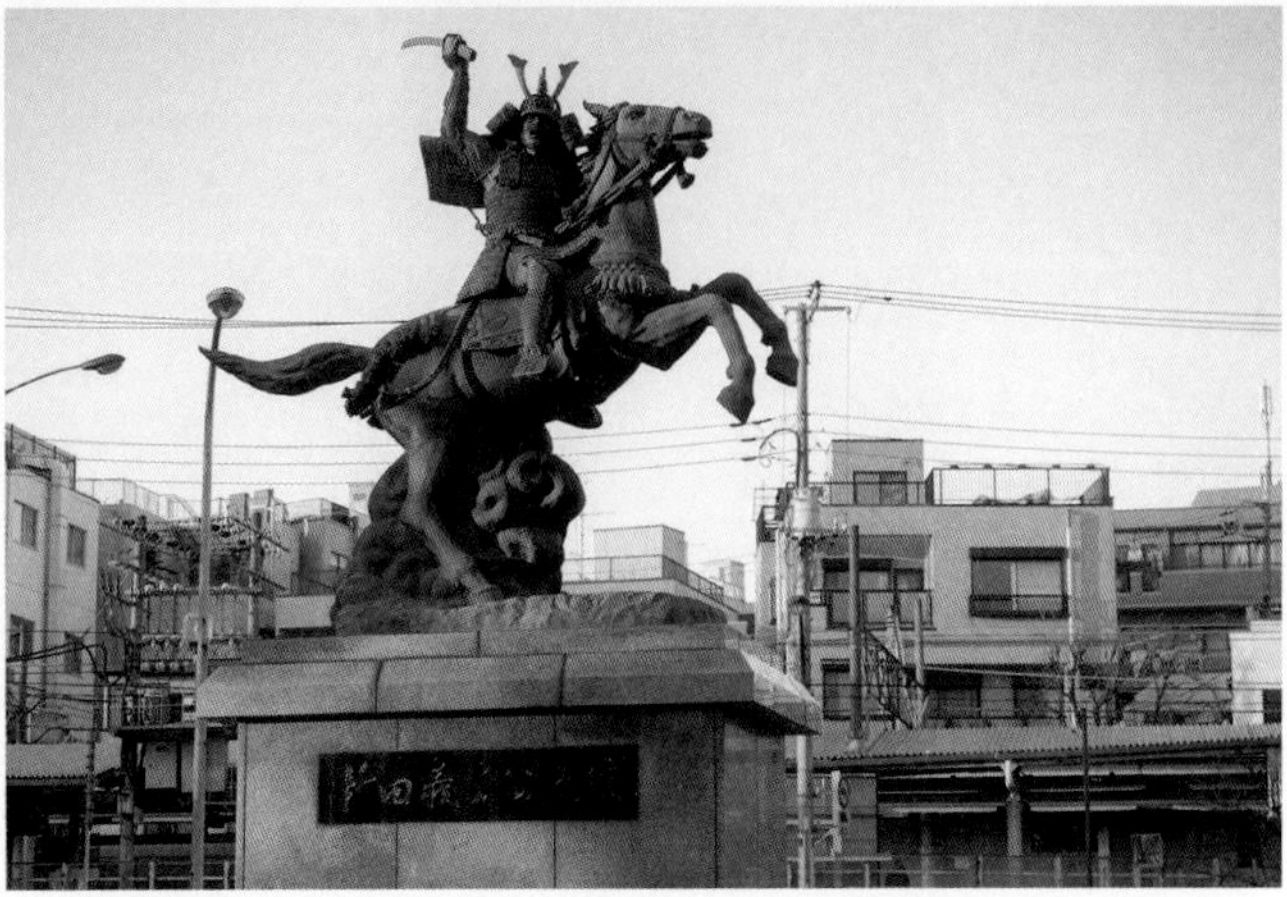

新田義貞の像
分倍河原駅のバスターミナルにそびえる。分倍河原合戦といえば新田義貞だ。源氏の一族で鎌倉幕府を倒したものの、南北朝期に南朝について敗れた。

甲州街道のひとつ南を東へ向かう品川道は府中と品川を結んでいた道で、府中市や調布市、狛江市にその名の伝承が残っている。一部は江戸時代前期まで旧甲州街道としても使われていた。前章の狛江の項で紹介した品川道の続きである。

反対に、府中から西へ向かう道は古甲州道。古代から武蔵国府と甲斐《かい》国府を結んでいた道。江戸時代の旧甲州街道とは少し道筋や渡しの位置が違う。こちらの古甲州道も江戸時代のはじめは甲州街道として使われていた。

府中宿の時代

天正《てんしょう》18年（1590）、小田原城が落ち、小田原北条氏の旧領である関東地方は徳川家康の領地となった。で、その年に家康は府中に御殿を建てたのである。はやい！

実は小田原落城後、秀吉はすぐに宇都宮へ東国大名への戦後措置（奥州仕置《おうしゅうしおき》）に向かっている。府中御殿は奥州から小田原への帰途、府中で休息・宿泊するために急いで造営させたと考えられているのだ。交通の要衝だった証である。

その後、秀吉の後継として関白となった羽柴秀次《はしばひでつぐ》と家康が府中で対面したという記録があり、江戸時代になると、将軍が鷹狩時などに利用する御殿として何度か使われたことがわかっている。けっこう府中を訪れているのである。

家康が亡くなったときも、柩《ひつぎ》を静岡の久能山《くのうざん》から日光へ移す際に府中を経由

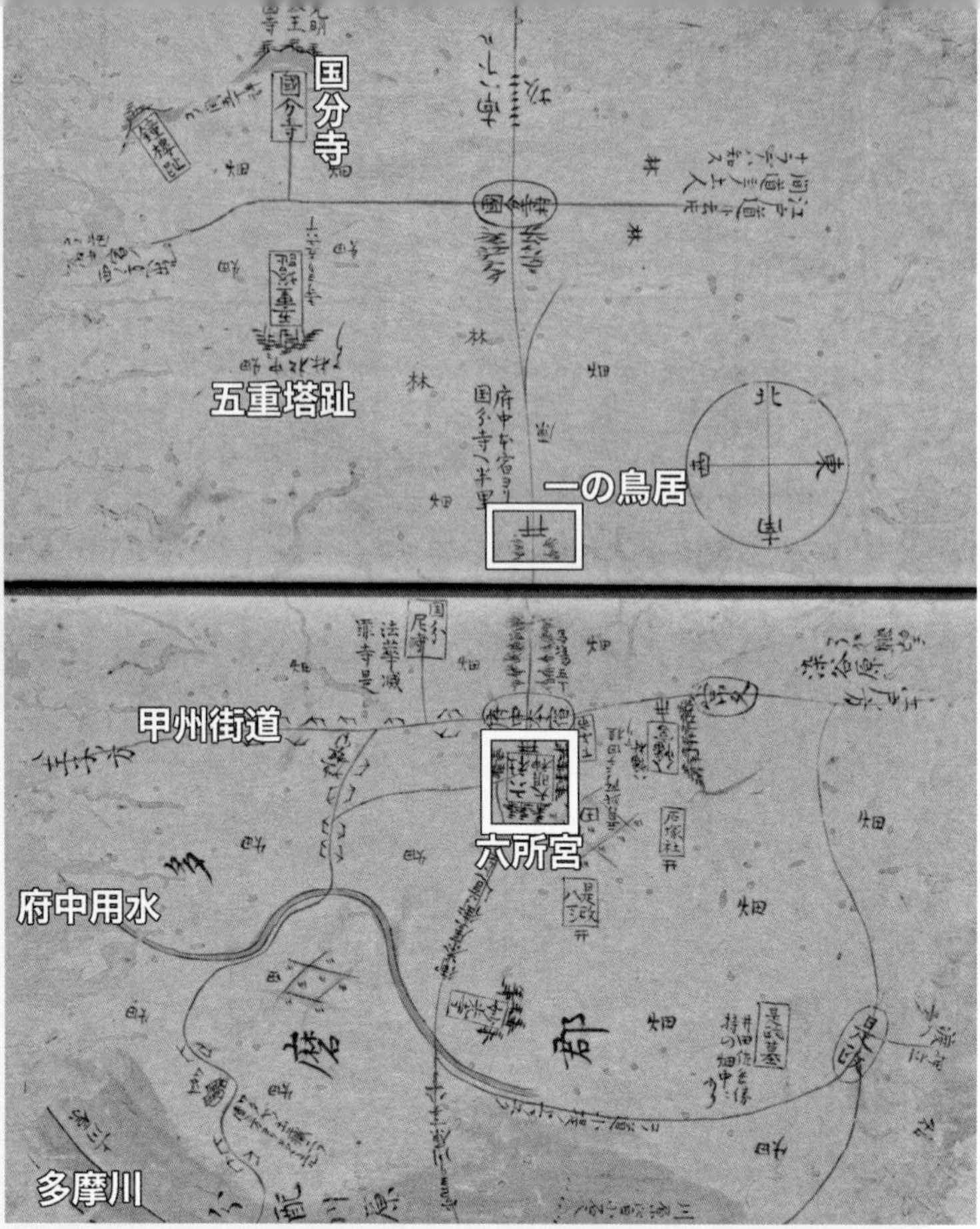

『江戸近郊道しるべ』 1800年代前半（国立国会図書館蔵）
ざっくりとしているが、府中宿周辺の地図。六所宮の北に5丁（約545m）のケヤキ並木がありその先に一の鳥居があった。

して北上。府中御殿で法要が営まれた。やがて御殿は使われなくなり、正保3年（1646）の火災で焼失したあとは再建されず、享保《きょうほう》9年（1724）には開墾許可が出て畑になってしまった。

その場所は近年の発掘で確定している。JR南武線府中本町駅のすぐ隣（改札から歩いて1分かからない）。しかも奈良時代の国司の館と同じ場所だ。今は**国司館《こくしのたち》と家康御殿史跡広場**という長い名前の史跡公園として保護されている。

江戸時代初期、大国魂神社は焼失したが、その後、寛文《かんぶん》7年（1667）に再建。三殿一棟の本殿は都の重要文化財に指定されている。中央に大国魂大神と御霊大神と国内諸神、左に一ノ宮から三ノ宮、右に四ノ宮から六ノ宮となっている。

さて、江戸時代に府中を通る街道といえば**甲州**

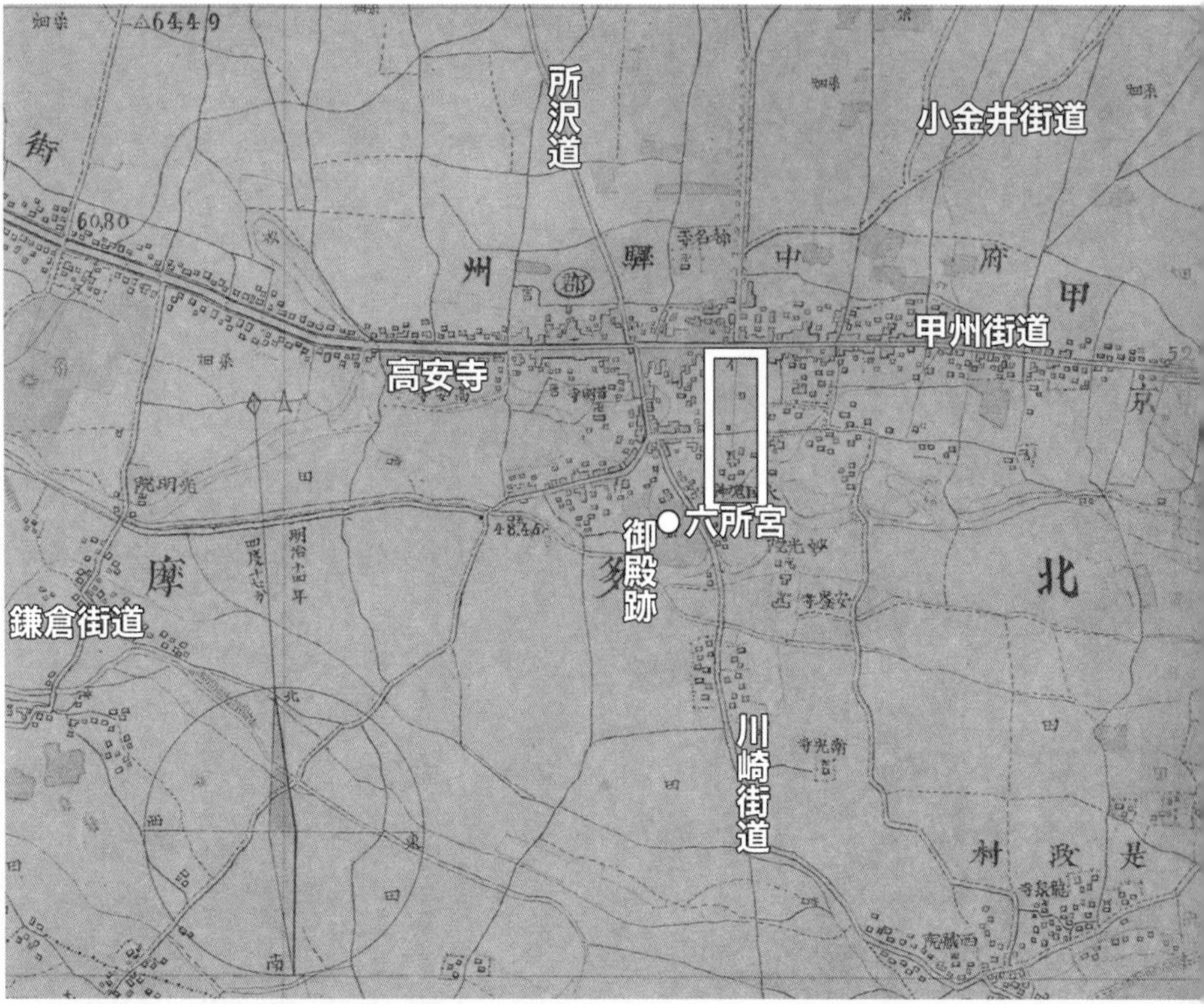

明治前期フランス式彩色迅速測図（明治13〜14年〈1880-81〉）（日本地図センターより）
明治前期の府中の地図。江戸時代末期とほぼ同じと考えられる。所沢道と川崎街道は今の府中街道。甲州街道との交差点が食違いになっている点に注目したい。

街道。今でも大国魂神社の北側に旧甲州街道として残っている。江戸と甲州をつなぐ街道で、今の国道20号線の元となった道だ。そこの宿場が府中に置かれた。今の府中街道との交差点には高札場《こうさつば》が置かれ、宿場町、さらに江戸時代後期には行楽地（史跡詣で的な意味合いが強い）としても有名で、多くの紀行文や地誌で詳細に書かれている。

その中から、村尾嘉陵《むらおかりょう》が書いた紀行文集『江戸近郊道しるべ』（嘉陵紀行ともいう）に府中の地図が描かれていたので紹介したい。見やすいよう、北を上にしてある。

明治前期の迅速図に描かれた府中は、ほぼ江戸時代末期の姿と変わらないと思っていいだろう。

その後、新しい甲州街道が作られ（現国道20号）、それまでの甲州街道は旧甲州街道として残り、鉄道が敷かれて東京郊外の都市として発展し、高度成長期やそれ以前に建てられたビルの建て替えや再開発にともなった発掘がさまざまな箇所でなされ、過去が新たに発見される街として目が離せないのだ。

府中から国分寺へ　鎌倉街道を歩く

府中の北側の鎌倉街道を辿って恋ヶ窪の悲恋物語に思いを馳せる

謎解きルート

❶武蔵国分尼寺跡⬇❷武蔵国分寺跡⬇❸薬師堂⬇❹東山道武蔵路跡⬇❺姿見の池⬇❻阿弥陀堂跡⬇❼東福寺⬇❽熊野神社

大国魂神社参道から北へまっすぐ延びるケヤキ並木
これは600mほど続いている。

❖北へまっすぐ延びるケヤキ並木

府中の中心は古代なら国衙《こくが》、中世から江戸時代は六所宮《ろくしょのみや》（大国魂《おおくにたま》神社）。本書のラストの章ではその周辺の歴史を辿ってみたい。まずは府中の北側。

今でもある程度追うことができる中世から江戸時代の府中を考えてみよう。**大国魂神社**を中心に、西側を**鎌倉街道**が貫き、北西へは**鎌倉街道**との連絡路（今の府中街道。江戸時代は川越街道と呼ばれていた）、まっすぐ北上する**国分寺街道**、北東へ向かう**小金井街道**、東北東へ向かう**人見街道**と道が放射状に伸びていた。まさに交通の要衝だ。

一番初めに目に付くのはまっすぐ北に延びる道。大国魂神社の表参道でもあり、旧甲州街道から京王本線の高架をくぐり、現甲州街道も越え、「けやき並木北」交差点まで続いている。江戸時代の地誌には五丁とあるので約５４５ｍ。今の並木は約６００

右手が北。奥（西）に向かうのが甲州街道。左手の赤い門は高札場跡だ。そして北へ向かう府中街道は黒い蔵カフェの奥にある細い道である。

府中周辺の拡大図

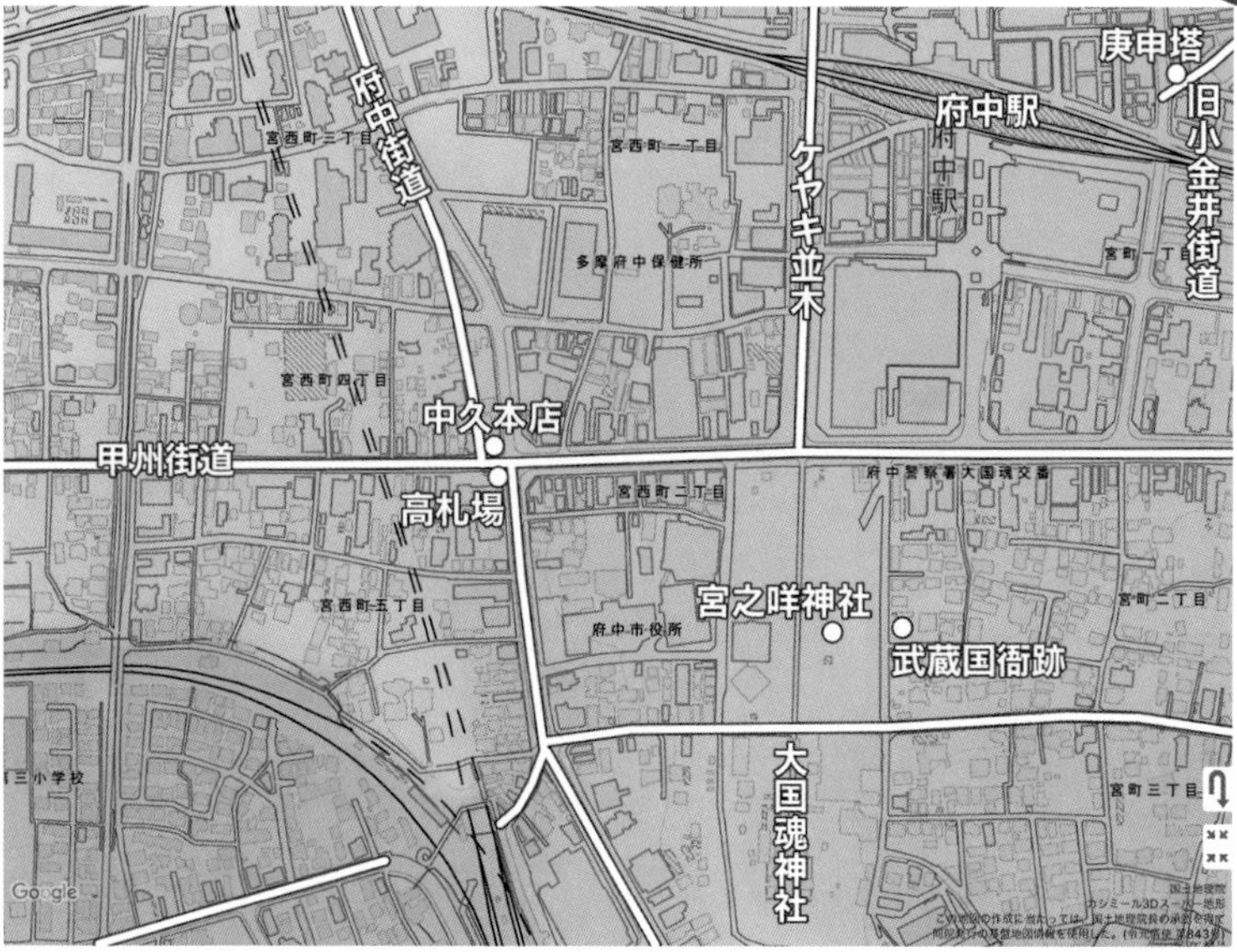

甲州街道と府中街道の交差点はもともとこのように食い違いになっており、南の角に高札場、北の角には中久木店（1860年創業の酒店）があった。（スーパー地形より）

mなのでほぼ当時の長さが残っていると思ってよさそうだ。江戸時代、そこにあったという鳥居はさすがに残ってないけれども。

この並木は**馬場大門のケヤキ並木**と呼ばれている。府中にはかつて馬市があり、徳川家康がケヤキ並木の横に馬場を寄進したからだ。

ケヤキ並木は国分寺街道と呼ばれ、国分寺村（当時）へ、今はJR国分寺駅の東側につながっている。

続いて北へ向かうのは**府中街道**。南へは川崎へ、北へは所沢や川越へ（江戸時代は川越街道と呼ばれていた）。

明治前期
フランス式彩色迅速測図
（明治13〜14年〈1880-81〉）
（日本地図センターより）
明治前期の府中の様子。甲州街道沿いの街と国分寺村以外はほぼ畑や林。その中を道が何本か通っているのがわかる。

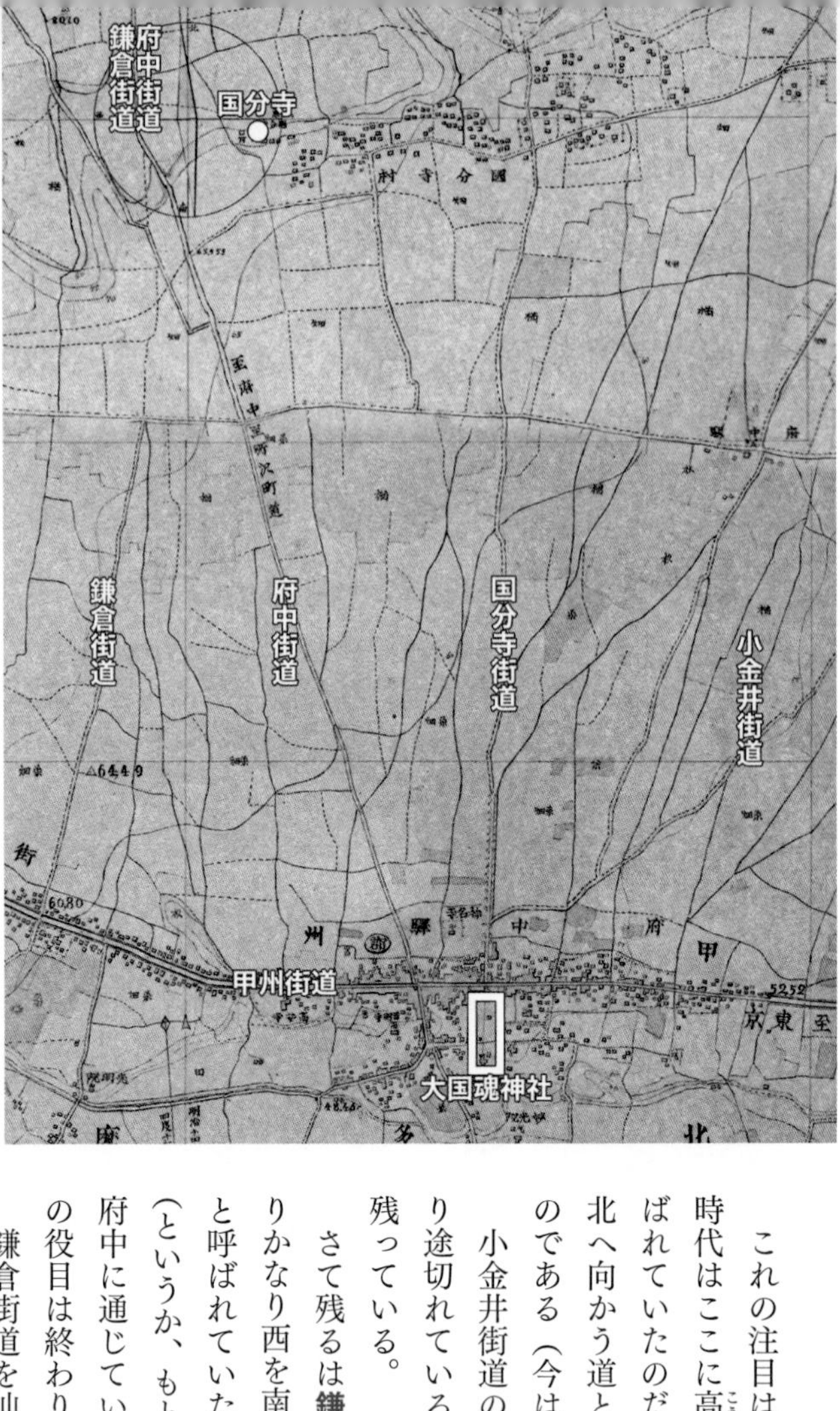

これの注目は「甲州街道との交差点」部分。江戸時代はここに高札場《こうさつば》が置かれていて「札の辻」と呼ばれていたのだが、これが食い違いの交差点なのだ。北へ向かう道と南へ向かう道がちょっとずれているのである（今はまっすぐだが旧道も残っている）。

小金井街道の旧道は府中駅や駅前の商業施設により途切れているが、そこに江戸時代後期の庚申塔《こうしんとう》が残っている。

さて残るは**鎌倉街道**だ。鎌倉街道は大国魂神社よりかなり西を南北に通っており、府中では「陣街道」と呼ばれていた。北の方で府中街道と合流している（というか、もともと鎌倉街道から枝分かれした道が府中に通じていたが、江戸時代になると、鎌倉街道の役目は終わり、立場が逆転したようだ）。

鎌倉街道を辿れればいいのだが、残念ながら甲州街道と国分尼寺跡の間が途切れている。無理やり近い道を歩こうにも、東芝府中工場が阻むのだ。

❖鎌倉街道を国分寺へ向かう

そこでこの項では東芝府中工場の北側からはじめてみたい。

ＪＲ武蔵野線の少し西、東八道路から少し北に①**武蔵《むさし》国分《こくぶん》尼寺《にじ》跡**があり、広い公園に

鎌倉街道の道筋
（スーパー地形より）
鎌倉街道の道筋を東芝府中工場が分断していること、鎌倉街道と東山道武蔵路はほぼ並行している（つまり東山道武蔵路が西へずれていった）こと、中央線より北は旧道が残っていることがわかる。

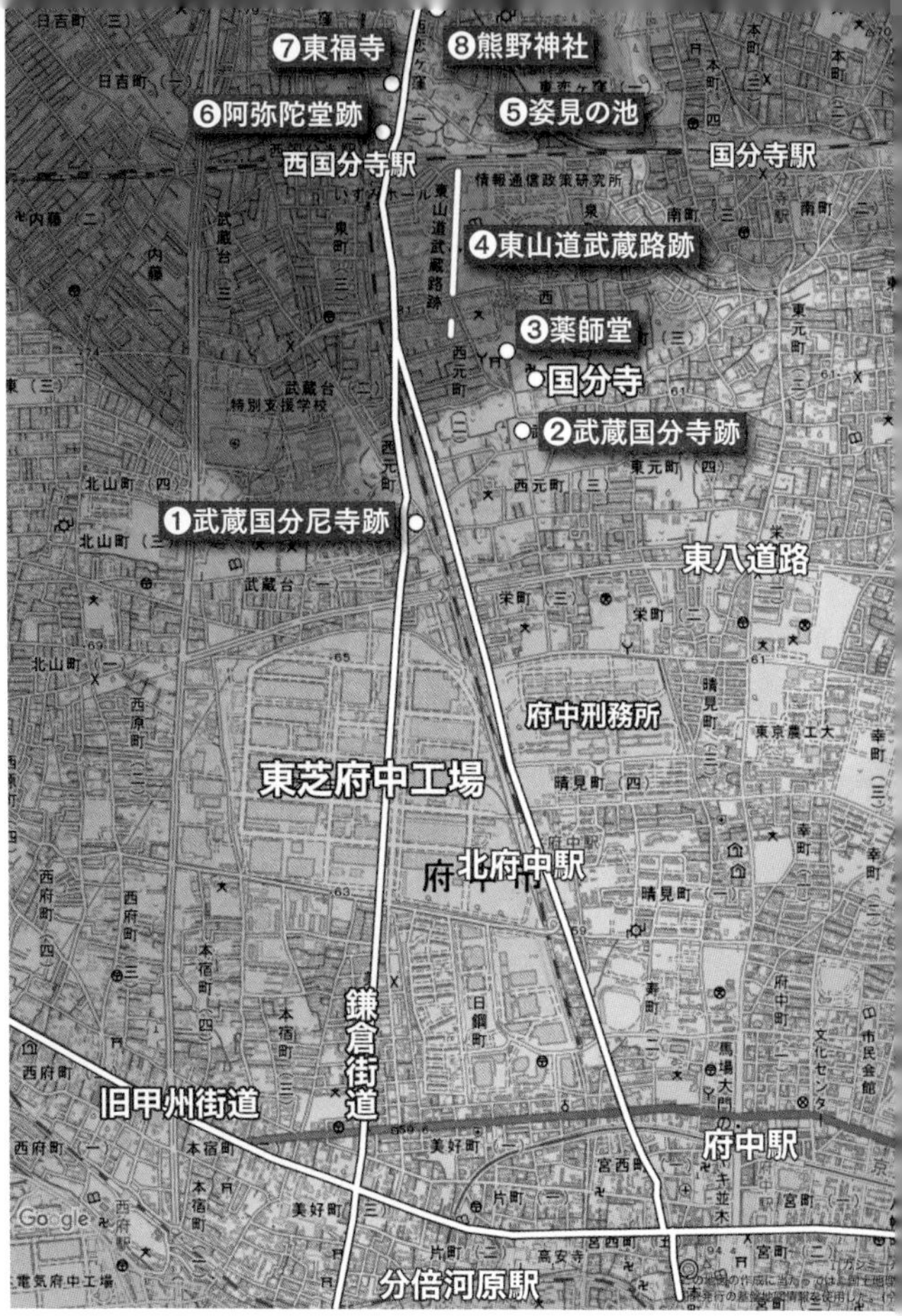

なっている。おそらくは早い段階で廃寺となり、そこを鎌倉街道が通ったのだろう。ここでは発掘された国分尼寺の柱の跡や土台の様子を見ることができる。

この国分尼寺跡は西と北に斜面がある崖の

武蔵国分尼寺跡を南から
ここのすぐ西側の道が鎌倉街道。奥に見える森の中につながっている。

国分尼寺跡の北に残る鎌倉街道
この途中、左手に祥伝寺跡、右手に中世の塚跡がある。右手の塚跡に出ると国分寺一帯を見通せるよい眺望だ。

下で、北上するとその台地を切り通した狭い道が現れる。それが「伝鎌倉街道」だ（そういう名前がついている）。おそらく当時は今のような深い切通しではなかったろう。この先はJR武蔵野線で分断されているので進めないが、今の府中街道につながる。国分尼寺から国分寺跡へは道がつながっている。明治前期の地図に描かれている道なのでおそらく江戸時代のものだろう。

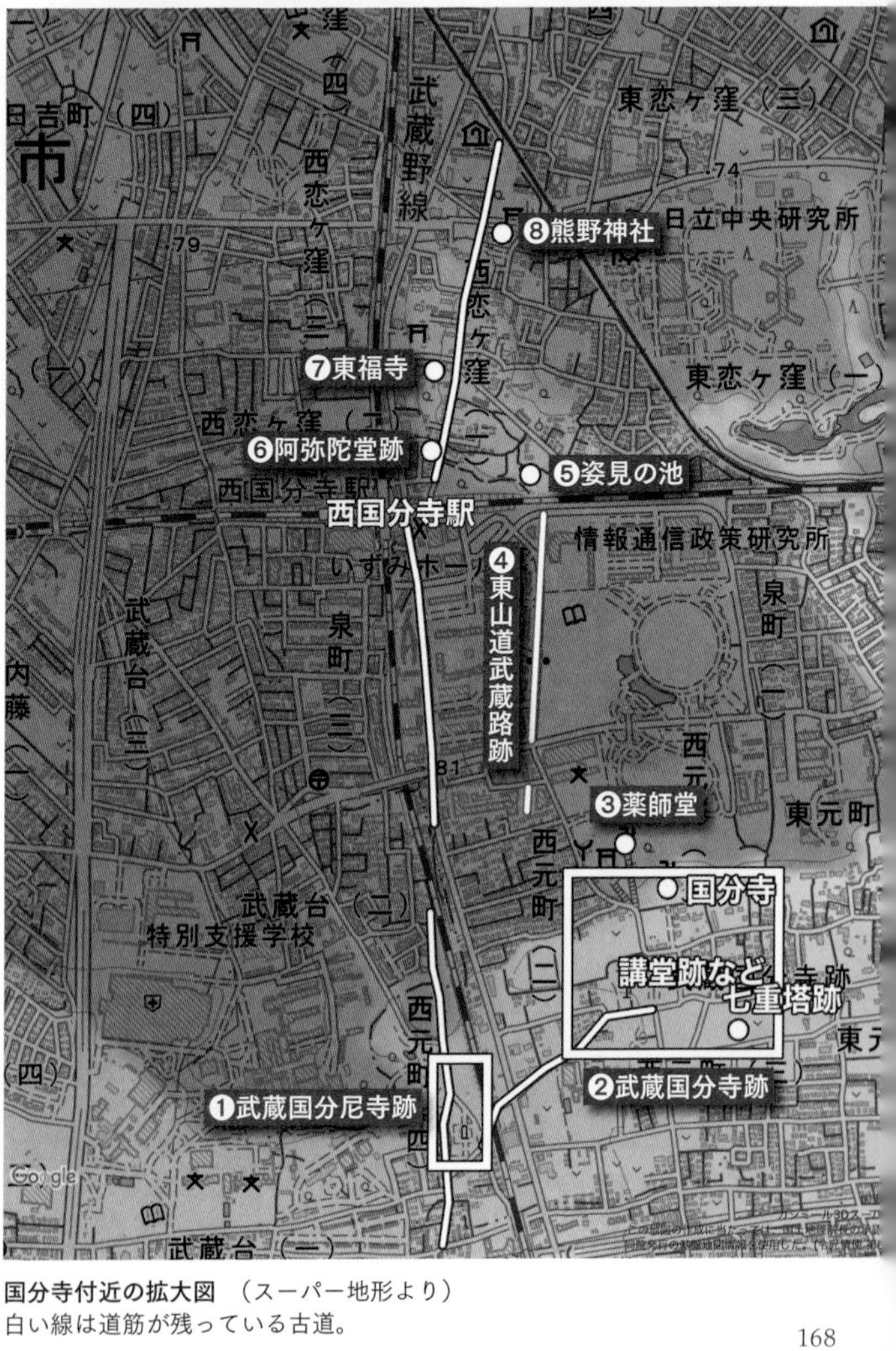

国分寺付近の拡大図　（スーパー地形より）
白い線は道筋が残っている古道。

武蔵国分寺の講堂跡
昔はだだっぴろい何もない公園だったが、今は史跡として整備され、このような解説も用意されている。

国分尼寺跡からＪＲ武蔵野線の高架をくぐり、府中街道を渡り（だいたいこのあたりを東山道武蔵路が通っていたはずだ）、道なりに歩いて行くと**②武蔵国分寺跡**だ。武蔵国分寺と国分尼寺は東山道武蔵路を挟んだ位置にあったのである。

国分寺は奈良時代に聖武《しょうむ》天皇が国ごとに国家鎮護のために作らせた官寺。ここは東山道武蔵路に面しており、国府にも近く、崖からの湧水が豊富なのもメリットだったろう。往時は七重の塔もあったというデカい寺だったが、出自的にどうしても朝廷の力が弱くなると衰退してしまう。鎌倉時代には修復も行われたが、新田義貞《にったよしさだ》の鎌倉攻めの際に全焼。その後、義貞の寄進で**③薬師堂**のみが再建された（これは江戸時代に移築されて、今は崖の上にある）。

江戸時代に崖下から移築された薬師堂
新田義貞の寄進による堂を江戸時代に修復、さらに移築したという。薬師如来坐像は年に1回のご開帳である。

江戸時代にはすでに礎石や古瓦が残っているだけだったが史跡として有名だったらしく、『江戸名所図会』にも描かれているほどだ。ここで見つけた古瓦など古代の国分寺の遺物を勝手に持ち去るとバチがあたると言われていたと聞いた記憶がある。

武蔵国分寺跡は近年、国分寺市によって史跡公園として整備され、南門や中門、金堂や講堂跡などがわかりやすく示されていて良いことである。近くに博物館もあるし。

のんびり散策するには（駅からはいささか遠い

東山道武蔵路跡史跡公園
建物の間に道路跡が保全されている。

東山道武蔵路跡
道路跡が幅が広い歩道として保全されている。奥に見える茶色い屋根の下で発掘された道路の様子を直接見られる。

が）最高の場所だ。

　崖上にある薬師堂に納められている薬師《やくし》如来《にょらい》坐像《ざぞう》は国の重要文化財。毎年10月10日にご開帳される。

　崖上の薬師堂から西の道に抜け、北へ向かう。すると2カ所ほど**④東山道武蔵路跡**が整備されているのでそちらもぜひ立ち寄りたい。

　東山道武蔵路は発掘調査によって見つかったもので、驚くほどまっすぐで驚くほど幅が広い（12m！）。飛鳥時代にこの幅の直線道路を……しかも「最短距離」で道を作ったのでけっこう地形を無視しており、かなり大変だっただろうなと思う。

　ただ、そういう道は維持管理が大変だったわけで、官道として使われなくなると、徐々に削られて農地となったり、地元の人に使いやすい道筋になっていったようである。

　1カ所は「にんじん健康ひろば」の横に広い史跡公園として整備されている。もうひとつは多摩図書館と泉二丁目アパートの間の道。広い歩道がそのまま東山道武蔵路跡で、北上すると部分的に道路跡をそのまま見られる施設がある。

　もっと北上すると、ＪＲ中央線で遮られて終わり。

奥に見えるのがJR中央線西国分寺駅
鎌倉街道（府中街道の旧道）の道筋がわかって楽しい。

さらに北側は**恋ヶ窪**《こいがくぼ》の凹地《くぼ》で、姿見の池がある。往古は湿地帯だったのだが、飛鳥・奈良時代にそこを土木工事でまっすぐな道を通していたのだから、すごい。現地へ行くとどんな工法で作っていたか、いつまで使われていたかなどの解説がある。逆に維持管理が大変だったのも想像できるわけで、いつしかもっと地形的に安定した道筋を得やすい方へシフトしていったのだ。

❖恋ヶ窪の鎌倉街道

JR中央線を府中街道で越えてすぐ次の道を右に入ると狭い路地がちょっと続き、いきなり急階段で凹地へ下りる。階段にするしかなかったくらいの斜度だ。階段下の南北の道が鎌倉街道。府中街道の旧道といってもいい。

階段を降りてJR中央線の方を見ると、道路が線路で遮られたのがよくわかる。ここに鉄道が敷かれたとき、府中街道が今の道筋に変わったわけで、おかげで旧道がいい感じに残っているのである。北を見るとナチュラルにカーブしながら続いていくのがわかる。

このあたりが恋ヶ窪の「窪」だ。

「恋ヶ窪」は鎌倉街道の宿場として賑わっていた街。室町時代の紀行文『廻国雑記《かいこくざっき》』にもちゃんと「恋ヶ窪」という地名が出てくるのだ。「朽ち果てぬ 名のみのこれる 恋ヶ窪」（道興准后《どうこうじゅごう》）と詠まれてしまうくらいなので、この頃にはすでに全盛期は過ぎていたようである。恋ヶ窪より北の武蔵野台地は水の便が悪く、きれいな水を得られる場所に人は集まったのだろう。縄文時代の遺跡もあり、古くから集落があったようだ。

室町時代にはすでに知られていた「恋ヶ窪」という一度聞いたら忘れない地名はどこ

姿見の池とカワセミ
小さくてわかりづらいけど、水中からつきでた枝に青い鳥が止まってる。

からきたか。

平安末期から鎌倉時代初期、源頼朝に従って治承《じしょう》・寿永《じゅえい》の乱（源平合戦）で大活躍した人気武将である畠山重忠《はたけやましげただ》が主人公だ。鎌倉街道を行き来するたびに立ち寄っていた重忠と恋仲だった宿場の遊女夙妻太夫《あさづまだゆう》がいた。あるとき彼女を横取りしようとした他の男が重忠は戦いで死んだと讒言《ざんげん》すると、それを悲しんだ遊女は姿見の池に身を投げて死んでしまったのである。それを憐れんだ村人が墓所に松を植え（一葉の松という）、戦いから帰った重忠がそれを聞いて供養のため道成寺を建立して弔ったのが由来だという。（ありがちといえばありがちな）悲恋の物語である。

畠山重忠がこの街道を何度も通っていたのは確かだろうからこの地の縁はあっても不思議なさそうだが、遊女との物語が地名になってしまうというのはすごい。じゃあ、畠山重忠の頃はどんな地名だったのか、それはわからない。

その⑤**姿見の池**は現存する。正しくいえば、一度埋められてしまったものの、平成になって復活された。鎌倉街道から公園への通路（おそらくは水路跡）を辿ると、奥にぱっと池が広がっている。そこが姿見の池。今はカワセミがいるくらい静かできれいな場所だ。

その池の上はかつて東山道武蔵路が通っていた。現地の案内板には恋ヶ窪の由来と東山道武蔵路の解説が書かれている。

鎌倉街道に戻ると道の西側に墓地がある。擁壁《ようへき》の上にあるので気づかずに通り過ぎるかもしれない。そこはかつて阿弥陀堂があった⑥**阿弥陀堂跡**で、台座に「延享《えんきょう》4年」（1747年）と書かれた石仏が残っている。

さらに北上すると、左手に⑦**東福寺**という大きなお寺がある。ここは中世創建の、つ

中世からここに鎮座する熊野神社

阿弥陀堂跡から鎌倉街道を見下ろす。

まりここが鎌倉街道だった時代からある真言宗豊山派の東福寺だ。鎌倉時代初期に創建し、戦国時代の大永《だいえい》8年（1528）に中興といわれている。夙妻太夫の一葉の松（昭和56年〈1981〉に枯れたが、その実から育った松が植えられている）があるほか、近年「恋ヶ窪」の名を活かして恋のパワースポットとして売り出し中。恋の鐘や恋まもりなど、武家と遊女の伝承の地が21世紀には恋の寺になるのだからおそろしや。

鎌倉街道をさらに北上すると、右手に**⑧熊野神社**がある。これも鎌倉街道沿いに古くからある神社で、前述した道興准后の恋ヶ窪を詠んだ歌の歌碑もある。道興准后が文明《ぶんめい》18年（1486）に恋ヶ窪を訪れた際、熊野神社に歌を奉額したと伝わっているからだ。

創建は不明だが、新田義貞の鎌倉攻めの際に兵火によって焼失したというので、そのときにはすでにあった古社だ。

熊野神社の先には恋ヶ窪用水跡と並行してこんな道が残っている。鎌倉街道跡といっていいかはわからないが、古道の雰囲気を味わえて楽しい。

この先、鎌倉街道はさらに恋ヶ窪用水と並んで続くが、残念ながら西武国分寺線に阻まれて終わりだ。

武蔵国分寺跡はよく知られているが、恋ヶ窪まで足を延ばす人は少ないかと思う。確かに派手さはないけど、古い道筋や窪地ならではの地形、古社古刹とそろっているので鎌倉街道に興味ある人はぜひ足を延ばしてみてほしい。

古甲州道のルートを探る

古甲州道と旧甲州街道の合流地点を辿って、品川道を東へ巡りゆく

謎解きルート

❶大国魂神社⬇❷天神社⬇❸普門寺⬇❹府中競馬場正門前駅⬇❺国府八幡宮⬇❻東府中駅⬇❼常久一里塚⬇❽彦四郎塚⬇❾行人塚

左右に走る道が旧甲州街道

大国魂神社の北端で、この道路は国府の時代からあった(が、東西がどこまで延びていたかはわかってない)。国府内の道だったのではないかと思う。

❖「甲州街道」とは?

大国魂《おおくにたま》神社の北の端は**旧甲州街道**だ(今は京王線の北側に新しい甲州街道があるので、江戸時代からの甲州街道は旧甲州街道と呼んでいる)。

武蔵国府の時代もここが国衙の北端であり、甲州街道の元になるような東西の道があったことが発掘でわかっている。ということは、旧甲州街道はその頃からずっと古街道として使われ続けてきた?

と思いきや、違うという。府中のあたり、大国魂神社北側の東西の道が甲州街道として整備されたのは甲州街道が開通したとされる慶長《けいちょう》9年(1604)より40年以上後の1650年前後のこと。それまでは甲州街道より1本南の道(**品川道**)が使われていたというのだ。

大国魂神社へ北の参道から入り、しばらく歩くと、随神門《ずいじんもん》に達する。この随神

府中から東へ延びる旧甲州街道と品川道

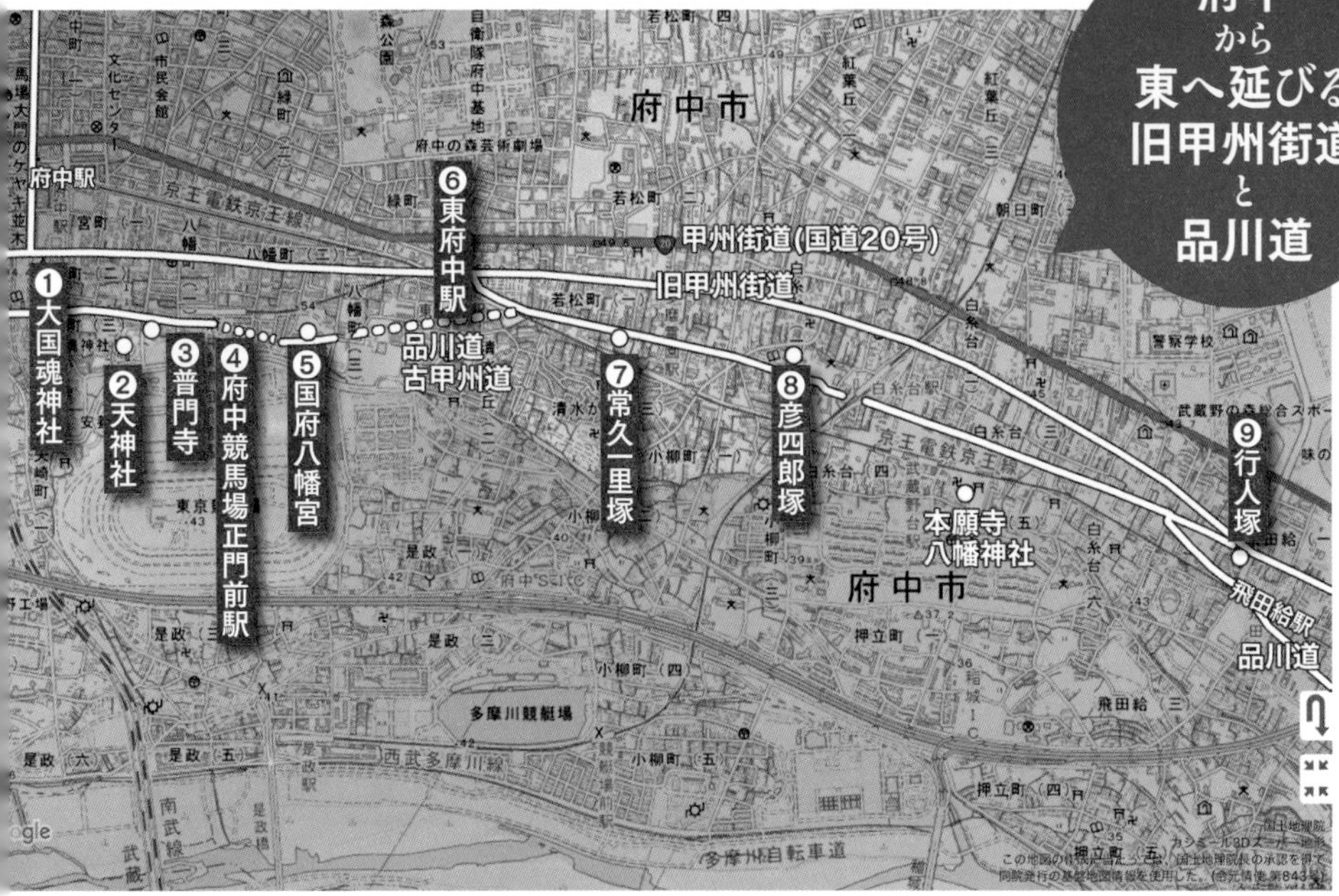

東は飛田給駅まで。品川道は2カ所で甲州街道とつながっており、東府中と普門寺間の道筋は失われている（点線）。旧甲州街道と品川道が近づく箇所は品川道が小さな谷地を避けるためと考えられる（スーパー地形より）。

門の前に東西の参道があり、それぞれ入口に鳥居が建てられている。

西参道は**古甲州道**（あるいは甲州古街道。旧甲州街道のさらに旧道なので旧旧甲州街道という人も）、東参道は品川道。この東西の参道を貫く道筋が当初の甲州街道だったというのだ。

これは単なる伝承かと思うとさにあらず、府中市の甲州街道の一里塚跡が旧甲州街道沿いではなく、品川道沿いにあるのだ。最初に甲州街道が敷かれたときのルートに一里塚が設定され、その後、今の旧甲州街道（なんかややこしい言い方だけど）に道筋が変えられたときは一里塚は作られなかったらしい。

この項ではその旧旧甲州街道だった品川道を東へ辿ってみたい。これがなかなか史跡たっぷりでたまらないのである。

❖府中と品川をつないでいた品川道

品川道というのは府中と品川を結んでいた道。源頼義《みなもとのよりよし》・義家《よしいえ》父子が奥州征討へ向かった際（前九年《ぜんくねん》の役《えき》）、武蔵国府の六所宮《ろくしょのみや》（現大国魂神社）で戦勝を祈願した後、品川の浜辺で禊《みそぎ》をしたという故事に由来して、

右にあるのが随神門
随神門前を東西の通りがあり、奥に東門の鳥居が見えている。その向こうが品川道（京所道）であり、初期の甲州街道だった。

今でも大国魂神社のくらやみ祭（例大祭）は神職が品川沖で身を清め、汐水《しおみず》を汲《く》んで持ち帰るところからはじまるくらい、府中と品川は縁があるのだ。品川湊《しながわみなと》が国府津《こうづ》（国府が内陸部にある場合の外港）だったという説もあり、府中市・調布市・狛江市には「品川道」としてその道筋が残っている。

①**大国魂神社**の東門を出てまっすぐ延びる道がそのはじまり。このあたりでは**京所道**《きょうづみち》と名づけられている。昔から京所《きょうず》と呼ばれており、そこが国衙の一部だった時代、写経所のような施設があったからといわれている。京がついているのが国府らしいところ。

幹線道路からはずれているため京所道は住宅街の静かな道。でも、古い道筋だけあって随所に史跡が隠れている。たとえば最初の小さな十字路左手の民家角に庚申塔《こうしんとう》。大正時代のものだ。

次の道を南へ右折してちょっと寄り道するとすぐ多摩川低地へ下る**天神坂**になる。府中・立川崖線の高低差で、品川道は崖線に平行しているのだなとわかる。

天神坂の由来は坂上の②**天神社**。今は京所公会堂に隣接する小さな天神社と、その奥に幽玄なる境内を持つ**日枝神社**が並んでいる。この天神社は菅原道真《すがわらのみちざね》ではなく、少彦名命《すくなびこなのみこと》を祀ったものなのでかなり古いと見ていいだろう。大国魂神社の境外末社でこのあたりは天神山と呼ばれ

少彦名命を祀る天神社
今は小さな社だがかつては天神山一帯がそうだった。

かなり風化して（しかも割れたのをつないだ痕跡もある）読めないが、庚申塔だったようだ。

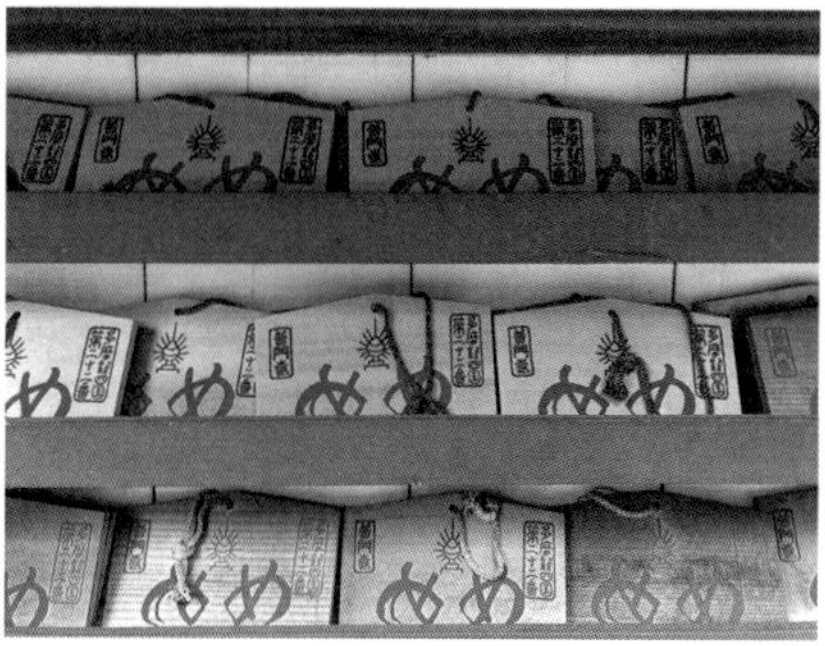

普門寺の薬師堂に奉納された絵馬
「目」の病に効くというので両目を表す「め」と「ゐ」が描かれている。

ていた。日枝神社は江戸時代の地誌にも出てこないが、今はこちらの方が境内が広い。もともと全体が天神社で日枝神社の方が摂社だったのかも。

　品川道に戻って少し東へ行くと交差点があり、その角に古い庚申塔がある。風化著しく判別困難だがかなり古そうだ。そのちょっと北側には「多磨寺」という寺があったことが発掘で推測されている。このあたり、地下にはまだまだ古代が眠っているのである。

　そのはす向かいには**③普門寺**。創建は不明だが、戦乱で荒廃した寺を天文《てんぶん》期（16世紀半ば）に再興したという古刹だ。古街道沿いで大国魂神社の近くという立地からしてかなり古そう。ここの薬師如来は「目の薬師」として有名で眼病の快癒を祈った絵馬が奉納されている。

　さらに品川道を東へ向かうと**④府中競馬場正門前駅**。さらに東へ向かおうとすると……道がない。

天神社の裏手にある日枝神社
天神坂から階段を上って参拝する。社殿は西向き（国衙を向いている）。

明治前期 フランス式彩色迅速測図（明治13～14年〈1880-81〉）（日本地図センターより）
大国魂神社から東へ向かう京所道（品川道）。明治前期の段階でもすでに途中が失われている。

江戸時代前期はここをまっすぐ通る道が古甲州道として使われていたようなので、どっかの段階で失われたのだろう。まあ昔はまっすぐだったのだなあと思いつつ右折していったん坂を下りてまた上ることにする。

目の前に鬱蒼《うっそう》とした鎮守の森が現れる。大国魂神社の境外末社である**⑤国《こく》府《ふ》八幡宮《はちまんぐう》**だ。名前がすごい。『江戸名所図会』によると聖武天皇の頃（奈良時代）創建という。

この神社のポイントは社殿が西……つまり国府を向いていること。

今は旧甲州街道から南へ長い参道が延びているが、それが直角に曲がって社殿に至る。江戸時代に、旧甲州街道からの参道が作られたのだろう。途中、参道に踏切がある。東府中駅から府中競馬場正門前駅へ向かう京王線の支線だ。

対して品川道から来るとまっすぐ社殿に到達する。そのことからも品川道が主要道だった時代の神社ってことが想像できる。今は広い敷地にぽつんと社殿があるだけだが、それがまたたまらない。

さてこの先。国府八幡宮の南側に、野道のような単なる散歩道のような狭い道がある。実は品川道の続きがこれのようだ。この狭い野道を歩くとまた道は途切れる。ＪＲＡの施設があるのでそれを迂回《うかい》しつつ、崖上からの眺めもちょっと楽しみつつ道なりに東へ向かって歩きたい。

❖古甲州道のルートはどうなっていた？

道なりに歩いて行き、清水が丘一丁目の交差点を越えていくとやがて京王

国府八幡宮の鳥居
この奥に社殿がある。

線の踏切。それを渡ると品川道が復活する。今の品川道（府中市では品川街道と呼ぶ）は東府中駅前で旧甲州街道から分かれてはじまっているのだが、それに合流する形だ。品川道がちょっと北へ膨らんでいるのは、次ページ地図のA地点が小さな谷になっており、その凹《くぼ》みを避けたのだろう。

⑥**東府中駅**の北側で旧甲州街道と品川道が接続する格好だ。いつからこうなっているのかはわからず。

では品川道を東進しよう。まあなんてことない住宅地だが、しばらく歩く

北から南へ続く社殿は京王線の踏切を越えて神門へ。神門越しに参道を通過する京王線を撮影。

国府八幡宮南に残る品川道
野道のような風情が古道っぽくてよい。

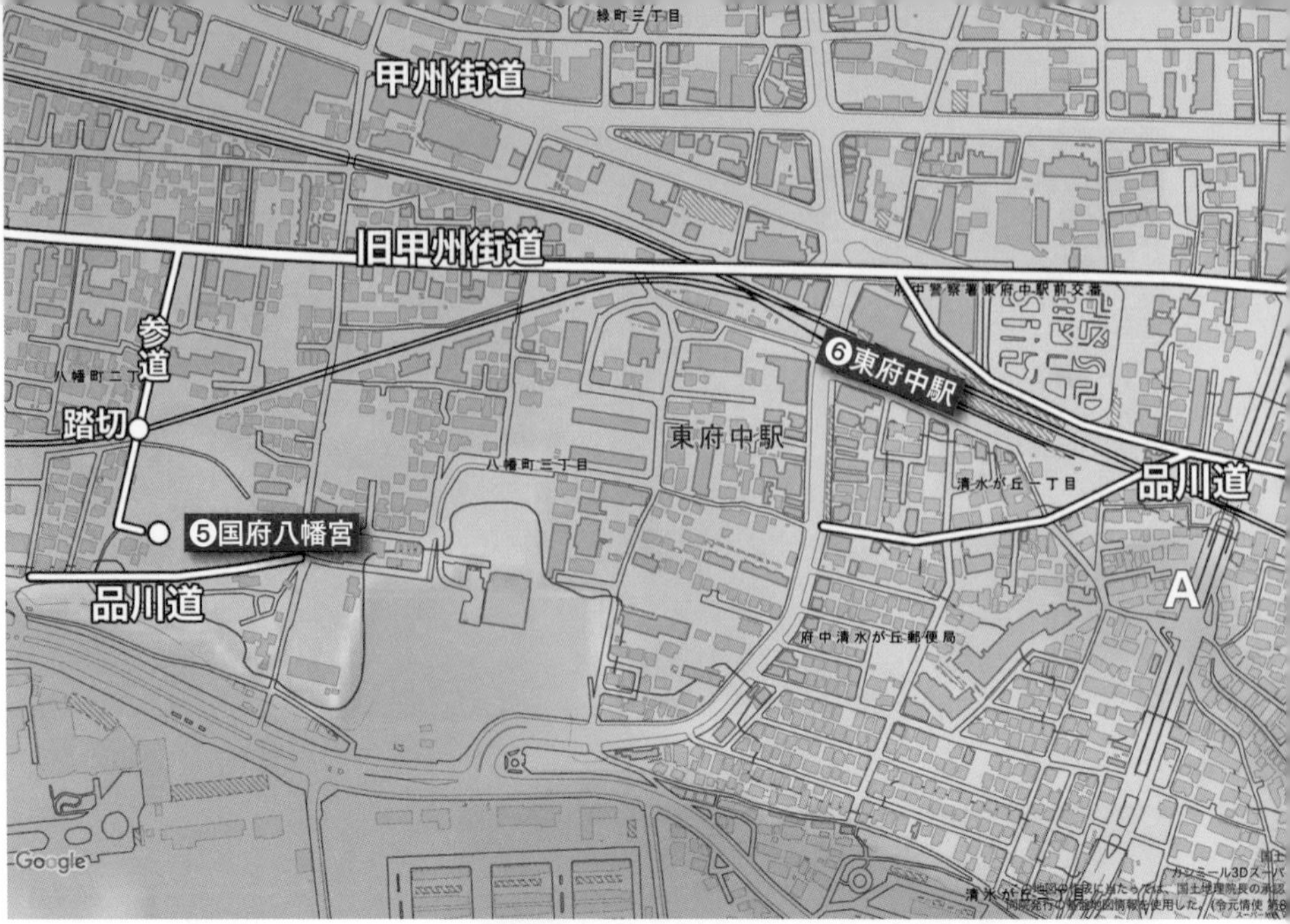

国府八幡宮とその西の拡大図　（スーパー地形より）
国府八幡宮の社殿の向きと旧甲州街道からの長い参道が直角に曲がっているのがポイント。その東は道が失われている。

常久一里塚
塚はとうになく、跡地に碑が立っている。

と右手に「一里塚跡」が現れる（見逃しやすいので注意）。このあたりは常久《つねひさ》という地名だったので**⑦常久一里塚**。ここが1650年前後までの甲州街道の一里塚だったのだ。

この先、品川道をそのまま歩くとこの先狛江に向かってしまう（142ページ）、江戸時代の甲州街道としては江戸城に向かわないと意味が無いわけで、それでは遠回

ぽつんと生き残っている
彦四郎塚

りだ。古甲州道のルートはこの先どうなっていたか。

甲州街道の次の……つまり常久一里塚のひとつ東の一里塚はどこにあるのか調べてみると、それは調布市にある小島一里塚。旧甲州街道沿いだ。その次は仙川の一里塚、その次は高井戸の一里塚でどれも旧甲州街道沿い。ということは常久一里塚と小島一里塚の間のどこかで品川道から旧甲州街道につながっているはずで、それが気になるので、もうちょっと東へ足を延ばすことにする。

品川道を道なりにてくてくと歩いて行く。ひたすら歩いてもいいが、途中、古墳かもしれないという塚があるのでちょっと立ち寄り。何の看板も出てないが、**⑧彦四郎塚**と呼ばれており、駐車場の真ん中にぽつんと小さく生き延びているのだ。『武蔵名勝図会』には中世に彦四郎という人が武具などをことごとく埋めて塚を築き、どこかへ去った伝承が書かれていた。

この駐車場の土地にはかつて薬師堂があった。そのいわれは『新編武蔵風《ふ》土《ど》記《き》稿』に「縁起はあるけど不審なことが多いので採用しない」と書かれちゃうほどだが、源頼朝《よりとも》が奥州征伐の際、奥州藤原氏の藤原秀衡《ひでひら》が祈念していた薬師如来像を畠山重忠《はたけやましげただ》に命じて鎌倉に向けて運んでいたところ、ここで像を乗せた車が動かなくなり、薬師堂を立てて安置したという話だ。このあたり、車返《くるまがえし》村といったが、その地名の由来にもなっている。

いくら品川道が古いとは言え、奥州平泉《ひらいずみ》から鎌倉へ行く途中にここを通るだろうか……など考え出すとキリがないが、品川へ寄ってから武蔵国府へって流れだったと想像しておきたい。その薬師堂はのちに作られたお寺（本願寺）とともに東南670mあたりの場所へ遷《うつ》っている。

品川道をもう少し歩くと小学校の角にシンプルな庚申塔が残っている。「東 品川道／

品川道の白糸台駅近くに残る庚申塔兼道標
「東 品川道／西 府中道」と書かれている。

西府中道」と書かれた道標だ。

品川道はここで西武多摩川線の白糸台駅で分断されるのでちょっと迂回《うかい》してさらに東へ歩くとやがて府中市と調布市の境界に出る。

ここがミソだ。

まっすぐ進むと、品川道は旧甲州街道にどんどん近づいて合流するのである。品川道はこの市境で右→左とクランク状に曲がるのだ。その後飛田給《とびたきゅう》駅前を経由して徐々に旧甲州街道から離れていき、狛江の方につながるのである。

でもここで狛江に向かっては、調布市にある旧甲州街道の小島一里塚から遠ざかる一方だ。この辺で旧甲州街道の道筋につながれば、その先に小島一里塚があって理にかなっている。

私見だが江戸時代最初の古甲州道はこの飛田給で品川道に入っていたのだと思う。その際、古甲州道の道筋を優先させるために本来の品川道をクランクさせたと思うと納得できる。

今は農地の中の小さくて複雑な道のつながりだが、そんな歴史的経緯があったと思うと楽しい。

旧甲州街道との接続部分もちょっとしたクランクになっており、そこには江戸時代の**⑨行人塚**と薬師堂がある。元禄《げんろく》5年（1702）に元仙台藩士の僧意仙がここで薬師如来像を作り、自ら穴を掘ってそこに入り入定《にゅうじょう》したという。実際に遺骨が発見されている。味の素スタジアムのすぐ近くで、江戸時代にそんなことがあったとは驚きだ。

品川道（古甲州道）と旧甲州街道の合流地点には南北の大山道が通っており、古くからのちょっとした交通の要衝だったのだろう。

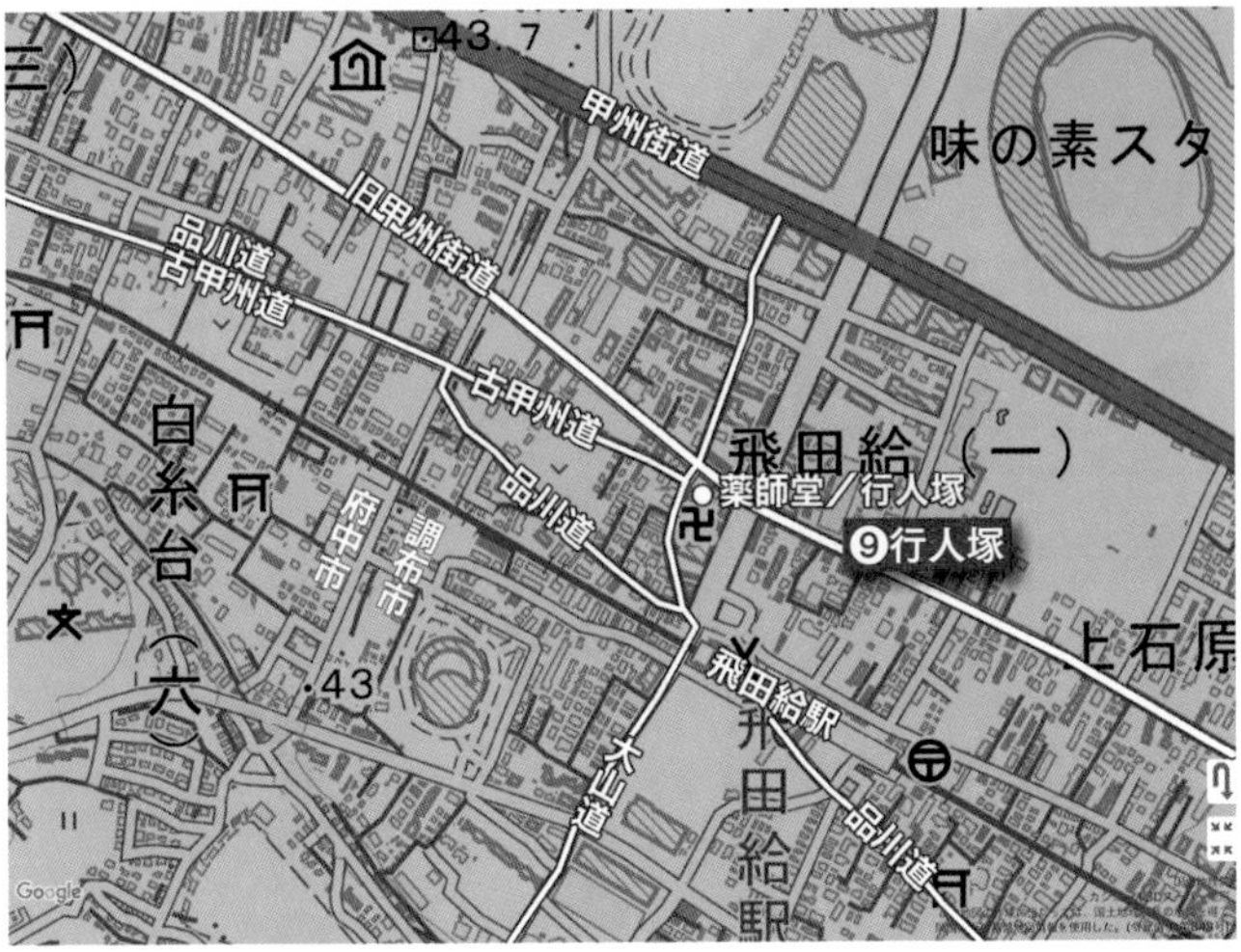

品川道と旧甲州街道の合流点周辺の詳細図　（スーパー地形より）
以前から品川道を辿るとここでやや不自然な接続をするのが気になっていたのだ。

飛田給薬師堂
この境内に行人塚がある。

なぜ当初の古甲州道のルートを今の大国魂神社北を通る旧甲州街道に変えたのか、逆になぜ当初は古甲州道の道筋をそのまま使ったのか気になるけれども、そのあたりは歴史学者に聞いてみたい。

府中の西は古道の大交差点

古甲州道の痕跡と出会い、古墳を巡りつつ古道の道筋を探っていく

謎解きルート

❶高安寺➡❷弁慶橋➡❸大国魂神社➡❹善明寺➡❺国司館と家康御殿史跡広場➡❻下河原緑道➡❼坪宮➡❽光明院➡❾高倉古墳群➡❿一里塚跡➡⓫御嶽塚古墳

高安寺の立派な山門
明治初期に建てられたものだ。

❖府中の城は？

さて、東からやって来た**古甲州道**の道筋は**大国魂《おおくにたま》神社**の随神門前を横切ってどこへ向かったたか。これが調べてみると、意外なところに意外な史跡が残っていて面白いのである。

というわけでこの項は大国魂神社の西編。

大国魂神社（古代の国衙《こくが》）の西側は府中にとって非常に重要な場所。古代は**東山道武蔵路**、その後は**鎌倉街道上道**（無数にある鎌倉街道の主要道3本のひとつで、もっともポピュラーなルート）が西側を南北に貫き、多くの軍勢が何度も行き来し、合戦も行われた場所だ。

中世、多摩川の南には関戸《せきど》城や大丸《おおまる》城といった山城があった。対する府中は多摩川を挟んだ北の要衝であるのだから城や砦《とりで》のひとつやふたつあってもおかしくないが、府中

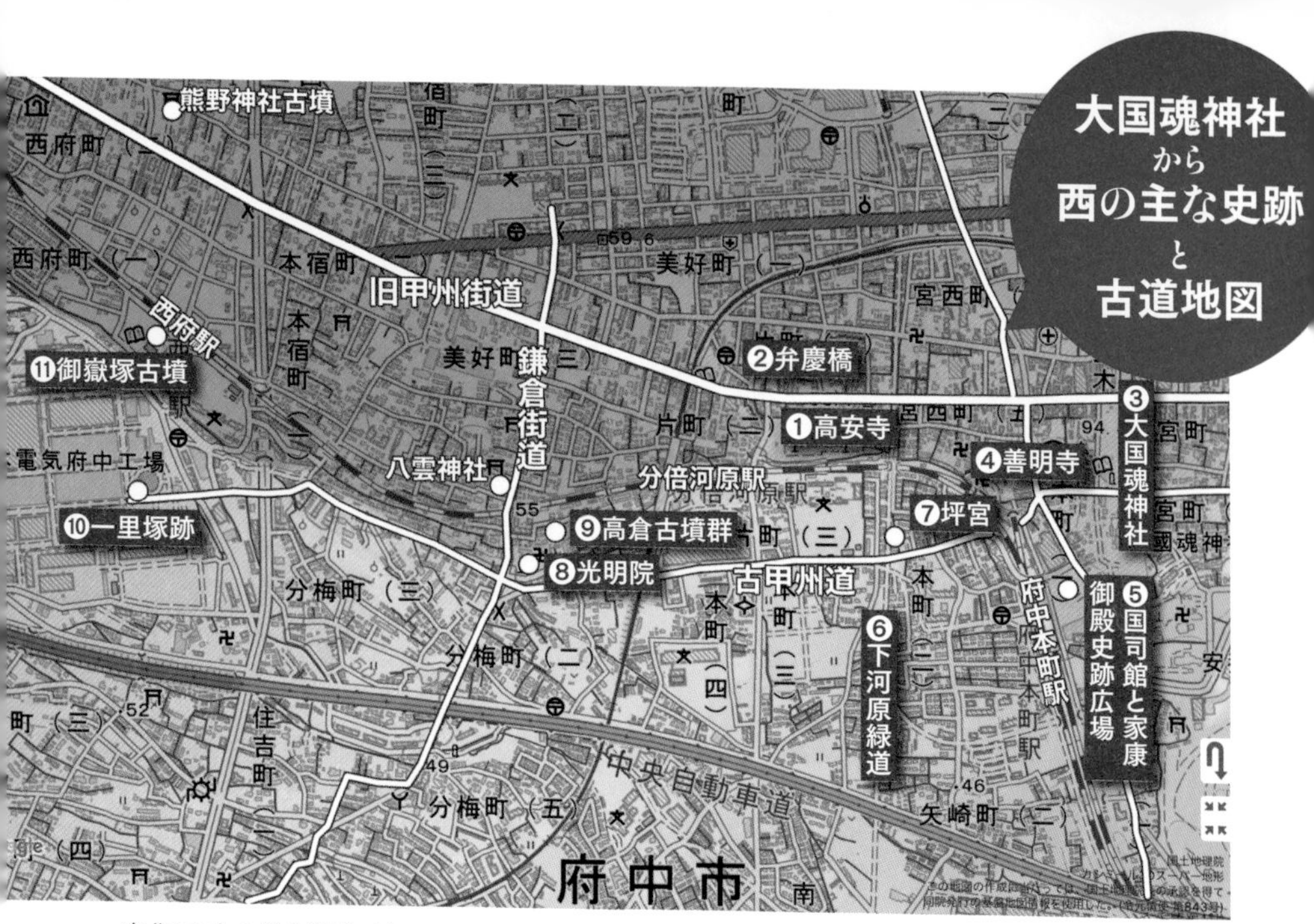

南北に2本の鎌倉街道が走っている。鎌倉街道の北は途切れているが明治期まではまっすぐ北に延びていた。（スーパー地形より）

城なんて聞いたことない。府中は無防備な街だったのか。

どうやらちがうのである。城はないけれども①**高安寺**《こうあんじ》があったのだ。寺ではあるけれども『東京都の中世城館』（東京都教育委員会編）には「高安寺塁」として砦のひとつとして取り上げられているくらいなのだ。まずその高安寺を中心に大国魂神社の西側を見てみたい。

❖高安寺は絶妙な位置にあるのだった

なぜ高安寺なのか。高安寺が軍事上の重要な拠点だったといわれて地形図を見ると、確かにものすごく絶妙な位置にある。もしわたしが府中を領する武士だったらここに砦を築くわって感じだ。

高安寺は2本の街道のちょうど中間にあり、両方をにらめる位置にある。164ページで書いたように、北から来た鎌倉街道は西国分寺駅の南あたりで2本に分かれ、1本は府中の西を南下してそのまま多摩川を渡る鎌倉直行ルート、もう1本は府中に直行する今の府中街道だ。

高安寺の南は府中・立川崖線《がいせん》の崖、西は谷と守りにも適しているのだ。

高安寺の歴史はとても古い。平安時代は藤原秀郷《ふじわらのひでさと》の居館、その後見性寺というお寺になったという。

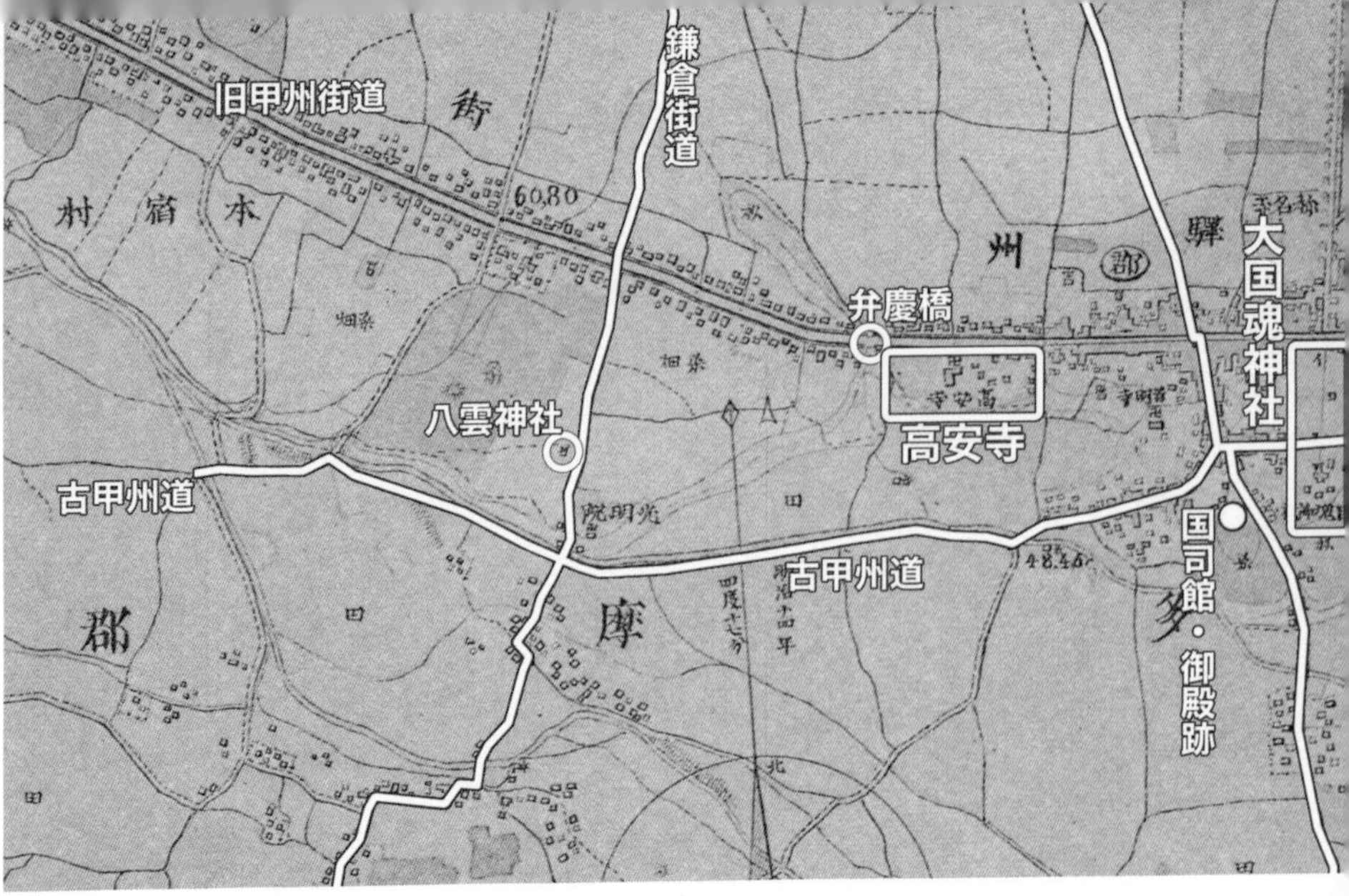

明治前期 フランス式彩色迅速測図　（明治13～14年〈1880-81〉）（日本地図センターより）
明治前期の地図を見ると、高安寺の立地と古甲州道・旧甲州街道の関係がすごくわかりやすい。
2本の街道の間、台地の上に高安寺がある。

高安寺周辺地図　（スーパー地形より）
2本の南北の街道に挟まれ、南は崖で街道や多摩川の河原を見渡せ、西には谷と地形的にも軍事拠点に有利な場所だったのがわかる。北と東は無防備に見えるが、いくつか防御のためと思われる溝が発見されている。

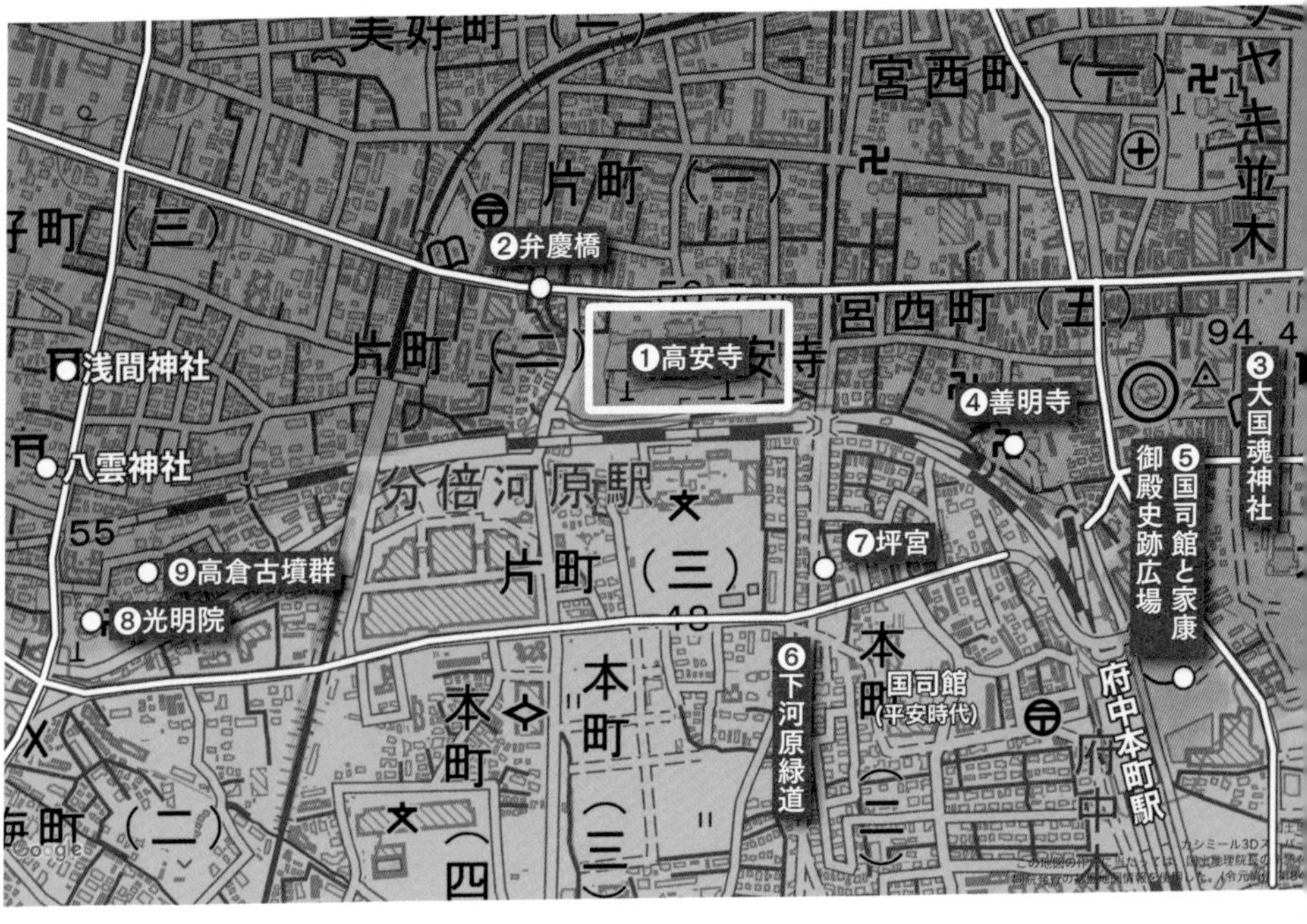

高安寺に残る「弁慶硯の井戸」
手前の竹の蓋の下がその井戸だ。

藤原秀郷は俵藤太《たわらとうた》としても知られる下野国《しもつけ》（今の栃木県）の武人。平将門《たいらのまさかど》の乱において将門を追い詰めて討った功績で下野国と武蔵国《むさし》の国司に任命された。下野の人だが武蔵国司になったのなら府中にも居館があって不思議はないかもしれない。境内には秀郷稲荷が祀られている。

平安時代末期には平家を滅ぼしたものの鎌倉入りを許されなかった源義経《みなもとのよしつね》一行がここに逗留《とうりゅう》し、般若心経《はんにゃしんぎょう》を写経したと伝わっている。そのとき弁慶《べんけい》が硯《すずり》の水に使った井戸が**弁慶硯の井戸**として残っている。なぜ義経じゃなくて弁慶の名が残っているのか、写経には水が必要だがなぜ井戸の名にまでなったのか気になるけれども、伝承というのはそういうものなのだろう。この井戸は現存する。山門から入り、本殿の裏手に回ると、高安寺西側の谷地に下る崖がある。その崖の途中にあるのだ。斜面を少し下りた藪《やぶ》の中という立地は確かに井戸にふさわしい。旧甲州街道がその谷を渡る橋は**②弁慶橋**と呼ばれており、江戸時代の石橋供養塔が残っている。

そして南北朝期には足利尊氏《あしかがたかうじ》が高安寺と改めて中興し、戦いの際にここで陣を張った。室町時代には鎌倉府の鎌倉公方《かまくらくぼう》が何度かここを先陣として使っている。府中城と呼んでも差し支えないかもしれない。

❖古甲州道の証拠は意外な場所にあった

③大国魂神社（六所宮）に戻ろう。西門から外へ出て少し歩くと、府中街道の大国魂神社西の交差点に出る。ここ、よく見ると五叉《さ》路だ。

南北の道は府中街道。街道を渡ると斜め左にカーブしながら坂を下りる道と、まっすぐ崖上を進む道がある。どちらも細い道だ。まっすぐ進むと**④善明寺**《ぜんみょうじ》というお寺の門前

大国魂神社の西の鳥居
この先に続く道が古甲州道だ。

に出る。

カーブしながら台地下へ下りる道が古甲州道だ。古道らしいなと思いながら坂を下ると、そこで終わる。いや正確には突き当たりに階段があって府中本町駅に出るのだが、このあたり、南武線や武蔵野線などの鉄道敷設時にちょっと地形や道筋が変わってしまっているのである。

無理に古い道筋を辿ったりせず、大国魂神社西の交差点から府中街道を南下し、次の道を右折して府中本町駅方面に出るのが吉。そうすると駅と府中街道の間に広大な史跡公園が現れる。ここは2018年11月にオープンしたばかりの**⑤国司館《こくしのたち》と家康御殿史跡広場**である。

大国魂神社と府中本町駅の間の立川段丘の端っこ。低地を望む高台だ。ここは江戸時代から、武蔵国造《くにのみやつこ》の館旧跡で、家康が御殿を建てた場所といわれていたが、近年の発掘で奈良時代の国司の館と江戸時代初期の御殿跡だったことがわかり、史跡公園として整備されたのである。

園内には見つかった柱跡に柱が立てられ、国司館の模型が置かれ、家康御殿時の井戸の跡も残されているのである。

史跡広場から府中本町駅前を抜けて道なりに坂を下りて多摩川低地へ下りる。この道路の名前は「鎌倉街道」だが、これは「今の鎌倉街道」であり、中世の鎌倉街道ではないので注意。この道こそが古甲州道であり、前項で書いた品川道の続きなのだ。

少し歩くと**⑥下河原緑道**と交差する。かつて多摩川の砂利を運ぶために作られた国鉄下河原線の線路跡。この緑道の東側の道を少し北へ入ると**⑦坪宮《つぼのみや》**という小さな神社がある。

国司館と家康御殿史跡広場の人工芝に寝転がって。柱が国司館の建物を表している。奥に見える森が大国魂神社。のんびりするにもよい場所だ。

ここは初代武蔵国造（国司の制度ができる前のその国のトップ）である兄多毛《えたも》比命《ひのみこと》（兄多気比命）を祀った神社。兄多毛比命は出雲《いずも》族の人で、武蔵国造になったとき大国魂神社を崇敬したといわれていて、そういえば国司館跡も江戸時代の地誌では兄多毛比命の館跡だったという伝承が紹介されている。往古、大国魂神社（というか国衙）の西一帯のこのあたりが国府の中心だったのだろう。町の名も「本町」だ。

さらに古甲州道を西に向かう。この道沿いにはときどき橋の跡や庚申塔がある。江戸時代には道に沿って府中用水（市川）が流れていたからだ。歩道の上に水色でそれらしく表現されているのがわかりやすくてよい。

国司館のミニチュア
「国司館と家康御殿史跡広場」にある。

兄多毛比命を祀る坪宮
大国魂神社の例大祭（くらやみ祭）では必ずここに立ち寄る、小さいけれども重要な神社だ。

古甲州道沿いに残る庚申塔
府中用水を渡る橋のたもとにあったもの。

古甲州道が京王線の高架をくぐるところ
左手が車道。歩道に水色の装飾が施されているがこれが府中用水だった名残。ちょっとした工夫がうれしい。

そのまま西へまっすぐ歩き、京王線の高架をくぐると、地名は本町から分梅《ぶばい》へと変わる。

基本的に古街道は川沿いの低地を嫌う。理由はいくつかあるが、川は増水でよく氾《はん》濫《らん》し、流路を変えるため、道の維持管理が大変なのがそのひとつだ。だから古甲州道が早々に斜面を下りて低地を続くのは疑問ではあるのだが、坪宮も平安時代の国司館も低地にあったし、古甲州道沿いに「市」のあとと目される遺構もあり、多摩川が作った低地とは言え自然の微高地で平安時代からけっこう安定していたのだろう。

道はやがて分梅駐在所の交差点に至る。そこが鎌倉街道との交差点だ。この交差点の南北の道が鎌倉街道である。交差点から右手が上り坂で立川段丘に至り、左手が多摩川低地をまっすぐ川に向かう道というのがよくわかる。

江戸時代、この南北の道は**陣街道**と呼ばれていた。交差点には⑧**光明院**という古刹がある。

お寺では鎌倉時代の正和《しょうわ》5年（1316）に北条家の家臣が祈願所を建てたのがはじまりといわれている。そして戦国時代に阿闍梨《あじゃり》祐秀《ゆうしゅう》という住職が中興開山となった。

光明院
山門に江戸時代の庚申塔が置かれている。

光明院の由緒を調べるべくWebサイトを当たると「分倍河原」の「ぶばい」の語源について書かれていた。今は「分梅」と書くが、もともとは「分倍」や「分配」。光明院あたりが分倍の中心で、「この地は多摩川の氾濫などで収穫量が低く、よって倍の広さの口分田を給付されたこと」があったと書かれている。

そこまでよく氾濫する場所に甲州道を開いたというのも不思議ではあるが、中世の多摩川が今より北を流れていたのは確かなようだ。

このあたりの台地上は⑨**高倉古墳群**と呼ばれる古墳群があり、古くから集落があった場所。多摩川に近い台地上で住居に適していたのだろう。古墳の多くは失われているが、「高倉塚古墳」はかなり原形をとどめている。ちょっと足を延ばすのもよい。

高倉塚古墳
円墳がきれいに残っている（一部に民家が食い込んでいるけれども）。

古甲州道の交差点より西は**御猟場道**《おかりばどう》という名になり、崖下に沿って続く。しばらく歩くと、本宿町一丁目の交差点に出るのでそれを渡る。このあたり**本宿**《もとじゅく》という。もともとの……つまり古府中道時代の宿があった場所だろう。

そしてこの御猟場道はいきなりNEC府中事業所で終わりを告げる。かつての古甲州道はNEC府中事業所の中を突っ切り、多摩川を渡っていたのだ。

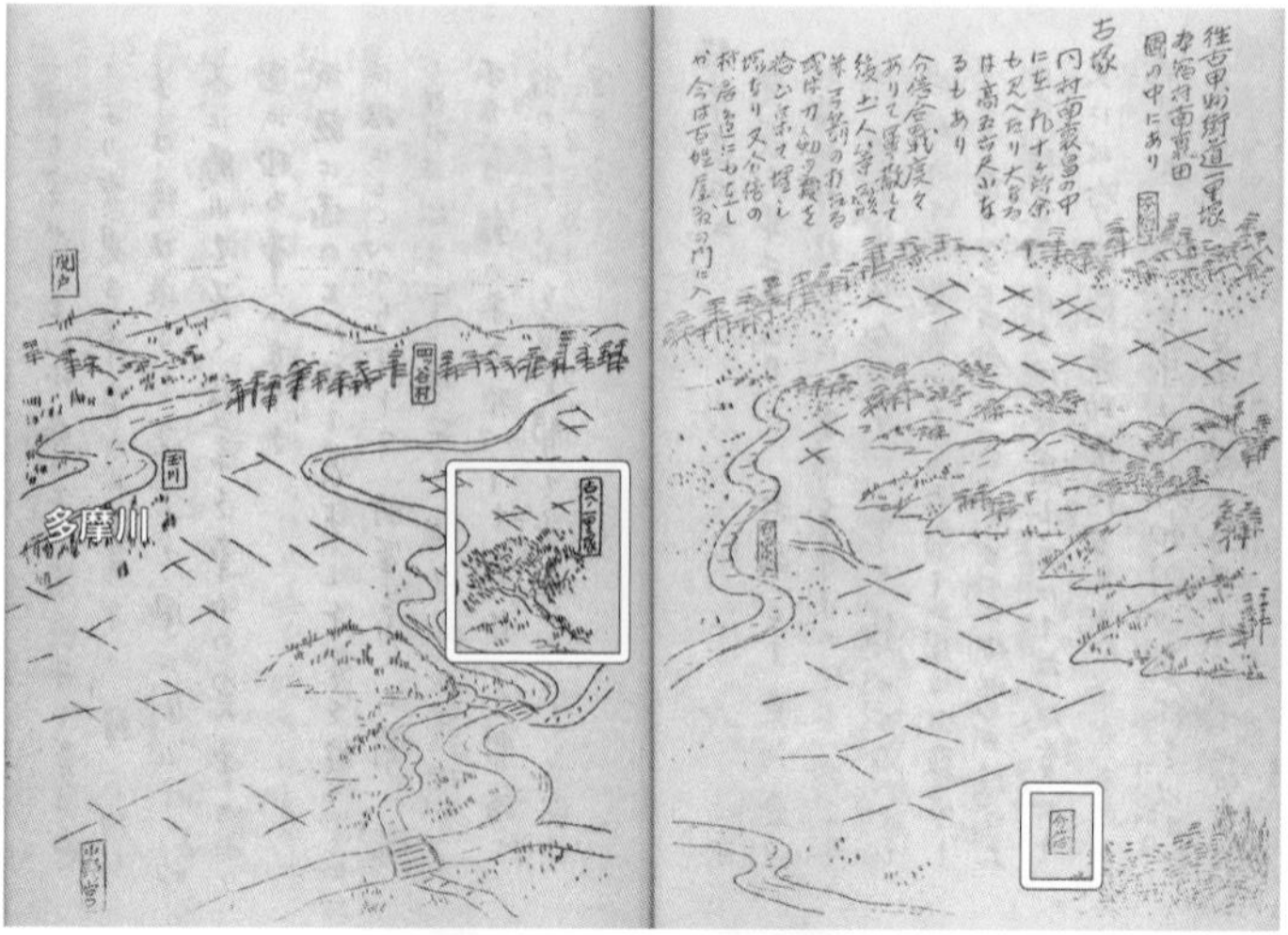

『武蔵名勝図会』 文政６年(1823)(国立国会図書館蔵)
武蔵名勝図会には「古ヘノ一里塚」が、「往古甲州街道一里塚／本宿村南田圃の中にあり」と書かれている。これが書かれた江戸時代後期は田圃の中に塚が残っていた。

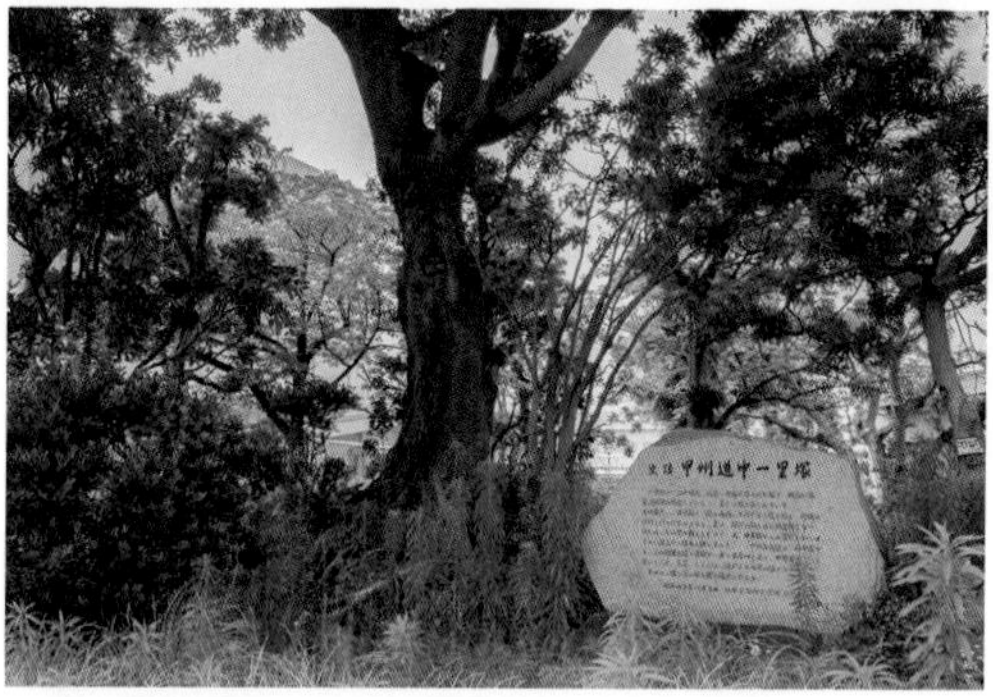

NEC府中事業所に残る甲州道中一里塚とその碑
一里塚は道の両側に作られるが、片方だけが残っている。許可を得て撮影。

で、なぜここが古甲州道だったのか、当初はこちらが甲州街道として使われていたとわかるのかというと、そこに⑩**一里塚跡**が残っているからである。

でも意外に知らない人が多い。NEC府中事業所の構内にあるからだ。もちろん勝手に入るのは無理。でも正門の受付で「一里塚を見学したい」というと案内してくれたのである。正門を入り、少し歩いた右手に碑とともにある。

江戸時代の地誌『武蔵《むさし》名勝《めいしょう》図会《ずえ》』にも「古の一里塚」として描かれているものだ。

府中からここまで歩くといささか遠いが、企業の構内にこうして残されているのはちょっとうれしい。

この古甲州道は国府があった頃、武蔵国府と甲府（つまり甲斐国府）を結んでいた古街道からのものかと思う。

西府駅の崖下と上を結ぶ通路から撮影。地形が非常によくわかる。左手が多摩川低地、右手が立川段丘。

ここまで来ると最寄り駅はJR南武線の西府《にしふ》駅。NEC府中事業所の北側に回ると、崖下から上に上るための階段やエレベーターがある。歩き疲れても安心。西府駅南口の真ん前にちょっとした塚がある。これは⑪**御嶽塚《みたけづか》古墳**。駅の改札を出たらすぐ古墳というなかなかレアな駅なのである。

府中の史跡巡りというと大国魂神社が中心になりがちだが、その西側は古墳時代から奈良・平安時代の街道や国司館、古社古刹に古甲州道時代の一里塚など古い歴史が埋まっているのである。府中・立川崖線の崖には自然も残っており、歴史を感じながら歩くのはなかなか乙である。

西府駅の真ん前にある御嶽塚古墳
このあたりにも古墳群があったのだ。

府中から鎌倉へ　多摩丘陵を越えて

中世の古戦場跡をいくつも巡りながら、古道の風情あふれる鎌倉街道を南へと歩く

謎解きルート

❶大国魂神社⬇❷金比羅神社⬇❸妙光院⬇❹安養寺⬇❺八雲神社⬇❻分倍河原古戦場碑⬇❼関戸橋⬇❽道標⬇❾下の地蔵⬇❿無名戦士の墓⬇⓫熊野神社⬇⓬沓切坂⬇⓭庚申塔⬇⓮多摩市役所

府中から南へ延びる2本の街道

❖最後は府中から南へ

大国魂《おおくにたま》神社の北西の角、旧甲州街道から南に向かう道は、江戸時代は「相州道《そうしゅう》」と呼ばれていた。文字どおり相模国へ向かう道。この道は大国魂神社の西門前を過ぎると本書でいう古甲州道の道筋となり、そのまま西へ向かい、**分梅《ぶばい》（分倍）**で北からやってきた**鎌倉街道**と一緒になり、そのまま相州へと向かう。

中世に府中の西を南北に通っていた鎌倉街道だが、江戸時代になると軍道としての用途を終え、府中本町を起点して大きく曲がりながら南下する相州道としての利用（現鎌倉街道）がメインになっていったのだ。

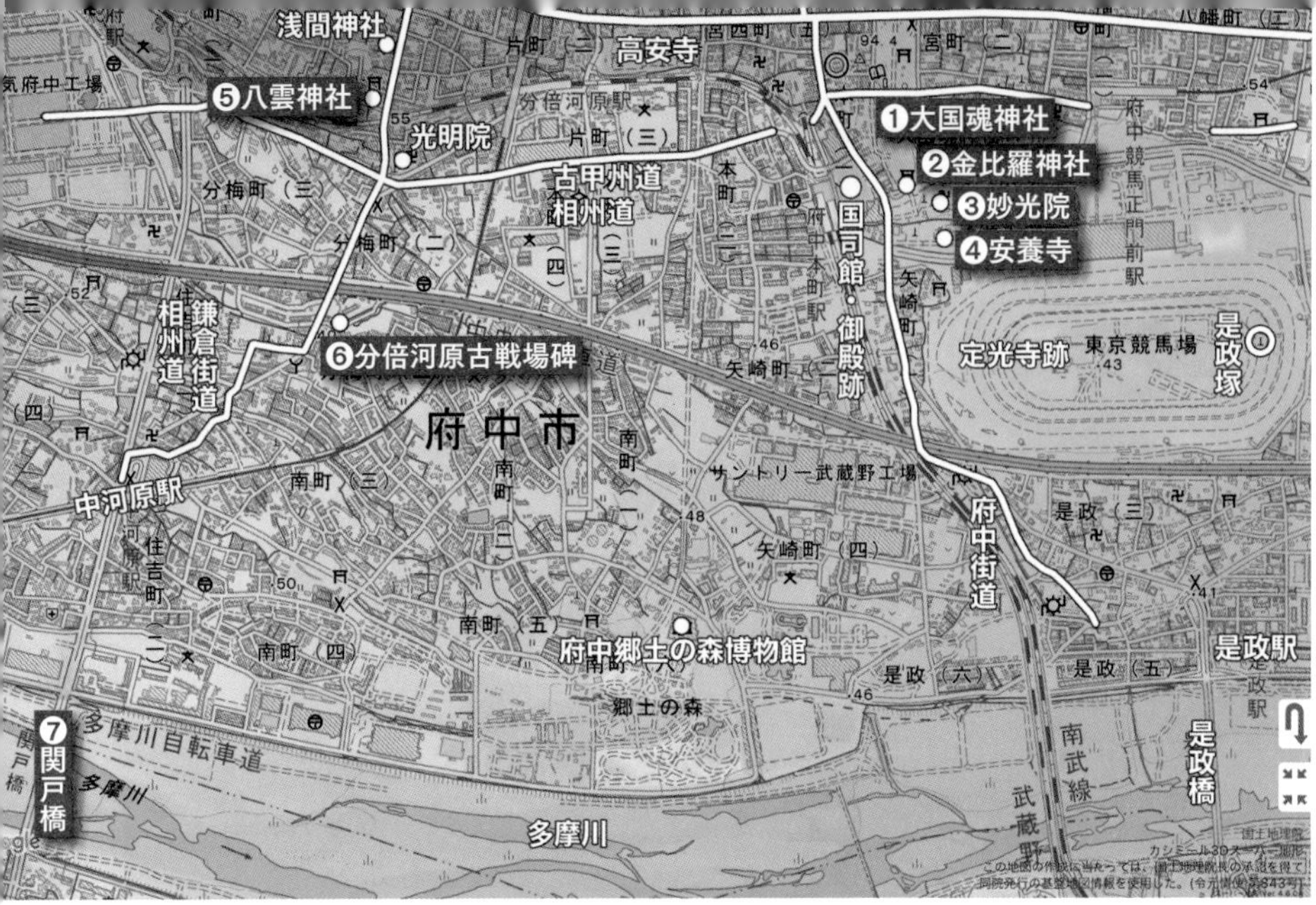

2本の街道はそれぞれ行き先が違う。東京競馬場内に是政塚が残る。（スーパー地形より）

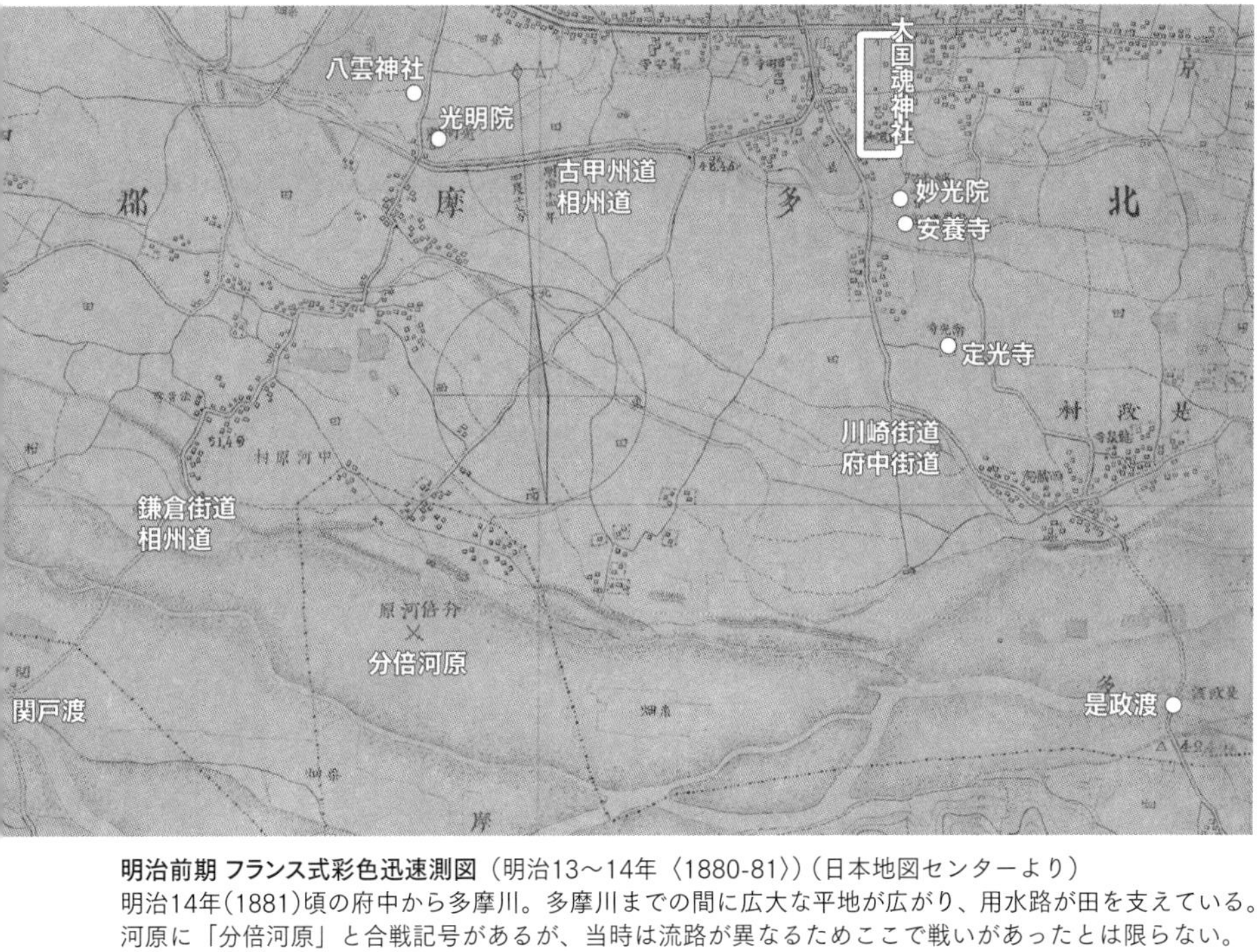

明治前期 フランス式彩色迅速測図（明治13～14年〈1880-81〉）（日本地図センターより）
明治14年（1881）頃の府中から多摩川。多摩川までの間に広大な平地が広がり、用水路が田を支えている。河原に「分倍河原」と合戦記号があるが、当時は流路が異なるためここで戦いがあったとは限らない。

府中街道から階段を上ると金比羅神社
見てのとおり鬱蒼という名がふさわしい境内が待っている。

金比羅坂なる階段を下りると妙光院境内
奥には妙光院の赤い仁王門が見える。859年開山という。

もう1本、①**大国魂神社**の西側を南に向かう道があった。**川崎街道**（今は多摩川を渡るまでは府中街道、渡ったら川崎街道になる）だ。これもまた国府の時代から続く古い道だ。何しろ左手に大国魂神社の森、右手に**国司館と家康御殿史跡広場**を見ながら坂を下ると、古刹が並んでいるのである。

坂を下る途中、左手に古びた鳥居が見え、階段が現れる。そこを上ると②**金比羅《こんぴら》神社**。ちょうど大国魂神社の裏手で玉垣の外側だ。鬱蒼《うっそう》とした境内に人の気配はなく、武蔵国を代表する大きな神社で参拝者が絶えない大国魂神社とは光と影と言うほど対照的だ。

これは大国魂神社と関係あるやいなや…

…調べてみると無関係のようだ。この金比羅神社は実は南側の崖下にある③**妙光院**の境外社。お寺の一部であり、神社というよりは金比羅堂。そもそも金比羅は薬師十二神将のひとつなのだ。

妙光院は平安時代の貞観《じょうがん》元年（８５９）開山という古刹。国府時代から多摩川沿いの微高地にあったという古さだ。

妙光院の南には④**安養寺《あんようじ》**もある。平安時代に慈覚大師《じかくだいし》が創建したと伝わる国府時代からの古刹。鎌倉時代の永仁《えいにん》４年（１２９６）に再興したという。

JR南武線から見た是政の対岸
稲城市大丸の昭和の頃削られた崖（かつてこの空き地に工場があった）。稲城市の随所で大きな造成が行われたため元の地形はあまり残ってない。

平安時代創建のお寺が並ぶとはさすが府中だ。

この南にはさらに定光寺という平安時代末期に遡る古刹もあったが、今は東京競馬場の下である。

さらに南へ行くとかつての是政《これまさ》村。この地を領した井田是政にちなんだ地名といわれ、井田家の墓所もある。今は東京競馬場の中であり、場内に「是政塚」が残っている。

井田家の墓所からは鎌倉時代の板碑《いたび》も出土しており、多摩川沿いの微高地に集まった古い集落だったようだ。

川崎街道は是政の渡しで対岸に渡っていた。

対岸は稲城市の大丸《おおまる》。丘の上には中世の大丸城があったほか（残念だが城主はわかってない）、奈良時代に国府や国分寺の瓦を製造した窯跡や近くには延喜式内社《えんぎしきないしゃ》の大麻止乃《おおまとの》豆乃天神社《つのてんじんしゃ》（ただし、他に同名の神社もあり、確定はしてない）もあるなど非常に古くからの土地だ。

城は府中を一望できる丘の上にあり、渡河を監視する役割だったのじゃないかといわれている。

残念ながら稲城市の丘陵地は高度成長期以降宅地造成のため削りまくられており、崖が剥き出しになった姿は「稲城グランドキャニオン」と呼ばれるほどで、大丸城祉も今は残ってない。

❖鎌倉街道を南へ

本書の最後は府中から南へ向かう代表的な街道、鎌倉街道を辿ってみたい。東京の古道を代表する鎌倉街道。鎌倉街道というのは江戸時代に言われはじめた言葉で、鎌倉へ

分倍河原を南北に貫く鎌倉街道
（スーパー地形より）
特に台地上に史跡が多く残っている。

向かう街道や、その支道、あるいは鎌倉街道につながる道など、非常に幅広く使われており、都内各所にその伝承が残っている。そのなかでもっとも多く登場するのが多くの軍勢が行き来したこの道だ。

府中本町から西へ向かう道は前項で辿ったので、その先。古甲州道は分梅（分倍）で鎌倉街道と交差するが、相州道はそこで南へ曲がり多摩川へ向かう鎌倉街道の道筋になる。

分梅駐在所前の交差点から北は、陣街道と呼ばれていた。

最初にちょっとだけ北へ行ってみる。府中・立川崖線の坂道を上り、ＪＲ南武線の踏切を越えると左手に森が見える。江戸時代は天王宮と呼ばれていた**⑤八雲神社**だ。天王なので祭神は素戔嗚尊《すさのおのみこと》。その社殿の裏手に丸く盛り上がった一角がある。古墳である。古墳がある場所に神社を勧請《かんじょう》したのだろう。

この神社の見どころは、北東の角にある**元応《げんおう》の板碑**だ。ここに「生長した木の幹に抱かれるように元応《げんおう》元年（１３１９）に建てられた板碑」があったのだ。過去形なのは今あるのは複製だから。２０１２年にレプリカに変えられ、本物は府中郷土の森博物館に展示されている。板碑を抱いていた木は除去されているのが残念である。

八雲神社の北には**浅間神社**があり、その前には府中市最古の庚申塔もある。

八雲神社のすぐ脇にある「元応の板碑」
これはレプリカだが、2012年までは本物が木の幹に包まれて立っていた。

では分梅駐在所前の交差点に戻って南下しよう。

　鎌倉街道を南下して中央高速道路をくぐって少し歩くと、新田川緑道と交差する。府中用水の一部だった用水路だ。この緑道沿いに**⑥分倍河原《ぶばいがわら》古戦場碑**が立っている。

　元弘《げんこう》3年（1333）、鎌倉幕府を打倒すべく南下した新田義貞《にったよしさだ》の軍と、それを迎え撃つために鎌倉を出陣してきた北条泰家《やすいえ》率いる幕府軍が激突した戦い。新田義貞軍はいったん狭山市の堀兼《ほりかね》まで敗走（国分寺はその時焼かれたものといわれている）したものの、

浅間神社前に残る庚申塔
延宝2年（1674）建立で、府中市で最古の庚申塔だ。

新田川緑道沿いに立つ分倍河原古戦場碑
昭和10年（1935）に建立されたもの。

関戸の渡し跡あたりから府中方面を見たパノラマ
右の橋が関戸橋。このあたり、川も浅くて渡河しやすかったのではないかと思う。

翌日再び分倍河原に押し寄せて幕府軍を撃破した。

室町時代にもここで合戦が行われている。

そんな有名な古戦場だが、多摩川の流路が今とは違うこともあるし、広い河原で大軍勢がぶつかっているので、古戦場碑の場所が戦場だった、というわけではない。

ここから鎌倉街道は南へ向かい、「関戸《せきど》の渡し」（今の⑦**関戸橋**の近く）で渡河する。

❖関戸から続く鎌倉街道

関戸から南はけっこう道筋がちゃんと残っているので鎌倉街道歩きはこのあたりからスタートするのがいい。

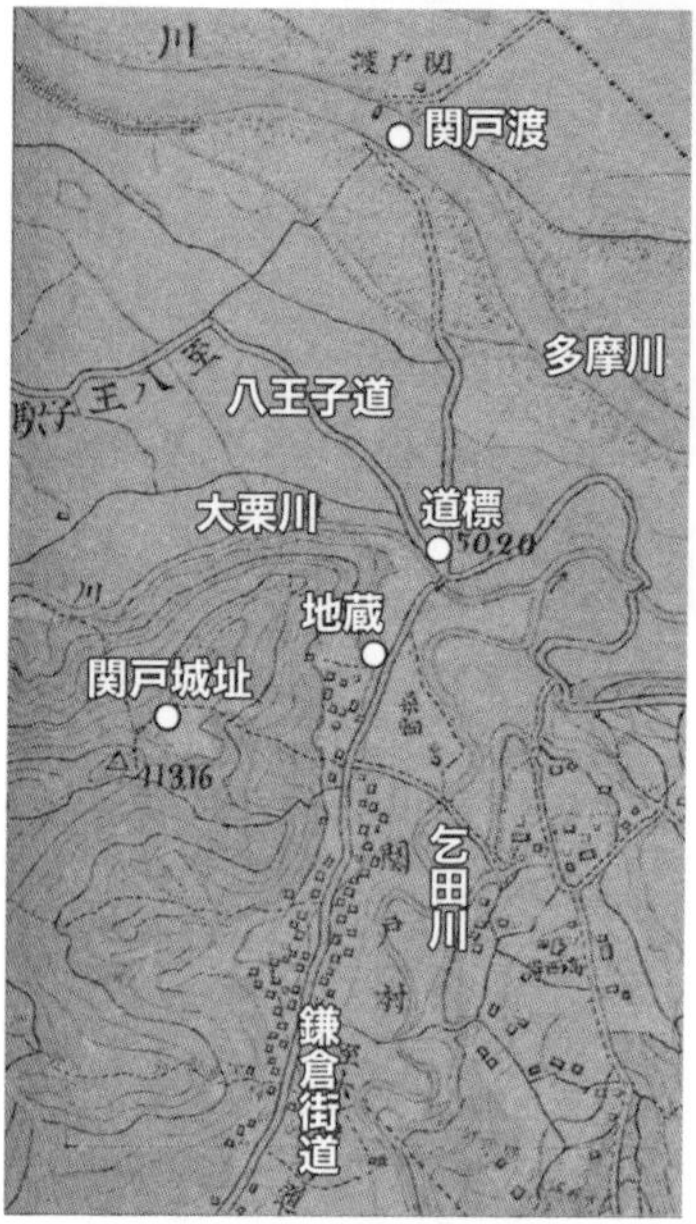

明治前期 フランス式彩色迅速測図
（明治13〜14年〈1880-81〉）
（日本地図センターより）
明治時代前期の関戸渡と鎌倉街道。多摩川周辺に家はほとんどなく、鎌倉街道沿いに集落ができていたのがわかる。

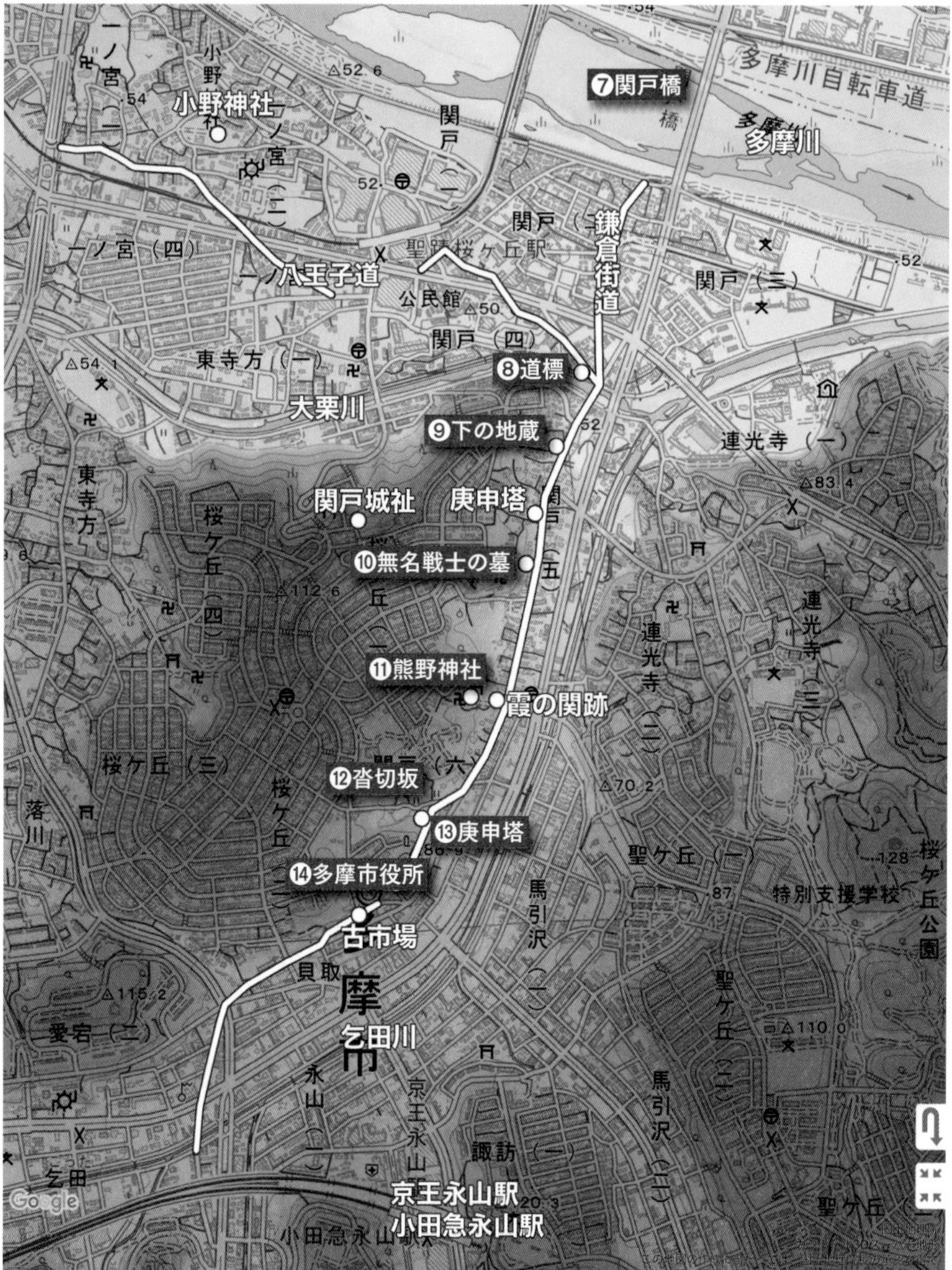

関戸から多摩ニュータウンにかけての鎌倉街道
（スーパー地形より）
斜面上に当時からの道筋がきれいに残っており、
ちょっとした史跡も多い。

大栗橋袂の道標
もともとはY字路の股のところにあったのではないかと思う。

関戸橋を渡る現鎌倉街道の1本西の道が古い道筋だ。

この道を南下すると、大栗川を渡る大栗橋に出る。ここの袂《たもと》に天明《てんめい》3年（1783）の**⑧道標**が残されており、「左・八王子道／右・府中道」と書かれている。鎌倉方面から北上した場合、川を渡ったところで各方面に分かれていたのだ。

さて「関戸」は「関所の門」という意味で、往古からここに関所が設けられていたのだ。建久《けんきゅう》4年（1193）、源頼朝が「関戸宿」に宿泊したと『曽我物語』にあるし、さらに平安時代には「霞《かすみ》の関《せき》」という名で出ていた。相模国府と武蔵国府をつなぐ最重要街道であり、多摩川を渡る直前という交通の要衝でもあり、古代から重要な場所だったのだ。

大栗橋から南を見ると、右手にちょっとした丘陵がある。そこが「聖蹟桜ヶ丘」の丘なのだが、その頂に「関戸城」があった。街道や多摩川を監視する役割だったのだろう。逆に左前方は乞田川《こったがわ》による谷地。街道は川が作った谷から少し高くなったところを通っているのだ。

大栗橋を渡って南下するこの鎌倉街道は史跡好きにはたまらないエリアである。すぐ東に新道が作られたため、かつての鎌倉街道がいい感じに残っているのだ。

少し進むと右手に**⑨下の地蔵**と呼ばれる地蔵尊があり、その前に**関戸古戦場跡**の碑がある。

元弘3年（1333）、敗走した幕府軍を追った新田義貞軍がここで激しい戦いを行い、幕府軍の横溝八郎などが戦死。地蔵尊脇の坂を上ると、民家の庭に横溝八郎の墓と伝わる塚が今でも残っている。

さらに南下すると右手はちょっとした崖で、斜面を切り開いて街道にしたのがわかる

関戸古戦場跡の碑と「下の地蔵」
寛文4年（1664）建立で多摩市最古の地蔵尊だという。

無名戦士の墓
道路から少し高くなった擁壁の上に残る。非常に古い石塔が残っている。

わけだが、その小さな崖の上に中世のものと思われる磨耗した宝篋印塔《ほうきょういんとう》が二つある。これは⑩**無名戦士の墓**といわれており、関戸の合戦で死んだ戦士を弔ったものという。

この塔は街道の山側にある玉石垣の上にあって歩いていると気づかない高さにある。玉石垣の間にある狭い階段を上ると左手にあるのだ。往古の戦いに思いを馳《は》せつつ見ておきたい。

もう少し南下すると右手に⑪**熊野神社**が現れる。室町時代後期の明応《めいおう》7年（1498）創建という古社だ。この参道の入口に**上の地蔵**がある。

ここが霞の関の南木戸があった場所。木戸跡が発掘されたのだ。関があった証拠である。そして関所を見下ろせる位置に熊野神社が勧請されたのである。

鎌倉街道に戻ってしばらく歩くと道が二手に分かれる。右手の坂道（⑫**沓切坂**《くつきりざか》）がかつての街道だ。

この道、旧道のさらに旧道という風情で実に味わい深い。

上り切ると右手の少し高いところに彫の深い⑬**庚申塔**が残されている。

まもなく目の前が開けて⑭**多摩市役所**が現れる。

霞の関南木戸跡の位置に建立されている地蔵菩薩
この後ろには庚申塔もある。

多摩市役所のあたりは「古市場」。戦国時代に1カ月に6回、市が開かれていた場所だ。

まもなく、道はゆるくカーブしてひとつ下の道に合流し、**乞田《こった》五叉路**に至る。このあたりの地名は「乞田」で、「乞田五差路」というバス停があるのだが、五叉路に入れてもらえなかった6本目の道が鎌倉街道だ。このあたりはもうすっかり多摩ニュータウンで、高度成長期に開発され、新しい道が多く作られ、鎌倉街道の道筋はそれに埋もれてしまったような感じである。

熊野神社境内から鎌倉街道を見下ろす
その向こうには多摩丘陵が見える。関所を見下ろせる木戸の高台という場所も重要だったのだろう。

乞田五叉路から鎌倉街道を見る
まっすぐ多摩丘陵に向かっているのがわかる。

鎌倉街道は乞田の交差点から大きく左にカーブして進路を南に変え、乞田川を渡る。ここから多摩丘陵を越えるわけである。

ここから南は高度成長期に多摩ニュータウンとして開発されてしまったので、昔の道筋は残ってない。最寄り駅は京王永山駅と小田急永山駅だ。

最後に開発される前の、明治前期の地図を載せておきたい。ここに描かれているのは江戸時代の道。中世の鎌倉街道は尾根上に上り、尾根を南下していたと考えられている。

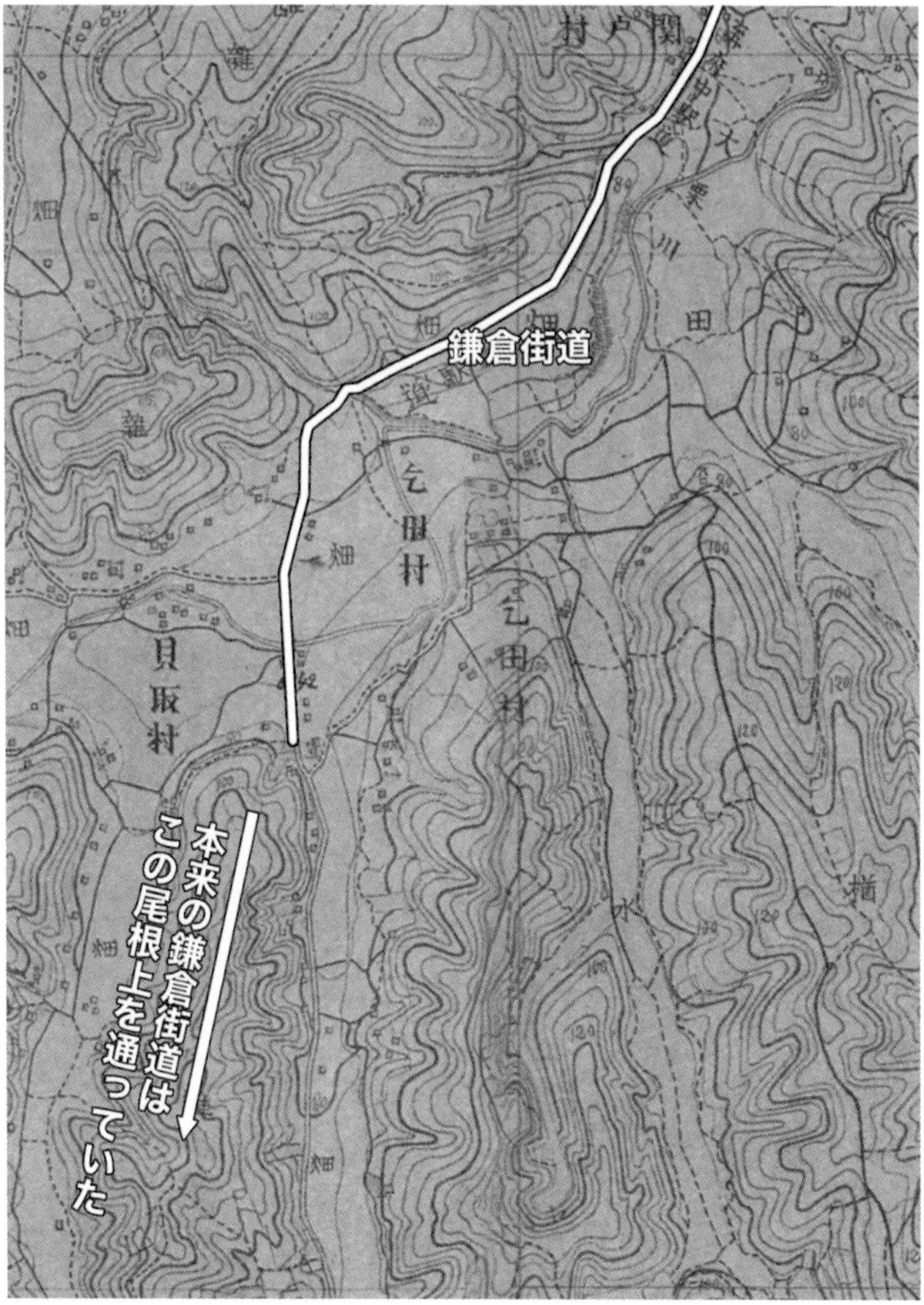

明治前期 フランス式彩色迅速測図
(明治13～14年〈1880-81〉)
(日本地図センターより)
この地図の南半分は今の多摩ニュータウン。開発されるまではこのような複雑な地形の丘陵地帯で、鎌倉街道は貝取の高台を南下して小野路へ向かっていた。

参考文献

◉参照した地図

『江戸切絵図』 国立国会図書館デジタルコレクション
『寛文江戸大絵図』寛文10年（1670） 国立国会図書館デジタルコレクション
『寛文江戸外絵図』寛文11年（1671） 国立国会図書館デジタルコレクション
『分間江戸図』元禄10年（1697）国立国会図書館デジタルコレクション
『江戸全図』宝永4年（1707）国立国会図書館デジタルコレクション
『赤坂溜池今井台麻布竜土青山辺一円絵図』天保元年調（1831）国立国会図書館デジタルコレクション
『寛永江戸絵図』 寛永9年（1632）国立国会図書館デジタルコレクション
『弘化改正御江戸大絵図』弘化4年(1847）国立国会図書館デジタルコレクション
『正保元年御江戸繪圖』国立国会図書館デジタルコレクション
『増補江戸大絵図絵入』延宝9年（1681）国立国会図書館デジタルコレクション
『分間江戸大絵図』 明和9年（1772）国立国会図書館デジタルコレクション
『江戸絵図（写）』詳細不明 国立国会図書館デジタルコレクション
『小石川小日向牛込目白大塚巣鴨：享和之頃』国立国会図書館デジタルコレクション
『慶長江戸図』 慶長7年（1602）頃 東京都立中央図書館特別文庫室
『旧江戸朱引内図』文政元年（1818）東京都公文書館デジタルアーカイブ
『葛西筋御場絵図』 文化2年（1805） 国立公文書館デジタルアーカイブ
『目黒筋御場絵図』文化2年（1805） 国立公文書館デジタルアーカイブ
『明治前期 フランス式彩色迅速測図』 明治13～14年(1880-81）日本地図センター
『文京区詳細図』 昭和22年（1947）日本地図出版
『東京時層地図 for iPad』日本地図センター
『カシミール3D スーパー地形セット』 DAN杉本
『スーパー地形』 DAN杉本

◉参考文献

『江戸名所図会』国立国会図書館デジタルコレクション
『江戸名所記』 寛文2年（1662） 国立国会図書館デジタルコレクション
『新編武蔵風土記稿』国立国会図書館デジタルコレクション
『武蔵名勝図会』国立国会図書館デジタルコレクション
島田裕巳『二十二社』 幻冬舎新書、2019年
菅原健二『川の地図辞典 江戸・東京23区編』之潮、2017年

本田創『東京暗渠学』洋泉社、２０１７年
栗原仲道編『廻国雑記 旅と歌』名著出版、２００６年
佐藤信編集『新版 図説歴史散歩事典』山川出版社、２０１９年
斎藤月岑『定本 武江年表』ちくま学芸文庫、２００２年
古川辰『江戸地誌叢書 巻４ 四神地名録・四神社閣記』有峰書店、１９７６年
村尾嘉陵『江戸近郊道しるべ』東洋文庫、１９８５年
『東京湾と品川─よみがえる中世の港町─品川歴史館特別展図録』品川区立品川歴史館、２００８年
『大井─海に発展するまち─品川歴史館特別展図録』品川区立品川歴史館、２００６年
『しながわの史跡めぐり』品川区教育委員会、２００５年
『史蹟将門塚の記』史蹟将門塚保存会、１９６８年
『猪方小川塚古墳と狛江古墳群』こまえ文化財ブックレット２ 狛江市教育委員会、２０１４年
『調布の古道・坂道・水路・橋』調布市教育委員会、２００１年
『狛江の古い道』狛江市教育委員会、１９９２年
『世田谷往古来今』世田谷区区史編さん、２０１７年
『甲州街道府中宿』府中市郷土の森博物館、２００８年
『古代武蔵国府』府中市郷土の森博物館、２００５年
『武蔵府中と鎌倉街道』府中市郷土の森博物館、２００９年
『よみがえる古代武蔵国府』府中市郷土の森博物館、２０１６年
『徳川御殿の府中』府中市郷土の森博物館、２０１８年
『府中市内旧名調査報告書：道・坂・塚・川・堰・橋の名前』府中市教育委員会、１９８５年
荻窪圭『東京古道散歩』中経の文庫、２０１０年
荻窪圭『東京古道探訪』青幻舎、２０１７年
荻窪圭『古地図と地形図で楽しむ東京の神社』知恵の森文庫、２０１７年
荻窪圭『東京「多叉路」散歩』淡交社、２０２０年

◉そのほか

『日本歴史地名大系』平凡社
『国史大辞典』平凡社
（以上、ジャパンナレッジ）
を適宜使用した。

荻窪　圭（おぎくぼ・けい）

1963年生まれ。東京農工大学工学部卒業。IT系フリーライターとしてデジタルカメラやスマートフォンの記事を書く傍ら、古地図収集と古道探索を行っている。

著書に『東京古道探訪』（青幻舎）、『古地図と地形図で楽しむ東京の神社』（光文社知恵の森文庫）、『東京「多叉路」散歩』（淡交社）などがある。

「タモリ倶楽部」（テレビ朝日）に古道研究家として出演経験あり。新潮講座「東京古道散歩」や「まいまい東京」などで、東京の古道や歴史を案内する野外講座のガイドも務めている。

古地図《こちず》と地形図《ちけいず》で発見《はっけん》！
江戸《えど》・東京《とうきょう》　古道《こどう》を歩《ある》く

2020年10月16日　第1版第1刷印刷
2020年10月26日　第1版第1刷発行

著　者　　荻窪　圭
発行者　　野澤伸平
発行所　　株式会社山川出版社
〒101－0047
東京都千代田区内神田1－13－13
電話 03(3293)8131（営業）
03(3293)1802（編集）
印　刷　　アベイズム株式会社
製　本　　株式会社ブロケード
組版・装丁　黒岩二三［Fomalhaut］
https://www.yamakawa.co.jp/

C2020 Printed in Japan　ISBN 978-4-634-15176－5

造本には十分注意しておりますが、万一、乱丁・落丁本などがございましたら、小社営業部宛にお送りください。送料小社負担にてお取替えいたします。

定価はカバーに表示してあります。